DARCY LEE

DAS HERZ VON AUSCHWITZ

DARCY LEE

DAS HERZ VON AUSCHWITZ

Eine wahre Geschichte
von Liebe und Überleben

*Aus dem amerikanischen Englisch
von Elsbeth Ranke*

GOLDMANN

Die vorliegende Geschichte von Genie und Feliks, beides Überlebende des Holocaust, wurde aufgeschrieben von ihrer Enkelin Darcy Lee. Darcy stützt sich dabei in erster Linie auf mündlich überlieferte Erzählungen ihrer Großeltern. Bei der Niederschrift des Erlebten wie des Überlieferten konnten auch Audiodateien von Genie selbst zurate gezogen werden. Des Weiteren flossen die Tagebücher von Halina Nelken ein, der Schwägerin von Genie, die mit ihr gemeinsam in Auschwitz war.

Aus den genannten Gründen lässt sich nicht alles im Buch Beschriebene schriftlich nachweisen. Auch waren zum Schutz des Persönlichkeitsrechts gewisse Änderungen der handelnden Personen und vereinzelte Fiktionalisierungen der tatsächlichen Abläufe erforderlich, so etwa bei der Beschreibung des Liebesverhältnisses zwischen Genies Schwägerin und einem SS-Mann. Hierüber gibt es aus naheliegenden Gründen keine Aufzeichnungen, in der Familie liegen aber auch dazu gesicherte Erkenntnisse vor.

Der Verlag behält sich die Verwertung der urheberrechtlich geschützten Inhalte dieses Werkes für Zwecke des Text- und Data-Minings nach § 44b UrhG ausdrücklich vor.
Jegliche unbefugte Nutzung ist hiermit ausgeschlossen.

Penguin Random House Verlagsgruppe FSC® N001967

1. Auflage
Originalausgabe April 2025
Copyright © 2025: Wilhelm Goldmann Verlag, München,
in der Penguin Random House Verlagsgruppe GmbH,
Neumarkter Str. 28, 81673 München
produktsicherheit@penguinrandomhouse.de
(Vorstehende Angaben sind zugleich
Pflichtinformationen nach GPSR)

Redaktion: Katharina Theml
Satz: Uhl + Massopust, Aalen
Druck und Bindung: GGP Media GmbH, Pößneck
Printed in Germany
IJ · CF
ISBN 978-3-442-32002-8

www.goldmann-verlag.de

Inhalt

Prolog 7

Das Ende 15

Keine Angst vor dem Drachen 17

Abgeschnittene Hände 27

Engelshände 49

Liebe und Verlust 85

Ratten auf dem Feld 123

A26460 171

Die Kugel und der Stiefel 227

Die Suche 249

Der Anfang 313

Prolog

2008

Unter den turmhohen Kiefern suchte ich im Garten nach einem möglichen Abenteuer. Ich nahm einen Kiefernzapfen in die Hand und bewunderte seine in Reihen angeordneten Schuppen. Mein Daumen fuhr über eine der scharfen Spitzen, als ihn plötzlich ein Wassertropfen traf. Ich sah in den Himmel hinauf und legte die Stirn in Falten. Da hinten zogen dunkle Wolken auf.

Vom Haus her hörte ich eine vertraute Stimme. Meine Mutter stand auf der Schwelle, die Hände an den Hüften. Ihre Botschaft war unmissverständlich: Komm rein, bevor es regnet. Den Zapfen noch in der Hand, suchte ich fieberhaft nach einem Vorwand, um bleiben zu dürfen. Sie aber fing an zu zählen.

»1, 2, 3 ...«

Unwillkürlich hellte sich mein Gesicht auf. Ich rannte zum Haus und drückte mich an meiner Mutter vorbei. Ich wirbelte durch das Wohnzimmer und die Küche und suchte nach einem guten Versteck. Einem, an dem sie mich nie finden würde.

»... 6, 7 ...«

Mit klopfendem Herzen suchte ich die ideale Stelle. Plötzlich stand ich im hinteren Teil des Hauses in einem Gästezimmer, das wir nur selten betraten. Ich wollte schon unter das Bett kriechen, aber nein. Viel zu offensichtlich. Ich drehte mich um mich selbst und suchte etwas Besseres.

»... 8, 9, 10 ...«

Meine Augen fielen auf den Schrank, und ich grinste. Mit einem Satz öffnete ich die Türen. Von der Staubwolke, die mir entgegenkam, musste ich husten. Mit wedelnden Händen schlüpfte ich hinein. Ich zog die Tür zu und verbarg mich in der Dunkelheit. Zwischen alten Kleidern in Plastikhüllen schob ich mich weiter nach hinten.

»... 15, 16 ...«

Ich räumte alte Spielsachen zur Seite und machte mich so klein wie möglich, um hinter eine Vorratskiste zu passen. Mit Mühe bewegte ich sie zur Seite, aber schließlich schaffte ich es. Triumphierend hockte ich mich hin und schloss die Arme um die Knie.

»... 18, 19, 20!«

Hier drin war ich noch nie gewesen; es würde ewig dauern, bis sie mich gefunden hatte. Und so war es auch. Langeweile überkam mich, und ich ruckelte seufzend am Deckel der Vorratskiste. Durch den Türspalt fiel ein schmaler Streifen Tageslicht herein und warf leuchtende Flecken auf meine Hände. Dann schweifte mein Blick in die Tiefen des Schranks. Er fiel auf eine kleine Schuhschachtel in der hinteren Ecke, die mit Spinnweben und einer Staubschicht bedeckt war. Lautlos griff ich danach, meine Mutter sollte mich ja nicht hören. Ich hielt die Schachtel vor meine Augen und erschrak. NICHT ÖFFNEN. Fette schwarze Buchstaben quer über den Deckel, ein Zauberbann. Was mochte nur darin sein? Krabbelndes Ungeziefer oder ein Monster, das meine Mutter vor Jahren dort eingesperrt hatte?

Nachdenklich legte ich den Kopf schräg. Wenn sie diese Warnung geschrieben hatte, sollte ich sie auch befolgen. Andererseits ...

Ich musste es einfach wissen. Das Kind in mir sehnte sich nach der Entdeckung, wollte ein Stückchen mehr von der Welt, die mich umgab, erfahren. Sollte Pandora die Büchse öffnen?

Mit zitternden Händen hob ich den Deckel an – und hielt inne. Wollte ich es wirklich wissen? Welche dunklen Geheimnisse verbargen sich da? Und welche Macht hatten sie, zu verändern, wer ich zu sein meinte? Die Schachtel kitzelte meinen Übermut. Lange musste sie nicht mehr warten. Meine unschuldige Neugier gewann die Oberhand über meine Angst vor dem Unbekannten.

Mit klopfendem Herzen und zitternden Lippen flüsterte ich: »Und los.«

Ich klappte den Deckel auf, und mein Blick fiel auf einen Stapel Fotos. Ich griff nach dem obersten: meine Großeltern in jung auf einem Atlantikdampfer. Erleichtert seufzte ich auf und entspannte mich. Sie waren nach dem Krieg aus Polen eingewandert. Grinsend schüttelte ich den Kopf über meine ausufernde Fantasie. Die Monster in diesem Schrank waren reine Einbildung, beruhigt legte ich das Foto zurück und schloss den Deckel.

Doch in diesem Moment blieb mein Blick an einem merkwürdigen Gegenstand hängen. Ich zog einen kleinen Plastikbeutel hervor und betastete ihn. Darin lag ein altes, abgegriffenes Herz aus Leder. Ich musterte es von allen Seiten. Es waren zwei Stücke Leder mit einem schmalen Spalt dazwischen, der durch die schmierige Schmutzschicht kaum zu erkennen war. Mit zitternden Fingern klappte ich das Herz auf. Der Lichtstrahl fiel auf zwei blasse Gesichter; eines küsste gerade das andere, und die Freude, die in seinem Lächeln stand, konnte sogar dieses jahrzehntealte Foto nicht verhehlen. Da spürte ich es: eine Liebe, die alles durchdrungen hatte. Ich war atemlos und überwältigt. Mein eigenes Herz bebte, während ich das kleine Lederherz in der Hand hielt. Welche Tragödie konnte eine Liebe so stark gemacht haben? Wie hatte diese Liebe begonnen, und wie betraf sie mich heute?

Ich legte das Herz zurück in den Beutel und schob die Fotos zur Seite. Wie von selbst hielt ich jetzt ein weiteres Foto in der Hand. Ich hob es ins Licht. Eine Tätowierung, A26460. Dann der Unterarm, auf dem sie stand. Erschrocken ließ ich das Foto fallen, stieß mit dem Rücken an die Vorratskiste, taumelte kurz.

Zögerlich griff ich zum nächsten Foto. Mein Daumen strich über das Gesicht meiner Großmutter, sie stand unter einem Torbogen mit der Aufschrift »Arbeit macht frei«.

Aus meinem Hinterkopf bahnten sich Bilder aus Schulbüchern und die Stimme meiner Lehrerin einen Weg in mein Bewusstsein. Ich erinnerte mich, was wir im Geschichtsunterricht über den Holocaust gelernt hatten. In meiner einen Hand lag das Foto meiner Großmutter in Auschwitz und in der anderen das Lederherz. Die Vergangenheit war zum Greifen nah, und doch begriff ich noch immer nicht. Was hatte meine Familie mit diesem Grauen zu tun? Ich fühlte mich wie ein Vogel, der über seinem Nest schwebte, es sah, aber nicht hinunterfand. Ich war so in die Schachtel und ihren unheilvollen Inhalt vertieft, dass ich nicht hörte, wie die Schranktüren aufgingen.

Statt dem schmalen Streifen füllte jetzt helles Licht den ganzen Schrank. Ich stand auf und wandte mich langsam zu meiner Mutter um. Ihr Lächeln erlosch, als ihr Blick auf das Lederherz in meiner Hand fiel.

»Wie hast du …« Ihre Stimme versagte.

In ihren Augen stand ein unsäglicher Schmerz. Das Trauma, das sie so viele Jahre lang verdrängt hatte. Sie versuchte, ihre Tränen wegzublinzeln, aber ich ließ nicht locker. Ich blickte sie an mit einer Hoffnung, einem Wunsch, nein, dem Bedürfnis, zu wissen, zu verstehen. Was hatte sie all diese Jahre verheimlicht? Mit einem stillen Seufzen reichte sie mir die Hand.

»Komm. Irgendwann musstest du es erfahren.« Sie lächelte schwach. »Weißt du, wir sind Juden.«

Als ich die Stirn runzelte, wischte sie sich die Augen. Juden. Das war doch … unmöglich. Wir waren Katholiken. Meine Finger schlossen sich fester um das Lederherz, und ich fragte: »Was bedeutet das?«

Gemeinsam sahen wir den Film *Schindlers Liste* an, und meine Tränen führten zu weiteren Fragen. Dieser Film hatte meine Großmutter dazu veranlasst, ihre Geschichte zu erzählen, erklärte meine Mutter. Die Familiengeheimnisse hatten hinter Schloss und Riegel gelegen und waren erst fünfzig Jahre später ans Licht gekommen. Die Geschichte meiner Großeltern wurde zu einer Geschichte über Musik, Liebe und Völkermord. Ich erfuhr, dass mein Großvater das Lederherz aus seinem Schuh herausgeschnitten hatte und wie es seinen Weg von Dachau nach Auschwitz fand. Die Liebe meiner Großeltern hatte mit ihrer Hochzeit im Ghetto begonnen, und sie hatte sie bis ans Ende des Krieges getragen. Ich erfuhr auch von einer anderen Liebe – einer verbotenen Liebe zwischen einem SS-Mann und einem jüdischen Mädchen. Meine Großtante wurde von einem Nazi gerettet, dem die Liebe wichtiger war als seine Uniform. Und schließlich kam auch der Leiter des Kaffeehauses im Film darin vor, der Onkel meiner Großmutter und angeblich ein Spion.

Als der Film zu Ende war, spürte ich die Last von Millionen Ermordeten. Meine Tanten, Onkel, ihre Cousinen, Großeltern ... es waren so unendlich viele. Ich spürte eine Hand auf meiner Schulter, aber ich schüttelte den Kopf.

»Ich habe dir nichts davon gesagt, weil ... nun, es ist ein schwieriges Thema. Nacht für Nacht klangen die Schreie meiner Mutter durchs Haus, jetzt weißt du, warum. Aber ich wollte nicht, dass du auch unter dieser Last leiden musst«, flüsterte meine Mutter gequält.

Ich nahm ihre Hand und schloss die Augen. Da spürte ich etwas in meinem Schoß, und mein Blick fiel auf ein altes Familienfoto.

»Wir sind jetzt ihr Erbe«, erklärte sie mit festerer Stimme.

Ich nahm das Foto und musterte die Gesichter. Ich kannte sie nicht, und doch ... In meinem Magen grummelte es. Mein Herz schlug schneller, als wollte es sich weiten und sie berühren. Die Frage lag mir auf der Zunge, aber ich sprach sie nicht aus. Von irgendwoher wusste ich schon, wer diese Menschen waren. Ich kniff den Mund zu und umklammerte das Foto fester.

»Das ist unsere Familie. Diese zwei kleinen Mädchen wurden beim Versuch, aus dem Ghetto zu fliehen, in der Kanalisation erschossen. Die ältere Frau in der Mitte wurde von den Nazis abgeholt und kam nie zurück. Er hier wurde mit dieser hübschen Frau dort gemeinsam erschossen, und was mit dieser Frau passiert ist, wissen wir gar nicht. Also ...«

»Das reicht! Ich verstehe.« Aufgebracht fiel ich meiner Mutter ins Wort.

Ich hatte mich immer gefragt, warum unsere Familie so klein war. Jetzt ließ die Antwort mich frösteln. Die Nazis hatten sie uns genommen. Und ihr Hass, der keine Grenzen kannte. Die Worte meiner Mutter klangen mir noch im Ohr: »Wir sind jetzt ihr Erbe.« Ja, das würden wir sein. Ich stand auf und drückte das Foto unserer Familie an meine Brust. Ich fasste die Hand meiner Mutter fester und sah auf, den Blick auf die Zukunft gerichtet, die sie für uns erschaffen hatten.

Genie mit der Autorin auf dem Schoß, der sie den Namen Darcy gegeben hat.

Das Ende

1945

Sonnenstrahlen tanzten durch die Blätter. Leuchtend hell lagen sie auf den gewaltigen Stämmen und den Höfen, und auch die Ameisen, die über den Boden krabbelten, mussten sie spüren. Wie absurd. Die Sonne erinnerte grausam an Hoffnung; ihr Licht strömte so ungehindert in die Welt wie das Blut.

Ihr Stiefel musste jetzt voll davon sein, aber sie spürte es nicht. Ihrer aller Füße waren blau gefroren. Ihre Körper waren nur Haut und Knochen, die einem dumpfen Willen gehorchten. Viele erlagen der eisigen Kälte, und weder das Kreischen der Kinder, die an ihren Müttern rüttelten, noch die Schreie der Männer über den verrenkten Gliedern ihrer Frauen konnten sie dazu bringen, sich umzudrehen. Sie hatte den Blick des Todes schon in so vielen Augen gesehen, unfehlbar erkannte sie, wenn jemand am Rande des Abgrunds stand. Wenn ein Herz dem andauernden Kampf gegen den Hunger erlag und eine Seele der Erschöpfung nachgab.

Gedankenlos pulte sie die Kugel aus ihrem Absatz und warf sie beiseite. Hätte sie geahnt, dass sie überleben würde, hätte sie sie behalten. Doch sie war überzeugt, dass sie ohnehin alle sterben würden. Seit Jahren bekam sie das zu hören, und jetzt am bitteren Ende glaubte sie es. Endlich würden ihre jüngsten

Gebete Gehör finden. Sie zuckte nicht, als ein Schädel an einen Stein krachte, und blinzelte kaum, als ein Leib zerbarst. Die Nazis würden sie erschießen, wie all die anderen.

Sechs Jahre im Angesicht des Todes, und jetzt war endlich sie an der Reihe. Beinahe empfand sie Ehrfurcht, ja, sie würde sich bereitwillig in seine Arme geben. Nicht nur einmal hatte sie seinen Ruf gehört. Und als die SS-Männer immer mehr Leichen über die Brücke stießen, ergab sie sich ihrem Schicksal.

»Halina, ich kann nicht mehr weiter. Ich kann nicht mehr.«

»Du musst.«

»Ich kann nicht – das hier muss das Ende sein«, flüsterte sie gegen das Poltern der Stiefel und der stürzenden Körper, die auf dem kalten, harten Boden aufschlugen.

Wenn sie nicht mehr gehen konnte, war sie tot. Sie hoffte nur, dass sie ihr in den Kopf schießen würden und es schnell aus wäre. Wenn man zu oft gesehen hatte, wie Körper sich krümmten und wanden, bis der letzte Atem verbraucht war, wünschte man sich ein anderes Ende.

Mit tränenverhangenem Blick sah sie zur Schwester ihres Liebsten auf, als sie wieder die Wachleute brüllen hörte.

»*Marsch! Marsch, weiter!*«, schallte es von der Brücke zu ihnen.

»Ach, Kleine. Ich fürchte, es ist noch nicht vorbei.«

Keine Angst vor dem Drachen

1938

»Nein, ich kann nicht! Ich muss üben. Du verstehst das einfach nicht.«

»Ob ich das verstehe?! Bitte, bitte, lass mich nicht mit Jurek alleine.«

»Ich habe es gehört.«

Genie zwinkerte ihrer kleinen Schwester Halinka so zu, dass ihr Bruder es nicht sehen konnte. Sie liebte ihre beiden Geschwister innig, aber besonders verbunden fühlte sie sich mit Halinka. Wer konnte ihr das schon vorwerfen? Genie hatte bei der Geburt ihrer Schwester selbst den Namen für sie ausgesucht. »Tat, meinst du wirklich, das geht? Dieses Kleid sieht nicht so aus, als könnte Esther es tragen«, meinte Genie zu ihrem Vater.

Sie glättete das hellblau gepunktete Kleid und stand auf, um es schwingen zu lassen, während Tat schmunzelnd einen Schritt zurücktrat.

»Wahrscheinlich liegt das daran, dass du heute Abend gar nicht Königin Esther spielen wirst, Liebling. Das ist erst in ein paar Monaten. Aber heute … heute Abend feiern wir Jom Kippur. Hörst du nicht schon die Trompeten? Komm, setz dich. Ich will mit deinen Haaren fertig werden.«

Halinka wackelte aus dem Zimmer, wahrscheinlich suchte die kleine Schwester Mama, während ihr Bruder sich nicht von der Stelle rührte; er lag schräg über das Bett ausgestreckt. Er hörte auf, seinen Ball in die Luft zu werfen, und streckte Genie die Zunge heraus. Sie erwiderte die Grimasse, während Tat sich neben sie setzte und anfing, ihre dunklen hüftlangen Haare zu bürsten.

Jurek war ja nur eifersüchtig. Aus der ganzen Oberschule war sie ausgewählt worden, um beim Schultheater Königin Esther zu spielen. Dabei war sie gerade erst neu auf der Oberschule! Sie würde alle Juden retten und die umjubelte Heldin sein.

Außerdem würden ihre Freunde Irina, Henka, Rutka und Mietek dabei sein und zusehen, wie sie im elegantesten Kleid und mit funkelnder Krone auf der Bühne stand. Nun, mit Henka und Rutka würde sie noch reden müssen, damit sie Mietek auch wirklich mitbrachten. Er *musste* sie einfach in der Rolle der Königin sehen. Und wer wusste schon, vielleicht könnte sie die Krone sogar zu ihrer Hochzeit tragen. Mietek würde durch seine schiefen Zähne grinsen und seine bernsteinbraunen Locken schütteln, während er ihr ewige Liebe schwor. Genie würde ihn anlächeln, und das alles unter den Augen ihrer Familie …

»Eugenia!«

Genie fuhr auf, als Kogut sich mit in die Hüften gestemmten Händen vor ihr aufbaute.

»Du bist vierzehn, Eugenia. Du bist jetzt eine junge Dame, da solltest du nicht so viel bei deinem Vater herumlungern. Du übrigens auch nicht, Jurek. Warum ihr beide immer eurem Vater in seinem Schlafzimmer zur Last fallt, ist mir ein Rätsel. Ich dachte, wir hätten abgemacht, dass ihr nur samstags hier seid. Komm, ich mache deine Haare fertig, und du liebe Güte ... wer hat dich denn in dieses alberne Kleid gesteckt?«, schnaubte Kogut.

»Das war Tat. Gefällt es dir nicht?«

»Nein.«

Genies Augen verengten sich, und seufzend ließ sie sich von Kogut aus dem Zimmer ziehen.

Sie warf Jurek einen letzten kurzen Blick zu. Der beschwerte sich schon bei ihrem Vater über das Dienstmädchen, erntete aber nur Schelte dafür, weil er sie wieder Kogut nannte. Genie verkniff sich ein Grinsen. Kogut, »Gockel« – das war doch ein ziemlich passender Spitzname.

Genie zappelte pausenlos herum, während Kogut ihr die Haare flocht. Sie mochte die Dienstbotenkammer nicht, weil sie so klein war, aber immerhin musste sie so nicht in ihr eigenes Zimmer hinauf.

Endlich hatte Kogut Genies Haare zu zwei Zöpfen gebändigt, und sie rannte in den ersten Stock. Lächelnd blickte sie auf die Rückwand ihres Zimmers, die ganz hinter Puppen und Spielsachen verschwand. Nicht ein Zoll Platz war auf den Regalbrettern, obwohl die nur einen Teil ihres Besitzes bargen.

Auch wenn Genie jetzt älter war, konnte Kogut sie nie überzeugen, die Sachen wegzuräumen. Ohnehin wollte sie sie für Halinka aufheben. Halinka war noch ein bisschen zu klein für Genies kostbare Spielsachen und Puppen, aber eines Tages sollten sie ihr gehören.

Genie setzte sich auf ihr Bett und nahm sich eine ihrer Lieblingspuppen: eine Porzellanpuppe aus Wien. Sie fuhr mit den Fingern über die kristallblauen Augen und lächelte. Zum Schlafen brauchte sie nur dann eine Puppe, wenn sie den Albtraum hatte, es nicht ins Konservatorium zu schaffen. Das

Klavierspielen ging Genie über fast alles, und sie hatte vor, es zu ihrem Beruf zu machen. Könnte sie jede Sekunde jedes Tages am Klavier verbringen, würde sie glücklich sterben.

Genie hörte Kogut aus dem Wohnzimmer rufen. Sie verdrehte die Augen und setzte die Puppe zurück ins Regal. Auf der Treppe trödelte sie, so viel sie konnte, hüpfte jede Stufe einzeln herunter. Sie schnappte sich einen Apfel aus der Fruchtschale auf dem Mahagonitisch und ließ sich auf das Sofa plumpsen. Mama tanzte und sang wie üblich zu *Carmen*, sie trug schon ihr Kleid für den Abend, das Kogut auf dem Weg in die Küche mit einem bewundernden Blick bedachte.

»Kannst du nicht aufhören, in deinem perfekten Deutsch zu singen, und lieber persische Musik auflegen? Ich muss für meine Königin Esther üben«, bettelte Genie.

»*Tanzen will ich zu Eurer Ehr* …«

Genie stöhnte, sprang aber an den Flügel und versuchte sich damit darüber hinwegzutrösten, dass sie längst nicht so gut Deutsch sprach wie Mama. Andererseits wusste Genie nicht, warum sie es ausgerechnet jetzt lernen sollte.

Das Gerede über den Krieg war für sie alle ein fast schon ständiges Hintergrundgeräusch. Schon 1938 hatte das ganze Jahr über die reinste Paranoia geherrscht. Dabei ging es ihnen doch gut. Die schlauen Menschen im Radio sagten, Polen werde die Ostsee nicht aufgeben und sie würden gewinnen, weil Deutschland doch nur Papppanzer habe. Dann stellten sie lächelnd auf einen Sender um, der Chopin spielte, das war schließlich viel geschmackvoller.

Sie spielte gerade einen ihrer liebsten Chopin-Walzer, als Halinka über sie herfiel. Sie riss sie von den Tasten los und schleppte sie zum Rest der Familie. Sie lachten über Jurek in seinem dämlichen Leinengewand, dann zogen sie den Kopf ein, als Kogut sich umdrehte und ihnen einen vernichtenden Blick zuwarf. Schützend legte sie Jurek die Hand um die Schulter und führte ihn hinter Mama durch die Haustür.

Genie nahm Halinkas Hand, und gemeinsam folgten sie ihrem Bruder. Bis sie von einem breiten Lächeln aufgehalten wurden, das schon längst nicht mehr verärgert war.

»Kommt her, meine Mädchen.«

Halinka warf Genie einen fragenden Blick zu, bevor sie hinter ihrem Vater in die Laube traten. Tat setzte sich, und sie folgten ihm. Es war ein schöner Abend. Die Straßenbeleuchtung erhellte die Blumen in ihrem kleinen Paradies. Die Laube stand mitten in ihrem Garten, und Genie wusste, wenn sie auf einen der Bäume klettern würde, könnte sie wahrscheinlich am anderen Flussufer den Wawel sehen. Die abendliche Feier war schon so laut, dass sie sich beinahe vorstellen konnte, wie unten am Burghügel der schnaubende Drache aus der Legende das Schloss bewachte, von dem er sich niemals trennen würde.

»Nun, ihr beiden, keine Streiche mehr heute. Es ist Jom Kippur, eine Zeit der Freude. Bitte macht Jadwiga nicht das Leben schwer. Für unsere Familie zu arbeiten, ist wahrscheinlich schon schwierig genug. Und hört auf, sie Kogut zu nennen, zumindest solange sie euch hören kann.«

»Aber Tat! Sie will nicht, dass ich bei dir bin. Sie findet, ich bin zu groß dafür«, jammerte Genie.

»Das mag sein. Aber lasst uns zumindest heute Abend die Zeit genießen, Kinder, junge Damen und Erwachsene zusammen. Was meint ihr, Mädchen?«

Genie und Halinka nickten begeistert, und Tat gab ihnen beiden einen Kuss auf die Wange. Er nahm Halinka auf den Arm und legte Genie den anderen um die Schultern, als sie zwischen den Beeten an der Haustür vorbeigingen. Und als sie auf die Straße traten, merkte Genie, dass Tat vorhin recht gehabt hatte. Jetzt hörte auch sie die Trompeten.

★★★

Bei ihrer Fahrt durch die Straßen winkte Genie den Ladenbesitzern zu. Sie grüßte ihren Lieblingsbäcker, er lächelte zurück. Krakau war mehr Touristenattraktion als moderne Großstadt, weshalb sie mit dem Fahrrad zur Schule fuhr. Es war ungefährlich, und ihre Eltern waren zu sehr mit ihrem Geschäft beschäftigt, um sie bringen zu können.

Sie beeilte sich, damit sie nicht zu spät kam. Zu Genies Unmut hatte Kogut heute mit dem Frühstück länger gebraucht. Obwohl Mama ihr das Kochen und die wichtigsten Hausarbeiten beigebracht hatte, tat sie sich immer noch schwer. Genie fuhr am Fluss entlang und lächelte über seinen Gleichmut. Am anderen Ufer erhob sich der Wawel. Er war hübsch mit seinen Backsteintürmen, den roten Ziegeldächern und seinen vielen Fenstern. Doch heute hatte Genie keine Zeit, die Burg zu bewundern. Sie dachte an die Legende vom Drachen, der darin hauste. Sie stellte sich ein wildes, schuppiges Geschöpf vor, das den Kopf aus dem Turm herausstreckte, und ein hellgrünes Auge, das sie anstarrte. Mit einem leichten Gruseln trat Genie in die Pedale.

An der Schule angekommen, sprang sie vom Fahrrad und mischte sich unter die Schüler, die in das große Gebäude strömten. Sie freute sich, als sie Mietek mit seinen Eltern entdeckte. Genie stellte ihr Fahrrad ab und ging zu ihnen hinüber.

»Guten Morgen, Mietek. Hast du diese Matheaufgabe fertigbekommen?«

»Ja, natürlich. Du etwa nicht? Warum nur wundert mich das

nicht? Weißt du, Genie, es gibt auch noch andere Fächer als Musik. Vielleicht solltest du auch für die ein bisschen was tun, wenn du dein erstes Jahr in der Oberschule bestehen möchtest«, erklärte Mietek mit einem verschmitzten Lächeln.

Er stieß sie sanft in die Rippen, und mit aufgesetzter Empörung schlug Genie seine Hand fort.

»Mietek hat recht. Vergiss nicht, du kannst vorbeikommen, wann immer du willst, dann könnt ihr beide zusammen lernen«, sagte seine Mutter liebevoll.

Die beiden Familien standen einander seit jeher nahe. Genie mochte Mieteks Eltern und nannte sie sogar Tante und Onkel. Deswegen würde ihre Hochzeit etwas ganz Besonderes werden.

»Danke, Tante. Aber ich glaube, dafür habe ich keine Zeit. Nächstes Jahr spiele ich beim Konservatorium vor. Und dafür muss ich ziemlich viel üben. Übrigens soll ich von meinem Vater ausrichten, dass ihr im Geschäft vorbeikommen sollt. Die neue Matratze ist da«, sagte Genie.

Mieteks Eltern nickten und winkten zum Abschied.

Am Schultor wartete ihre Freundin.

»Hallo, Genie! Kommst du mit rein?«

»Ja, Irena. Hast du Henka und Rutka schon gesehen?«

»Die sind schon drinnen. Komm!«

Überrascht schoss Genies Blick zu Mietek hinüber. Er hatte sie bei der Hand gefasst, und gemeinsam liefen sie ins Klassenzimmer.

Es wurde ein anstrengender Schultag. Der Neuanfang nach den Winterferien war immer schwierig. Jeden Sommer verbrachte ihre Familie zwei Monate im Kurort Szczyrk in den Karpaten. Im Winter blieben sie nicht so lange. Aber das Skifahren machte Spaß, und sie mochte ihren Skilehrer Poldek Pfefferberg sehr gern. Mama kam im Winter nie mit, was

Halinka ihr übel nahm. Genie musste sie mit der Behauptung trösten, Mama wolle ihnen mehr Zeit allein mit ihrem Vater gönnen.

Aber nun konnte Genie sich auf die Musikstunde freuen. Sie spielte mit ihren Freundinnen Klavier, und sie sang im Chor. Nach der Schule stürzte sie nach Hause und aß mit ihren Geschwistern zu Abend. Sie riefen ihre Eltern aus dem unten gelegenen Büro, als Koguts Sauerkraut endlich fertig war.

Nach dem Essen flüsterte Genie Halinka zu, sie solle den anderen von ihrem angeblichen Freund erzählen. Zwar wussten alle, dass Genie die Einzige war, die demnächst womöglich wirklich einen Freund haben würde, aber ihre Eltern mussten irgendwie abgelenkt werden.

Leise murmelte sie eine Entschuldigung und verließ auf Zehenspitzen den Tisch. Sie setzte sich an ihren Flügel und strich zärtlich mit den Fingern über die Tasten. Mit einem Seufzer der Erleichterung trat sie das linke Pedal und begann leise einen Walzer zu spielen. Sie spielte langsam und behutsam und lauschte mit geschlossenen Augen. Ihr Plan war aufgegangen, ein Lächeln huschte über ihr Gesicht.

Doch offenbar war sie zu einem schwierigen Leben verdammt. Genie erschrak, als sie mit einem Ruck vom Klavierhocker gezerrt wurde.

»Eugenia Gisela Wein. Ganz so schlau, wie du dachtest, bist du doch nicht. Zuerst die Hausaufgaben.«

Genie schimpfte vor sich hin, als Kogut sie nach oben schleppte.

Nach ein paar mühseligen Stunden saß sie endlich in ihrer Klavierstunde. Mit ihrem Lehrer arbeitete sie an einigen schwierigen Stellen, und er lobte sie wie alle ihre Lieblingslehrer.

Da hörte sie Mama am Telefon, und sie ließ den Kopf hängen. Sie hoffte, dass Tat wusste, wie spät es war. Sie hatte nur dreimal pro Woche Klavierstunde und nicht etwa jeden Tag. Deshalb verabscheute sie es, wenn sie zum Arbeiten gerufen wurde.

»Genie, Liebling. Komm und hilf deinem Tat im Geschäft. Er ist im Büro und erwartet dich«, rief Mama.

Sie nickte und versuchte, ihre Enttäuschung zu verbergen. Nachdem sie den Lehrer zur Haustür gebracht hatte, schlich sie zurück und setzte sich wieder an den Flügel.

Sie wusste, dass in letzter Zeit viele Bestellungen eingegangen waren, Tat machte das nicht mit Absicht. Er war Jurist und hatte jahrelang als Anwalt gearbeitet. Doch nach dem Tod seiner Eltern hatte er zusammen mit seinem Bruder das Möbelgeschäft geerbt. Aber das war schließlich nicht Genies Schuld. Sie wollte einfach Klavier spielen. Nicht um aufzutreten; es ging ihr nur um das Spielen an sich. Hoffentlich würden sie das im Konservatorium begreifen.

Sie spielte weiter, und da nicht noch einmal nach ihr gerufen wurde, entspannte sie sich. Sie wusste, dass sie sich glücklich schätzen konnte, so eine schöne Kindheit zu haben: das Glück einer Familie, in der sie sich von morgens bis abends necken konnten und nach dem Essen trotzdem zusammen tanzten. Der Segen eines prächtigen Hauses mit einem Bechstein-Flügel, auf dem sie nach Lust und Laune spielen konnte. Das fröhliche Lachen mit Freunden und das gute Essen. Die Erinnerungen an all ihre gemeinsamen Ferien.

Und vielleicht war jede Kindheit genau dafür gedacht – zu zeigen, wie das Leben sein konnte, bevor es zu etwas Hässlichem wurde, das es nie hatte sein sollen.

Abgeschnittene Hände

1939

Genies zweites Jahr an der Oberschule begann ganz wie das erste, abgesehen davon, dass sie dieses Jahr mehr Klavier spielte – wenn das überhaupt noch möglich war. Die Aufnahmeprüfung für das Konservatorium stand bevor. Sie hatte nichts anderes im Kopf, es war tatsächlich, als gäbe es nichts sonst in ihrem Leben, jedenfalls nichts, was wichtiger war. Sie sah ihre Zukunft so deutlich vor sich wie ihr Spiegelbild. Sie würde Musik studieren und dann Mietek heiraten. Wahrscheinlich würden sie in Krakau bleiben, nahe bei ihren Familien. Schließlich wollte sie sehen, wie Jurek und Halinka aufwuchsen. Genie hatte so viel vor … Sie konnte es kaum erwarten, dass ihr Leben endlich anfing.

Es fühlte sich an wie die langen Stunden beim Skifahren mit ihrem Lehrer Poldek. Der Moment, an dem sie mit frisch angeschnallten Skiern oben an der Piste stand. Sie wusste, dass die Bretter sie tragen würden. Sie musste sich einfach nur abstoßen.

»Genie, hör auf zu träumen und hilf mir«, bettelte Jurek.

»Ich müsste dir gar nicht helfen, wenn du nicht so ein lächerliches Kostüm ausgesucht hättest.«

»Ich habe das nicht ausgesucht! Das waren meine Freunde, und wir ziehen uns alle gleich an, also habe ich keine Wahl.«

»Du hast immer eine Wahl«, erwiderte Genie schlagfertig. Sie verstrubbelte ihm die Haare und ging in die Knie, um ihm die Schuhe zu binden. Gleichzeitig fasste Kogut um Genies Taille und knotete ihr eine braune Schärpe um. Sie verkleideten sich für Purim. Anscheinend war das Fest dieses Jahr besonders wichtig, das wurde Tat nicht müde zu sagen. Sie verstand zwar nicht, warum, aber sie interessierte sich schon lange nicht mehr für die Erwachsenengespräche und den Gang der Welt. Dafür war sie viel zu sehr mit ihrem eigenen Leben beschäftigt.

»Und jetzt nach unten, ihr zwei. Die Gäste sind schon da, und sie haben nur Halinka und eure Mutter zur Unterhaltung. Ich bete für alle«, sagte Kogut und verzog sorgenvoll die Lippen.

»Warum müssen wir denn unbedingt zuerst hier feiern! Kann ich nicht gleich zu meinen Freunden?«, beschwerte sich Jurek.

Genie runzelte die Stirn und machte Platz, damit Kogut ihren Bruder schelten konnte.

»Jurek Wein. Purim ist unser fröhlichster Feiertag. Würdest du die Tora studieren wie Eugenia, dann wüsstest du das. Das sollte kein Kompliment sein, also schau nicht so stolz«, fuhr sie ohne Umschweife an Genie gewandt fort.

Sofort erlosch Genies Lächeln. Kogut schob ihr das lange Haar hinter die Schultern und befestigte die Haube so, dass sie gerade den Haaransatz bedeckte.

»Ich bin froh, dass du dich heute als Königin Esther verkleidest. Erstens brauchte ich dir so kein neues Kostüm zu besorgen, und zweitens ist es sehr wichtig für diese Zeiten der *Heimsuchung*. Denk daran, Genie, heute feiern wir das Überleben unserer jüdischen Vorfahren. Wir feiern Purim, damit unser Gedenken und unsere Chuzpe unsere Kultur erhalten. Egal, was sie versuchen. Drohungen sind nur leere Worte. Wir werden auch weiter überleben, egal, was sie tun ...«

Jurek sah Genie fragend an, aber die zuckte nur mit den Schultern. Kogut sprach immer in Rätseln. Genie hakte sich bei Jurek unter, und gemeinsam gingen sie die Treppe hinunter. Tat saß am Flügel und spielte wie gewohnt, während Mama deutsche Lieder sang. Das Haus war voller Menschen, und Genie zog Jurek weiter auf der Suche nach dem einzigen Menschen, den sie finden wollte. Endlich sah sie Mietek neben ihrem Vater stehen; er sah ihm beim Spielen zu.

Sie ließ Jurek bei Halinka und ging zu ihm. Er legte ihr einen Arm um die Schulter und flüsterte: »Meine Königin ...«

Genie wurde knallrot. Sie blickte zur Seite, als Tat neugierig zu ihr aufsah. Plötzlich spürte Genie, wie etwas nach ihren Fingern griff. Mietek winkte Genie mit dem Kopf, sie solle ihm folgen. Doch mit seiner Hand in ihrer hätte er sie nicht einmal auffordern müssen.

Er führte sie mitten durch die Feier. Sie schlängelten sich zwischen den Erwachsenen hindurch, die angeregt plauderten und lachten. Die meisten hatten ein Getränk in der Hand, und Genie versuchte, niemanden anzurempeln. Endlich hatten sie es bis an die Haustür geschafft, und Mietek stieß sie auf.

Langsam spazierten sie durch den Garten, bis sie zu ihrer kleinen Laube kamen. Mietek ließ Genies Hand los, während sie sich auf die Holzbänke setzten.

»Wie gefällt dir die Feier?«, fragte Mietek.

Schulterzuckend schob sich Genie näher an ihn. Sie würde es nie zugeben, aber sie freute sich über jedes Fest, weil das hieß, dass sie dort Mietek traf.

»Ach, eigentlich wie immer. Wir feiern so oft, dass die Abende schon alle miteinander verschmelzen.«

»Es muss schön sein, zu einer so angesehenen Familie zu gehören«, neckte Mietek sie.

Genie gab ihm einen Klaps auf die Schulter, und er lachte.

»Wahrscheinlich sollte ich mich geehrt fühlen, dass ich dich kenne. Und werden Ihre Majestät denn genauso oft feiern, wenn Sie erwachsen ist?«

»He! Wer sagt denn, dass ich jetzt noch nicht erwachsen bin? Und denk bloß nicht, dass ich immer nur feiern will. Nach der Schule werde ich heiraten und mir eine Arbeit suchen, bei der ich jeden Tag Klavier spielen kann. So stelle ich es mir zumindest vor ...«

»Meine kleine Pianistin«, flüsterte Mietek.

Wieder errötete Genie. Sie blinzelte zu Mietek hinauf, der jetzt vor ihr stand. Er reichte ihr die Hand und zog sie an sich. Als er sie umarmte, entfuhr ihr ein überraschter Laut. Mietek hielt sie, und sie wiegten sich zu der Musik, die aus dem Haus drang.

Genau in dem Moment war Tat mit seinem Stück am Ende und stimmte einen fröhlichen Walzer an. Mietek begann sanft im Takt zu hüpfen, und lachend ließ Genie sich von ihm mitreißen. Seufzend stellte Genie sich vor, es wäre ihr Hochzeitstanz.

Als im Haus nach und nach die Gespräche erstarben, hörten sie auf zu tanzen und spähten durch das Fenster.

»Komm. Nicht dass die kleine Halinka dich noch vermisst«, sagte Mietek ruhig.

Genie nickte, er bot ihr seinen Arm, und gemeinsam traten sie aus der Laube. Kurz vor der Tür hielt Mietek Genie am Ellbogen fest. Er pflückte ein Gänseblümchen und steckte es ihr hinters Ohr.

Genie erstarrte, als er immer näher kam, was hatte er vor? Und dann berührten seine Lippen ihre Wange. Erschrocken sah sie ihn mit weit geöffneten Augen an. Grinsend trat er durch die Haustür.

Genie blieb wie vom Donner gerührt draußen stehen. Sie legte sich die Hand auf die Wange, genau da, wo Mietek sie geküsst hatte. Dann drehte sie sich um sich selbst und führte ein paar Tanzschritte auf. Mietek hatte sie gerade geküsst. Ein *echter* Kuss! Genie hatte das Gefühl, gleich in Ohnmacht zu fallen, aber sie wusste, dass das vor all den Gästen nicht infrage kam. Sie holte tief Luft, dann schob sie sich durch die Gästeschar zurück zum Flügel.

Tat beendete das Stück mit einem virtuosen Glissando, während Mama viel zu viel Vibrato in ihre Stimme legte.

Beifall brandete auf, und die Gesellschaft zog sich ins Wohnzimmer zurück.

»Henryk, ich bin immer wieder überrascht, wie gut du spielst. Vielleicht nicht ganz wie unser Freund Richard – der ist natürlich ein hervorragender Pianist –, aber ich denke, du machst das auch ganz ordentlich.«

»Tja, du weißt ja, Könnern wachsen keine Haare«, erwiderte Tat und tätschelte sich die beginnende Glatze.

Die Umstehenden lachten höflich, und auch Genie lächelte. Sie setzte sich neben Tat, und er legte ihr einen Arm um die Schultern. Gleichzeitig unterhielt er sich weiter mit seinen Gästen.

»Und, wie läuft das Geschäft, Henryk? Regina organisiert immer noch alles, wie immer?«

»Ja, dafür hat meine Frau einfach ein Händchen. Aber es geht uns gut; wir haben nur mehr zu tun als sonst. Das ist ja nicht das Schlechteste. Ich frage mich, wie viele Matratzen und Bücherregale unsere lieben Mitbürger eigentlich noch brauchen.«

»Nun, vielleicht sorgen sie vor für etwas, was uns entgangen ist. Vielleicht sollten Reginas Bruder und ihre Mutter doch in

Berlin bleiben. Ich würde ihnen davon abraten, zurückzukommen. Das ist doch Unsinn. Mit zwei kleinen Mädchen – mir scheint das übertrieben. Alle rufen jetzt ihre Familien nach Hause, als würde das helfen ...«

Genie erstarrte. Was redete dieser Mann? Fragend blickte sie zu ihrem Vater auf, aber der zog sie nur näher an sich und wandte sich an die Runde:

»Danke für diesen Rat, aber wir Weins sind Familienmenschen. Nicht wahr, Genie? Wir sind am liebsten alle zusammen. Und apropos Zusammensein, sollten wir nicht eigentlich feiern?! Kommt jetzt, hier sieht es ja schon aus wie zu Passah«, rief Tat.

Er sprang auf die Füße und fing an, mit Genie zu tanzen. Halinka juchzte vor Entzücken, und Jurek schlitterte mit ihr an den Gästen vorbei, die die ganze Familie mit freundlichem Lächeln bedachten. Tat zog Jurek und Halinka zu sich, und alle vier lagen sich in den Armen.

Sie tanzten so ausgelassen, wie es an Purim sein sollte, und Tat wirbelte abwechselnd seine Kinder im Kreis und steuerte dabei aus dem Wohnzimmer nach draußen. Kogut stürzte zur Haustür und öffnete sie, und gemeinsam tanzten sie hinaus ins Freie.

★★★

Es ist erstaunlich, wie schnell ein Leben sich verändern kann. Wie ein Schmetterling, der aus seinem Kokon schlüpft, nur um beim ersten Anblick des Himmels gefressen zu werden. Oder ein junges Blatt, das stolz an einem Zweig sprießt und Sonnenlicht tanken will, aber stattdessen vom Wind zu Boden gerissen wird.

Genau wie so ein wehrloses Blatt, das zu Boden segelte, fühlte sich Genie, ohne zu wissen, wohin sie fiel. Und je näher sie dem Boden kam, desto klarer wurde ihr, dass ihre einzige Bestimmung nach der Landung die war, sich zu zersetzen.

Am 1. September 1939 änderte sich alles. Genie war fünfzehn Jahre alt und so schlank und schön wie Mama geworden. Als ihre Eltern ihr sagten, der Krieg sei ausgebrochen, verstand sie erst nicht, was das bedeuten sollte. Sie dachte, auf ihr Leben würde sich das schon nicht groß auswirken.

Erst als die Schule schloss, begann sie zu begreifen. Die Lehrer durften nicht mehr kommen, also kam niemand mehr. Genie durfte nicht mehr Fahrrad fahren oder auch nur durch die Straßen spazieren. Obwohl ihr Haus immer noch voller Tanz und Musik war, merkte sie, dass sich etwas verändert hatte. Dass Mamas Lippen jedes Mal, wenn sie nach Hause kam, stärker zusammengekniffen waren und Tat andauernd die Stirn runzelte, fiel Genies jüngeren Geschwistern gar nicht auf. Die Eltern waren gute Schauspieler. Genie sah ihnen zu und tat es ihnen gleich, besonders Halinka zuliebe.

Dennoch war die Besorgnis ansteckend, und sie konnte nachts nicht mehr so gut schlafen. Stundenlang starrte sie an die Decke und fragte sich, wann das Leben wieder normal werden würde. Sie musste zurück in die Schule. Bisher kannte sie nichts anderes. Sie wusste nicht, wie sie unter den neuen Umständen leben sollte, mit Jurek, Halinka und Kogut verkrochen in ihrem großen Haus. Manchmal betete sie nachts und bat Gott, den Krieg zu beenden, flehte ihn an, sie aus dieser Langeweile zu erlösen. Genie wollte aus dem Haus gehen und Mietek sehen. Sie hoffte nur, dass er dieser Tage genauso viel an sie dachte wie sie an ihn.

»Genie, bitte komm mit«, bettelte Jurek. Er zog Genie am Arm, und mit einem tiefen Seufzer gab sie nach. Sie war nie jemand gewesen, der an den Türen der Eltern lauschte. Jurek aber war neugierig, und auch sie sah einfach nicht ein, warum sie nicht mehr in die Schule konnten. Also schlichen sie mitten in der Nacht los wie Kinder, die einen Blick auf ihre Chanukka-Geschenke werfen wollten.

»Ich weiß nicht, was ich dir sagen soll, Liebes. Henri behauptet steif und fest, dass gar nichts los ist. Die Deutschen würden bloß einen Sturm im Wasserglas veranstalten. Wollen dein Bruder und deine Mutter immer noch herkommen?«, fragte Tat leise.

»Ja, sie werden bald da sein.«

»Ich weiß nicht recht, ob das wirklich so gut ist.«

Dann folgte eine Pause. Eine Zeit lang hörten sie gar nichts, und Genie fragte sich schon, ob die Eltern wohl schlafen gegangen waren. Dann aber hörten sie Mamas seidige Stimme, die vor Sorge leicht heiser klang:

»Was soll das heißen, Henryk? Sag nicht, dass das etwas mit diesen albernen Rucksäcken zu tun hat, die du mitgebracht hast. Ich habe Jurek erwischt, wie er sie neugierig untersucht hat. Du weißt doch, auf was für Gedanken du damit womöglich die Kinder bringst!«

»Und genau das sollten wir auch! Regina, wir müssen weg hier. Ich habe alles organisiert. Einige meiner Kunden sind schon fort. Wir können ohne größere Schwierigkeiten über die Grenze, und dort sind wir in Sicherheit. Schau, dieser größere Rucksack ist für Genie und die Kleinen, und diese beiden für dich und mich. Wir werden alles hinter uns lassen, und …«

»Wie bitte? Bist du verrückt geworden?«, zischte Mama.

»Verrückt sind die anderen, Liebes. Die Nazis. Sie haben direkt vor unserer Nase den Hass auf unser Volk gesät. Wir waren nur zu naiv, um es zu sehen. Aber was hätten wir auch tun können? Man kann schließlich einen wütenden Mob nicht davon abhalten, einem den Laden abzufackeln oder die Wohnung zu plündern. Und es wird nur schlimmer werden. Lass uns gehen, bevor es zu spät ist.«

»Ich werde dieses Haus nicht verlassen – es ist unser Zuhause, Henryk! Wie kannst du das auch nur vorschlagen? Wir gehen nirgends hin. Wir werden das hier durchstehen, wie wir auch alles andere durchgestanden haben.«

»Bitte, hör mir zu. Wir könnten uns nachts davonschleichen, und …«

»Nein. Ende der Diskussion. Ich weiß nicht einmal, wo wir hingehen sollten. Henryk, bitte. Sieh mich nicht so an, deine bettelnden Augen werden mich nicht umstimmen. Und halt – das auch nicht. Du weckst noch die Kinder auf! Wir bleiben, Henryk. Mein Bruder und Mama werden uns helfen«, erklärte sie bestimmt.

Besonders gut kannte Genie Mamas Familie nicht, weil sie in Deutschland lebten. Doch Mama hielt große Stücke auf ihren Bruder. Und wenn sie froh war, dass sie kamen, dann freute sich Genie auch.

Außerdem hatte Mama recht. Wenn Onkel David und Großmutter da waren, würde Genie sich wenigstens weniger langweilen. Lächelnd fasste sie Jureks Hand und wollte schon gehen, als hinter der Tür noch einmal Tats sanfte Stimme zu hören war.

»Nun, das dürfte uns helfen. Wir werden sie brauchen. Wir werden alle brauchen, so verrückt, wie die Deutschen offenbar sind. Ich kann immer noch nicht glauben, dass sie Richard im

Radio erschossen haben. Mitten während der Sendung. Ich glaube nicht, dass es noch viel schlimmer werden kann. Aber ich mache mir Sorgen um die Kinder. Genie muss es ins Konservatorium schaffen, bevor sie ihren Platz jemand anderem geben.«

»Ich glaube nicht, dass im Moment irgendjemand zur Schule geht, Henryk. Hoffentlich ist das alles schnell vorüber.«

»Du hast recht, Liebes. Wir werden bestimmt schon bald wieder rauschende Partys feiern.«

Die Unterhaltung verstummte, und Jurek warf Genie einen verängstigten Blick zu. Sie schüttelte den Kopf und fuhr ihm durchs Haar.

»Du hast doch Tat und Mama gehört. Es ist alles gut. Jetzt lass uns schlafen.«

Auf Zehenspitzen schlichen die beiden zurück in ihre Zimmer. Genie deckte Jurek zu, dann schlüpfte sie in ihr eigenes Bett. Seufzend zog sie sich die Decke bis ans Kinn. Sie schlief sehr unruhig. Immer wieder träumte sie von zwei deutschen Jungen, die mit einem gemeinen Grinsen am Klavier saßen und besser spielten als sie.

Leicht beunruhigt wachte Genie auf, aber schon bald setzte sie wieder ein Lächeln auf. Immerhin hatten sie so länger Ferien. Sie sollte sich freuen.

Sie lief zum Balkon, stützte den Kopf in die Hände und blickte hinüber zu ihrem geliebten Wawel. Alles würde wieder gut werden. Jetzt war ihr Lächeln wieder echt.

Doch mit einem Schlag verging es ihr. Von den Straßen hörte sie das Poltern von tausend marschierenden Stiefeln, und da sah sie unendliche Reihen düsterer Uniformierter.

Durch die Straßen von Krakau zogen die Deutschen.

★★★

»Kinder! Ab in den Keller! Auf der Stelle!«

Zum wahrscheinlich hundertsten Mal diesen Monat liefen sie die Treppe hinunter. Auf dem Weg schnappte Genie sich ein paar Kekse, die sie erst mit Jurek und Halinka teilte, als Tat sie mahnend ansah. Sie kauten leise und warteten, bis die Sirenen verstummten.

»Tat, was haben Mama und du heute gesehen?«, fragte Genie, um die Anspannung zu lockern.

»Die Deutschen sind immer noch da, wenn du das meinst. Wir haben bekommen, was wir brauchten. Trotz dieser albernen Sterne. Ich musste in fünf Läden, um alles zu finden. Unerhört. Die Soldaten sagen auch die befremdlichsten Dinge. Wir haben gehört, wie sie davon sprachen, sie würden uns wegbringen. Als könnte das je passieren. Das ist gegen das Gesetz, und wir werden nirgendwo hingehen.«

»Henryk.«

»Entschuldige, Liebes. Keine Angst, Kinder. Die Deutschen lärmen bloß herum. Uns betrifft das nicht, abgesehen davon, dass wir ihre grässliche Musik hören müssen.«

»Tat!«

Sie lachten laut auf und hielten einander an den Händen, bis sie wieder nach oben konnten.

Immer noch saßen sie den ganzen Tag zu Hause, und Genie nutzte die Zeit zum Klavierspielen. Sie übte für die Aufnahmeprüfung am Konservatorium, bestimmt würde für das Vorspiel ein neuer Termin festgesetzt werden. Seit einem Monat ging das jetzt so, und obwohl alle sagten, dass das Leben bald wieder normal verlaufen würde, war davon bisher nichts zu spüren. Es war einfach unglaublich.

Die Deutschen ließen ständig alle wissen, dass sie hier das Sagen hatten. Sie lärmten herum mit ihrer Musik, diesen entsetzlichen deutschen Gesängen, und ihrem lauten Marschieren.

Eines Tages kam Tat in Genies Zimmer, während sie gerade Halinka ihre Puppen zeigte. Halinka wollte dauernd alles anfassen, daher war Genie dankbar für die Unterbrechung. Sie setzte die Puppe zurück ins Regal und lächelte Halinka an, die gleich wieder mit den Füßen aufstampfte.

»Und, was treiben meine beiden Mädchen?«, fragte Tat mit gerunzelter Stirn.

»Nichts. Wir spielen bloß. Sonst geht ja nicht viel«, beklagte sich Genie. Sie verschränkte die Arme und sah Tat mit blitzenden Augen an, als wäre es seine Schuld, dass die Deutschen einmarschiert waren. Dabei wusste sie, dass ihre Eltern nichts dafürkonnten, aber den ganzen Tag zu Hause zu hocken, machte sie wütend.

Genie wollte einfach nur mit ihren Freunden zusammen sein. Dafür würde sie sogar wieder in die Schule gehen, und das wollte in ihrem Alter schon etwas heißen. Genie langweilte sich. Kogut platzte regelmäßig der Kragen, wenn Genie sich beklagte. Dann wischte sie schnell ihre Hände an der Schürze ab und gestikulierte aufgeregt: Sie solle dankbar sein, dass sie in einem großen Haus mit eigenem Klavier wohnte. Und damit hatte Kogut natürlich recht. Genie wusste gar nicht, was sie ohne ihren Flügel tun würde. Er war ihr ganzes Leben; ohne die Musik hätte sie kein Ziel mehr und ihr Leben keinen Sinn. Genie schüttelte den Kopf. Sie wollte sich das nicht einmal vorstellen.

»Komm, Genie, zieh deine Schuhe an.«

»Warte, heißt das etwa … ja! Kann Halinka mitkommen?«

»Leider nein. Diesen Gang machen nur wir beide«, erklärte Tat und lächelte tröstend zu Halinka hinunter, die an seinem Bein hing.

Genie zog ihre kleine Schwester fort und trug sie die Treppe hinunter.

»Hallo, Jurek. Ich habe eine Überraschung für dich!« Genie riss seine Zimmertür auf.

»Wenn es wieder eines deiner ›Gratiskonzerte‹ ist, nein danke. Davon habe ich genug«, maulte Jurek, ohne von seinem Buch aufzusehen.

»Nein, noch besser«, grinste Genie.

Als Jurek aufblickte, setzte Genie ihm Halinka auf den Schoß. Sofort fing sie an, an ihm hochzuklettern, und zog ihn an den Haaren.

»Hey! Heute Nachmittag bist immer noch du das Kindermädchen!«, rief Jurek.

Genie hob die Schultern und verschwand hinter der Tür, während sie ihn hinter sich her schimpfen hörte.

Genie zog eines ihrer schönsten Kleider an. Sie kämmte sich die Haare und schlüpfte in die hübschen Rüschensöckchen und weißen Lederschuhe. Kogut kochte gerade, also musste Genie alleine fertig werden. Sie stellte sich vor den Spiegel und besah sich von allen Seiten. Ihr Spiegelbild gefiel ihr; sie rannte die Treppe hinunter.

Tat nahm ihre Hand, während sie den Garten passierten.

»Du weißt, Liebling, dass es ein besonderes Privileg ist, mit mir nach draußen zu dürfen. Aber damit das klar ist: Du tust haargenau, was ich sage. Wenn ich sage, du sollst in einen Laden laufen, tu es. Wenn ich dich nach Hause schicke, läufst du zurück. Wenn wir einmal kurz getrennt werden, such dir ein gutes Versteck.«

»Tat, du machst mir Angst. Ich dachte, außer den Deutschen wäre niemand da draußen.«

»Das stimmt auch«, seufzte Tat.

Genie schaute ihn besorgt an, aber sie straffte die Schultern. Wenn Tat ihr vertraute, würde schon alles gut gehen.

Sie verließen das Grundstück, und Genie kam sich vor, als beträte sie einen Traum. Kaum jemand war unterwegs, und die wenigen Passanten liefen mit gesenktem Blick vorüber. Sie spähte die Straße hinunter und sah an einem der Gebäude eine merkwürdige Fahne hängen: rot mit einer schwarzen Spinne darauf. War das die deutsche Flagge? Sie unterdrückte ein Lachen.

Tat umklammerte fest ihre Hand und zog sie vorwärts. Allerdings nicht auf dem Bürgersteig, und als sie hinaufsteigen wollte, holte er sie mit einem Ruck zurück.

»Wir gehen lieber auf der Straße, Liebling. Das ist viel einfacher und nicht so voll«, merkte Tat an.

Genie verzog die Lippen. Sie hatte das Gefühl, dass er ihr nicht die ganze Wahrheit sagte. Es war das erste Mal, dass er so herumdruckste. Und ein Blick auf den Bürgersteig bestätigte ihr, dass es dort alles andere als überlaufen war.

Sie gingen zügig. Genie hoffte, sie könnte einige der Ladenbesitzer begrüßen, bei denen sie normalerweise für einen Plausch stehen blieben. Aber keiner ihrer Läden war geöffnet. Die meisten waren mit Brettern vernagelt, auf denen merkwürdige Schmierereien standen. Dann kamen sie beim Bäcker vorbei, und Genie hielt die Luft an. Die Fenster lagen in Scherben, und drinnen waren die Regale zertrümmert. Nicht ein Laib Brot war zu sehen.

Nach einer Straßenbiegung trafen sie auf einen Trupp Soldaten. Tat beschleunigte seine Schritte, Genie immer in seinem Schlepptau.

»*Ihr fettes, hässliches Judenpack!*«

Genie riss den Kopf herum und starrte den Soldaten an,

der sie so angepöbelt hatte. Dann aber zuckte sie vor Schmerz zusammen, als Tat sie am Nacken fasste und sie wieder nach vorne drehte.

»Schau ihnen nie in die Augen. Schau immer auf deine Schuhe. Das hier sind Mamas Lieblingsschuhe«, flüsterte Tat ihr ins Ohr.

Genie lächelte, als sie merkte, dass sie wohl gerade beide dasselbe dachten. Im Schmutz des Rinnsteins ruinierte sie gerade ihre weißen Lederschuhe. Bestimmt würde Mama einen ihrer berühmten Anfälle bekommen und herumzetern.

Manche Soldaten riefen ihnen Dinge nach, und dieses eine Mal wünschte Genie, sie würde wenigstens ein bisschen Deutsch verstehen.

»*Zur Hölle mit euch Judenschweinen!*«
»*Lange wird es nicht mehr dauern.*«
»Was sagen sie?«, flüsterte Genie.

»Sie machen uns Komplimente für unsere schöne Stadt«, erwiderte Tat.

Genie grinste. Natürlich gefiel ihnen Krakau. Sie hoffte nur, dass es ihnen nicht zu gut gefiel. Niemand wünschte sich, dass sie blieben.

Je weiter sie ins Zentrum kamen, desto mehr Menschen waren unterwegs, und doch war es ganz anders als früher. Genie sah die Geister der Vergangenheit vor sich. Früher grüßten die Leute einander, blieben stehen und plauderten. Fragten einander nach der Arbeit oder der Familie. Luden einander zum Kaffeetrinken oder zu einem Spaziergang am Fluss ein. Die Kaffeehäuser waren immer überfüllt. Sobald das Wetter es erlaubte, saßen die Leute draußen. Doch diese Phantombilder verblassten, und stattdessen sah sie die neue Wirklichkeit.

Plötzlich hörte Genie lautes Geschrei. Deutsche Soldaten

hatten einen Mann gepackt und schlugen mit ihren Knüppeln auf ihn ein, während sein Sohn schreiend an ihre Stiefel trat. Der Mann fiel zu Boden, und sie verprügelten ihn weiter. Genie warf einen Blick zu Tat, um zu sehen, ob er stehen bleiben und helfen würde. Doch er tat nichts dergleichen. Mit gesenktem Blick liefen sie weiter.

Noch ein Stück weiter wurden Menschen von uniformierten Deutschen durch die Straße getrieben. Sie kamen direkt an Genie vorbei, von einem fing sie den Blick auf. Es waren die Augen eines Gespensts, eines Todgeweihten. Genie stockte der Atem, und sie klammerte sich an Tats Arm.

»Können wir jetzt nach Hause?«, flehte sie.

»Noch nicht. Wir haben etwas Bestimmtes vor. Mach dir keine Sorgen. Wir sind fast da.«

Aber Genie hörte ihm nicht zu. Sie wollte hier nicht mehr sein. Nachdem sie sich so lange danach gesehnt hatte, wurde ihr jetzt klar, dass sie gar nicht wusste, was draußen sein bedeutete. Sie wollte nur noch zurück in ihr sicheres Haus, wo die Soldaten ihnen nichts anhaben konnten.

Sie kamen an einem weiteren Trupp Soldaten vorbei, und Genie hielt den Kopf gesenkt, blinzelte aber hinüber. In ihrer Mitte stand ein hübscher blonder Junge – er war nicht älter als drei. Die Soldaten schnitten ihm die Locken ab. Eine Locke hielten sie hoch und ließen sie lachend in der Luft tanzen. Es sah beinahe so aus, als würden sie sich über ihn lustig machen. Sein Haar war so glänzend und schön; es war einfach widersinnig. Genie seufzte. Was für eine Schande. Der Junge tat ihr leid.

Nachdem sie ungefähr eine Stunde gelaufen waren, blieb Tat stehen. Überrascht musterte Genie ihn, dann folgte sie seinem Blick zu dem großen Gebäude gegenüber. Genie erkannte das Konservatorium, und ihr Herz hüpfte. Lächelnd zupfte sie an

Tats Ärmel. Würde sie endlich dort anfangen? Nahmen sie ihre Bewerbung an, obwohl sie nie hatte vorspielen können? Vielleicht hatten sie von ihrem einzigartigen Talent gehört, und sie bekam ihren Platz allein durchs Hörensagen. Genie jubilierte und trippelte vor Freude auf der Stelle. Schluss mit der Zeitverschwendung; bald würde sie zur professionellen Pianistin ausgebildet werden, an der Seite der besten Lehrer und Schüler aus ganz Polen. Endlich war ihr Traum in Reichweite. Nach so vielen Monaten der Ungewissheit konnte sie die Sehnsucht ihres Lebens erfüllen. Das Klavier war das, was ihrem kleinen, bedeutungslosen Leben einen Sinn gab, und jetzt konnte sie diesen Sinn mit Händen greifen und jeden Tag weiter verfolgen.

Genie zog Tat bis vor den Eingang des Konservatoriums. Dort hielt sie plötzlich inne. Die Türen waren geschlossen, eine Kette war um die Türgriffe gelegt. Aber warum? Genie war verwirrt.

»Komm, wir fragen diesen freundlichen Herrn hier«, erklärte Tat.

Langsam gingen sie auf die Schmalseite des Konservatoriums. Dort nagelte gerade ein älterer Mann Bretter vor die Fenster. Neben ihm stand eine ganze Schubkarre davon, sodass es für das ganze Gebäude reichen würde. Der Mann wandte sich um, als sie sich näherten, schien aber uninteressiert. Er nickte ihnen kurz zu, dann hämmerte er weiter.

»Entschuldigen Sie, darf ich fragen, was Sie da tun?«, fragte Tat höflich.

»Wonach sieht es denn aus? Ich baue eine neue Burg für die Nazis«, erwiderte der Mann zynisch.

Genie kniff die Augen zusammen und verschränkte die Arme. Niemand redete so mit Tat. Was erlaubt er sich? Sie machte den Mund auf, um ihm die Meinung zu sagen, als sie Tats Hand auf ihrer Schulter spürte.

»Verzeihen Sie. Ich meinte, wird das Konservatorium nicht bald wieder öffnen? Wir sind hier, um uns nach dem Stand der Neuaufnahmen zu erkundigen«, erklärte Tat respektvoll.

»Pah! Neuaufnahmen? Freundchen, ich weiß nicht, in welcher Welt Sie leben, aber hier wird gerade nichts geöffnet. Eher genau das Gegenteil.«

»Zufällig besitze ich eine Matratzenfabrik, und die läuft noch auf Hochtouren.«

»Sieh mal einer an. Glückwunsch. Wollen Sie mir sonst noch etwas unter die Nase reiben? Vielleicht eine vollständige Familie?«, höhnte der Mann.

Genie verstand nicht. Was meinte er? Waren manche Familien etwa nicht mehr vollständig? Das schien ihr ein völlig unfassbarer Gedanke. Familie war das Wichtigste überhaupt, wie konnte jemand sie auseinanderreißen?

»Tat, was meint er damit?«, raunte Genie.

Der kalte Blick des Mannes streifte Genie. Es lag so viel Schmerz darin, dass sie ihn kaum ertragen konnte. Mit jedem Atemzug verströmte er seine Entrüstung. Aber da war noch etwas. Ein Riss in dem harten Panzer.

Da begriff sie: Es war tiefer, quälender Kummer. Genies Aufgebrachtheit legte sich, als sie merkte, dass dieser Mann sich mit seinem rauen Äußeren schützte. Er war zutiefst verstört, und sie sah ihn voller Mitgefühl an. Da wurde auch sein Blick weicher, und er seufzte. Seine Schultern sackten ein, und er ließ den Hammer fallen.

»Die Nazis haben schon angefangen. Mein Bruder war Rabbi, und … eines Abends haben sie unsere Wohnung gestürmt und ihn mitgenommen. Einfach so, er ist weg, und wir haben keine Ahnung, wo er sein könnte. Und mein Bruder ist nicht der Einzige. Unsere Ärzte, Politiker, Anwälte ...«

»Schon gut, das genügt. Wir wollen hier niemanden verängstigen«, unterbrach ihn Tat.

Er warf Genie einen besorgten Blick zu, bevor er sich wieder dem Mann zuwendete und ihm die Hand auf den Arm legte.

»Ich bedaure Ihren Verlust. Wenn Sie einmal Gesellschaft brauchen, hier ist unsere Adresse. Kommen Sie doch vorbei, dann können wir eine Mahlzeit teilen. Wir haben gerne ein volles Haus, also besuchen Sie uns doch einmal.«

Der Mann nickte und lächelte still. Genie strahlte und nahm Tats Hand. Seine aufrichtige Herzlichkeit war einfach großartig. Sie liebte ihn. Er würde immer ihr Vorbild bleiben.

Als sie sich abwandten, rief der Mann ihnen etwas nach.

»Sie wollten doch wissen, wie es hier weitergeht. Zumindest im Moment wissen wir gar nichts. Aber kommen Sie doch in ein paar Wochen wieder.« Tat blieb stehen und nickte ihm zu.

Sie machten sich auf den Heimweg. Und obwohl sie nichts erreicht hatten, waren sie zuversichtlich. Tat versprach ihr, dass sie noch vor ihrem nächsten Geburtstag im Konservatorium anfangen würde.

Solange ihre Familie vereint war, konnten sie alles verkraften, was die Nazis ihnen an Knüppeln in den Weg warfen.

Der menschliche Verstand kann wirklich merkwürdig sein. Genie sah, wie Juden sich die Stirnlocken abschnitten und den Judenstern trugen. Anfangs tat es ihr leid, wenn Leute auf der Straße verprügelt wurden, doch inzwischen berührte es sie kaum mehr. Man tat einfach so, als sei das normal; man konnte es ohnehin nicht ändern. Es war ein Schutzmechanismus, weil eine andere Reaktion gar nicht möglich war.

Sie verließ kaum das Haus, denn wer das tat, konnte nie sicher sein, dass er wieder zurückkommen würde. Nur zu ganz besonderen Anlässen nahmen Mama und Tat sie mit. Oder aber wenn Genies unaufhörliches Gejammer sie dazu hinreißen ließ, ihre Vorsicht ein wenig zu lockern. So war jetzt ihr Leben, und obwohl es sich so drastisch verändert hatte, konnte sie nichts anderes tun, als es weiterzuleben. Die Deutschen aber machten ihnen auch das immer schwerer.

»Heute ist draußen mehr Lärm als sonst. Ziehen die Deutschen etwa ab?«, fragte Genie vom Flügel aus über die Schulter.

Sie bekam keine Antwort.

Verärgert hörte Genie auf zu spielen; sie wollte nachsehen, was der Aufruhr bedeutete. Einzelne Schreie erhoben sich über das übliche Knallen marschierender Stiefel.

Es hörte sich entsetzlich an, und Genie wollte sich die Ohren zuhalten, aber da stand Halinka und sah neugierig zu ihr auf. Genie nahm ihre Hand und lächelte. Doch ihr Herz raste. Bei dem Klirren von zerberstendem Glas und den Schreien meinte man, der Krieg wäre an ihrer Schwelle angekommen.

»Komm weg vom Fenster, Jurek!«

Dass Tat so brüllte, hatte Genie noch nie erlebt. Sie erschrak, nahm Halinka auf den Arm und trug sie nach unten.

»Was ist los, Tat?«

»Es geht raus auf die Straße«, erwiderte Tat, ohne sich umzudrehen.

»Die Deutschen gehen auf die Straße? Das tun sie doch ständig, Tat.«

»Nein, Genie. Sie setzen uns auf die Straße«, erwiderte er. Als er sich zu Genie umwandte, sah sie, dass in seinen Augen Tränen glänzten.

»Raus! Raus, ihr Judenschweine!«

Genie und Halinka fuhren zusammen, als deutsche Polizisten durch ihre Haustür stürmten. Kogut versuchte, die Kinder nach oben zu scheuchen, aber Genie ließ Halinka los und blieb wie angewurzelt stehen, während die Kleine davonlief.

Die Polizisten sahen sich um und verhielten sich, als wären sie hier zu Hause. Genie wusste nicht, was sie taten, aber es gefiel ihr nicht. Bestimmt würden ihre Eltern sie hinauswerfen; und wirklich, alles war gut, sie redeten ja schon mit den Männern.

Erst schienen die überrascht, dass sie Deutsch sprachen, doch die Unterhaltung dauerte nicht lange. Tat kam zu Genie und schloss sie in die Arme, während Mama weiter auf die Soldaten einredete.

»Was haben sie gesagt, Tat?«

»Sie wundern sich, dass wir keine Deutschen sind.«

»Wie bitte? Warum sollten wir Deutsche sein?«

»Sie haben gefragt, ob wir auch bestimmt keine Deutschen sind, weil es hier so sauber ist.«

»Ach so …«

Genie sah Tat an und lächelte. Warum gingen die Deutschen denn davon aus, dass sie schmutzig waren? Sie waren immer hübsch eingerichtet gewesen, und Kogut putzte ihnen ständig hinterher.

Die Männer gingen durchs Haus, dann legte einer von ihnen die Hand auf ihren Flügel. Sie hielt die Luft an und erstarrte.

»Denk dran, Genie: Alles wird gut.«

»Warum sagst du … warte. Tat, halt sie auf, nein! NEIN!« Mit einem Aufschrei stürzte Genie los, aber er fing sie auf, bevor sie das Halbdunkel der Eingangshalle verlassen konnte.

Die Polizisten schoben ihren Flügel weg. Ihren geliebten Bechstein. Das war nicht möglich. Das durften sie nicht.

»Tat, nein. Bitte, lass das nicht zu. Bitte! Tu etwas«, jammerte Genie. Doch bald war ihre Kehle wie zugeschnürt, und sie verstummte. Tat streichelte ihr tröstend über den Rücken, und leise weinend sah sie zu, wie die Männer den Flügel zum Fenster schoben.

Sie hielten inne, als sie merkten, dass das Fenster zu klein war. Genie verspürte einen Funken Hoffnung. Vielleicht würden sie ihn doch nicht mitnehmen. Dann aber bellte ein finsterer Mann Befehle, und zwei weitere Polizisten kamen nach oben gelaufen.

»Sie seilen ihn über den Balkon ab«, erklärte Mama tonlos.

Fassungslos sank Genie tiefer in Tats Arme. Sie nahmen ihr den Flügel weg, aber genauso gut hätten sie ihr die Hände abschneiden können.

In ihrem späteren Leben, als die Schrecken des Krieges längst der Vergangenheit angehörten, konnte Genie kaum mehr spielen, weil ihre Finger nach diesem Erlebnis nie mehr dieselben waren. Ihre Hände zitterten wie Espenlaub, nie wieder tänzelten sie mit Chopin über die Tasten. Das Klavierspiel war eine ihrer glücklichsten Kindheitserinnerungen, die nie wieder Wirklichkeit werden würde.

Erneut brüllten die Männer etwas, und Genie suchte in Tats Blick nach einer Erklärung. Seufzend zog er sie vom Boden hoch.

»Komm, Liebling. Wir müssen unsere Sachen packen.«

»Packen? Warum denn? Wohin gehen wir?«

»Ich weiß es nicht ...«

Entsetzt riss Genie die Augen auf, aber sie folgte Tat nach oben. Wohin konnten sie schon gehen? Vielleicht an denselben Ort wie ihr Klavier.

Engelshände

1941

Es war ein einziges Chaos. Verfolgt vom Geschrei aus geifernden roten Gesichtern liefen sie durchs Haus und packten, so schnell sie konnten. Kogut half Genie und Halinka in ihren Zimmern. Sie holte für jede von ihnen einen Koffer vom Dachboden und faltete ihre Kleider, damit so viel wie möglich hineinpasste.

»Geh und hilf deiner Mama und Tat, Eugenia.«

»In Ordnung ...«

Genie war wie in Trance. Sie betrat das Schlafzimmer ihrer Eltern, blieb aber an der Schwelle stehen. Das Durcheinander sah aus, als würden sie umziehen. Genie hatte gedacht, sie würden für immer in diesem Haus wohnen.

»Gut, dass du da bist, Genie.« Tat nickte knapp.

Sie stürzte sich aufs Bett und half, den arabischen goldenen Wandteppich aus dem Rahmen zu lösen. Unter dem Gewicht schwankend kniete sie sich auf den Boden, um ihn aufzurollen.

»Gut gemacht. Jetzt hilf mir bei etwas anderem.«

Genie folgte Tat nach unten und sah verwundert zu, wie er einen der Stühle unter ihrem Mahagonitisch hervorzog. Er blickte sich nach allen Seiten um, legte Genie eine Hand auf den Arm und führte sie durch die Eingangshalle. Dann schloss er eine Tür hinter ihnen beiden und fing an, in seinen Taschen zu graben.

»Warum sind wir in Koguts Kammer, Tat?«

Statt einer Antwort reichte er Genie den Stuhl. Sie hielt ihn kopfüber fest, während er ein Bein abschraubte und den Familienschmuck aus Gold und Juwelen darin versenkte.

»Tat! Was tust du da?!«

»Nur für alle Fälle. Kannst du loslaufen und den Sonnenschirm holen, Liebling? Aber nimm dich vor den Deutschen in Acht. Lass sie nichts merken, und wenn sie dich doch sehen, tu so, als wäre nichts.«

Es war erstaunlich einfach, ihren großen Sonnenschirm zu holen, weil die meisten Polizisten oben waren und die übrige Familie beim Packen überwachten. Als sie zurück in Koguts Kammer war, versteckten sie im Schaft des Schirms den übrigen Schmuck.

Sie verließen das Haus mit ein paar Koffern, einem kleinen Bett, einem Sofa und ihrem hübschen Mahagonitisch mit sechs hellgrün gepolsterten Stühlen. Genie versuchte, nicht zu lange auf den Stuhl mit dem Juwelenschatz zu starren.

Mit einer ganzen Menschenmenge wanderten sie zu Fuß in den Vorort Podgórze. Aus dem Augenwinkel konnte Genie sehen, wie Bauarbeiter eine rote Backsteinmauer errichteten. Sie fragte sich, was die Deutschen damit bezweckten. Dann wandten die Arbeiter sich um und sahen ihnen mit leeren Blicken nach, und Genie erkannte die Binde mit dem Stern auf ihren Armen. Auch sie waren also Juden.

Sie zogen weiter, aber plötzlich hielten sie inne.

»Eigentlich müssten sie hier sein … Ah! David, Gott sei Dank habt ihr es noch geschafft«, stieß Mama hervor.

»Onkel David?« Jurek blickte Genie fragend an.

Sie ließen beide ihre Koffer fallen, rannten los und warfen sich ihrem Onkel und ihrer Großmutter in die Arme.

»Oh, meine lieben Kleinen, wie sehr ich euch vermisst habe. Halinka, komm her und gib deiner Großmutter ein Küsschen.«

»Mama, ich bin so froh, dass ihr gekommen seid. Wie ist es euch in Berlin ergangen? Seid ihr froh, von dort weggekommen zu sein?«

»Oh ja. Krakau ist viel schöner, und ich gehöre dahin, wo meine Familie ist. David hat in Berlin einige Beziehungen geknüpft, damit konnte er uns hier zu einer besseren Wohnung verhelfen.«

Lächelnd sah Genie zu, wie Großmutter Mama umarmte. Freundlich nickte sie ihren Cousinen Lilli und Helga zu, die sich hinter den Beinen ihrer Mutter versteckten. Wenigstens hatte Halinka jetzt mehr Kinder zum Spielen. Da sie aus Berlin kamen, sprachen sie zwar kein Wort Polnisch, aber das konnte Genie ihnen ja beibringen. Es würde schon irgendwie gehen.

Sie folgten Onkel David und seiner Familie zu einer Wohnung. Sie lag in einem von drei Häusern, die einen kleinen Garten mit Hof umstanden.

»Hinter unserer Wohnung liegt der Friedensplatz. Ganz schön zynisch, oder?« David zog eine Grimasse.

Genie warf Jurek einen Blick zu und zwinkerte. Sie rannten ins Haus und drängelten einander, weil jeder das beste Zimmer ergattern wollte. Allerdings gab es nur ein einziges Schlafzimmer.

»Tat, was soll das heißen? Wo sollen wir alle schlafen?«, fragte Genie ernüchtert.

Schnell erkundeten sie die ganze Wohnung, die nur aus einem Zimmer, einer Küche und einer kleinen Kammer bestand. Tat holte sie ein und legte beiden eine Hand auf die Schulter.

»Wir werden uns schon einrichten. Und wenn euch irgendjemand fragt ... Halinka, komm her. Wenn irgendjemand fragt: Hier wohnen drei Familien, verstanden?«

»Aber Tat, wir sind doch nur eine Familie.«

»Ich weiß, Genie. Aber wir sagen, dass hier noch zwei weitere Familien wohnen. Wenn jemand fragt: Wir sind drei Familien, und wenn jemand zu Besuch kommt, sind die anderen Familien gerade bei der Arbeit. Könnt ihr drei das für mich tun? Für uns?«

Sie nickten, und als er zufrieden war, stand er auf und packte mit an, um ihre Habseligkeiten hereinzutragen. Genie rechnete aus, dass alles, was sie mitgebracht hatten, in einen Raum passte. Vielleicht würden Onkel David und Tat später noch mehr Möbel holen gehen.

»Ich wünschte, Kogut wäre hier«, jammerte Halinka, als Mama hereinkam.

»Ich weiß, Liebling. Aber sie hat eine andere Arbeit zugewiesen bekommen. Bei einer Familie auf der anderen Seite der Stadt«, erklärte Mama und strich Halinka über das Haar.

Sie warf Genie einen Seitenblick zu, der beinahe traurig aussah. Genie wusste nicht, was sie davon halten sollte.

Irgendwie passten sie alle hinein. Großmutter schlief in der Küche, Genie in der kleinen Kammer, die einmal für ein Dienstmädchen gedacht gewesen sein musste, und die anderen drängten sich ins Schlafzimmer.

Das Haus lag tatsächlich direkt gegenüber dem Friedensplatz. Rechts und links verlief ein Holzzaun, dahinter kam eine weitere Straße und dann der Marktplatz.

Sie hatten auch einen Balkon, und obwohl Genie keinen Blick mehr auf den Wawel hatte, konnte sie von dort aus zumindest dem Gewimmel der Menschen zusehen, die unten einkauften. Sie fragte sich, was für einen Ausblick wohl Mietek hatte. Hoffentlich wohnte seine Familie nicht zu weit entfernt.

Doch wie sich schnell herausstellte, wurde auf dem Markt gar nicht eingekauft. Der Marktplatz wurde der Ort, an dem die Deutschen ihre meisten Angelegenheiten regelten. Leider waren diese Angelegenheiten etwas ganz Unglaubliches ... nämlich Erschießungen. Von der Wohnung aus konnten sie die Schreie und Schüsse hören. Auf diesem Balkon wollte Genie keine Zeit verbringen.

Am Tag nach ihrem Umzug ins Ghetto zogen sie ihre besten Kleider an.

»Gehen wir auf ein Fest, Tat?«, fragte Genie.

Wortlos legte er ihr ein Baumwolltuch um und fing an, ihr die Haare zu flechten. Sie nahm Halinka auf den Arm und ging mit ihr nach draußen. Alle hatten ihre besten Kleider an, Genie ein braun-weiß kariertes Kleid mit dazu passenden Schuhen. Auch Halinka trug ein Kleidchen und Jurek einen Anzug.

Sie folgten einer Reihe von Menschen zum Friedensplatz. Genie durchforstete die Menge auf der Suche nach Mietek. In seinem guten Anzug sah er immer umwerfend aus. Sie wollte keine Gelegenheit verpassen, ihn zu sehen.

Genie stellte sich auf die Zehenspitzen, um herauszufinden, was da vorne vor sich ging. Es gab zwei lange Schlangen, Männer und Frauen, und als Genie zusammen mit den Frauen in ihrer Familie vorne angekommen war, war sie enttäuscht, sich bloß vor einem Tisch wiederzufinden, an dem Deutsche saßen.

»*Die Nächste.*«

»Eugenia Gisela Wein. Komm, Liebling. Sie registrieren uns nur, um sicher zu sein, dass wir alle gut angekommen sind«, sagte Mama und nickte aufmunternd.

Genie blickte unsicher zu ihr auf, stellte aber keine Fragen. Sie setzte sich auf den Stuhl und strich sich Kleid und Haar glatt, bevor sie ein breites Lächeln aufsetzte, als der Soldat sie fotografierte.

★ ★ ★

Ein Tag glich dem anderen, und Monate vergingen. Die einzige Veränderung bestand in täglich neuen Vorschriften. Die Deutschen kamen mit Lkws gefahren und verkündeten über Megafone, was man zu tun und vor allem was man zu lassen hatte.

So viele Gesetze, und jeden Tag eine neue Einschränkung. Sie durften nicht mehr zum Friseur. Niemand durfte ein Dienstmädchen beschäftigen. Die Nazis schoren Juden die Köpfe kahl und verprügelten Menschen auf offener Straße. Häufig mussten sie sich auf diesem Platz oder in jener Straße versammeln. Nie erklärte jemand, wozu. Und niemand fragte danach.

Männer und Frauen wurden bei diesen Versammlungen immer getrennt, und genau das war für Genie das Schlimmste. Sie hasste es, den Hals zu recken und in der anderen Schlange nach Tat und Jurek zu suchen. Genie und Jurek stellten keine Fragen, weil sie so taten, als geschehe das alles nicht wirklich. Sogar wenn die Deutschen einfach um sich schossen, sprach keiner darüber. Abends herrschte eine strenge Ausgangssperre, und wer sich nach draußen wagte, wurde niedergestreckt. Genie gewöhnte sich an die hallenden Schüsse und an die Schreie.

Eines Tages wurden die Wohnungen von brüllenden Ordnungsdienstlern geräumt, die alle verprügelten, die sich ihrer

Meinung nach zu langsam bewegten. Genie, Mama und die anderen Frauen und Mädchen wurden auf einen Lkw verfrachtet und aus dem Ghetto gefahren.

»Mama, wohin bringen sie uns? Zurück nach Hause?«, fragte Genie mit leiser Hoffnung.

»Nein, Liebling. Ich habe die Männer von einem Schlachthof reden hören. Wahrscheinlich sollen wir ein bisschen arbeiten und ihnen helfen.«

Genie verzog das Gesicht und verschränkte schmollend die Arme. Arbeiten? Darauf hatte sie wirklich gar keine Lust.

Doch Mama lag richtig. Sie wurden zu einem Schlachthof gebracht, in dem es so stank, dass Genie hustete und würgte, bis Mama ihr ein Taschentuch vor Nase und Mund band. Die Frauen und Mädchen wurden nach drinnen gescheucht und zusammengetrieben, wussten aber nicht, was sie tun sollten.

Die Männer vom Ordnungsdienst umstellten sie, einige lachten, andere rauchten. Genie drückte sich an Halinka und ihre Cousinen Lilli und Helga, und ihre Mütter legten schützend die Arme um sie. Was konnten sie nur in einem Schlachthof mit ihnen vorhaben?

Und dann zeigte einer der Männer ans andere Ende der Lagerhalle. Als niemand sich rührte, brüllte er, bis sein Gesicht krebsrot war, und spuckte die vorbeieilenden Frauen an.

»Los! Schneller! Schneller, ihr Judenschweine!«

Genie musste riesige Stücke Schweine- und Rindfleisch schleppen und sie nach draußen auf einen Lkw bringen. Lilli und Helga halfen ihr mit den größeren Stücken – und so ging es über Stunden. Ihre Mütter zerlegten blutiges Fleisch und trugen es zu den Lkws.

Die Sonne ging bereits unter, als sie zurückgebracht wurden. Genie konnte den Gestank ihres eigenen Körpers kaum ertragen. Verschwitzt und dreckig, wie sie war, schleppte sie sich langsam in die Küche. Sie legte die Hände auf den Spülstein und weinte.

Ihr Körper bebte vom Schluchzen, und alles wurde noch schlimmer, als sie an sich heruntersah und ihren eigenen Gestank roch. Sie weinte, weil sie noch nie in ihrem Leben so schmutzig gewesen war. Es war das erste Mal, aber es sollte nicht das letzte Mal sein.

»Oh, Liebstes. Nimm es dir nicht so zu Herzen. Bald ist der Krieg vorüber. Ich werde mit Tat reden. Du musst das nie wieder tun. Fleisch zu schleppen, ist nicht wirklich deine Stärke, oder?«

Erstaunt sah Genie zu Mama auf. Auf ihrem Gesicht stand der Schatten eines Lächelns, aber Genie konnte es nicht erwidern. Sie fiel in ihre Arme und schluchzte.

Sie waren verpflichtet zu arbeiten, und so gingen ihre Eltern Tag für Tag zur Matratzenfabrik. Offenbar lief das Geschäft immer noch gut, und sie verkauften viel. Das gab Genie Hoffnung. Wenn sie genug verdienten, konnten sie sich vielleicht eine andere Wohnung leisten.

Das Beste war, dass Genie dort offiziell als Arbeiterin registriert wurde. Allerdings ging sie nie hin. Stattdessen blieb sie in der Wohnung und half bei der Betreuung der Kleinen. Mama machte immer Frühstück, bevor sie in die Fabrik ging. Das Mittag- und Abendessen zuzubereiten, hatte sie aber Genie beigebracht, weil sie selbst nie da war. Also kochte Genie für Halinka, Jurek und ihre Cousinen. Auch Großmutter war da, aber sie sprach nicht viel mit Genie. Die alte Frau beklagte sich unablässig über ihren ältesten Sohn Moses, der eine Katholikin geheiratet hatte, und als Genie das zum fünften Mal gehört hatte, beschloss sie, in der Küche zu bleiben und ihre

Kochkünste zu verfeinern. Wenn nur Mietek sehen könnte, wie gut sie inzwischen im Haushalt mithalf. Bestimmt wäre er überrascht.

Sie hatten noch Kleider, viel Schmuck und Geld und konnten daher problemlos Lebensmittel kaufen. Die anderen dagegen ... Genie war froh, dass sie auf dieser Seite der Limanowskiego-Straße wohnten. Die Häuser auf der anderen Seite wurden Rattenlöcher genannt, weil dort in einem Raum sieben bis zehn Familien lebten. Ihrer eigenen Familie ging es dagegen gut. Solange sie nur beisammen waren. Sie konnten tanzen, singen und so tun, als wäre alles normal. Der Zusammenhalt ihrer Familie machte ihnen das Ghettoleben erträglich.

Manchmal besuchte sie Onkel Henri, Mamas dritten Bruder, der seine Schuhe auszog und Genie das Tanzen beibrachte. Auf seine Besuche freute sie sich mehr als auf alle anderen. Dabei war er nicht der einzige Besucher. Da sie eine Wohnung für sich alleine hatten, wurden sie die Gastgeber für alle möglichen »Partys«.

Sechs Familien waren sie, die so viel Zeit miteinander verbrachten wie möglich. Oft veranstalteten sie in ihrer Wohnung Gästeabende, sie spielten Spiele und tanzten. Wie sich herausstellte, wohnte Mietek auf der anderen Seite des Ghettos. Trotzdem kam seine Familie zu Besuch, und Genie genoss jede Sekunde, die sie gemeinsam verbrachten.

Obwohl Genie immer noch die Schreie vom Friedensplatz hören konnte, war es für sie noch die schönste Zeit des Krieges – vor allem in Anbetracht dessen, was noch kommen sollte. Wenn sie aus dem Haus musste, trug sie den Judenstern mit Stolz, nie schämte sie sich dafür. Sie war eben Jüdin. Und sie würde immer Jüdin bleiben.

Einer der stolzesten Momente für die Familie kam, als Onkel David Chef des Kaffeehauses wurde. Es war eines der wenigen Cafés im Ghetto und ganz sicher das beste. Während er also ins Kaffeehaus ging und ihre Eltern in der Fabrik arbeiteten, blieb Genie mit den Kindern zu Hause. Während die Monate vergingen, versicherten sie einander, dass der Krieg bald zu Ende wäre.

»Zähl im Kopf immer mit. Hör auf den Takt. Eins, zwei, drei ... eins, zwei, drei ... Ja, genau! Sehr schön, Genie«, lobte Onkel Henri stolz.

Lächelnd straffte Genie die Schultern und reckte das Kinn, wie er es ihr beigebracht hatte.

»Ich verstehe nicht, wie du damit immer noch weitermachen kannst!«, hörte sie von draußen Mamas Stimme.

»Du musst es auch nicht verstehen. Du solltest dich einfach darüber freuen«, antwortete Onkel David.

Genie hielt in Onkel Henris Armen inne und sah, wie Mama und ihr Bruder hereinkamen. Beide schienen erregt, und sie verstand nicht, warum. Hatten sie sich gerade gestritten?

»Gefällt dir diese Wohnung nicht? Bist du nicht froh, dass deine Kinder zu Hause bleiben können? Vorteile werden einem nicht einfach so in die Wiege gelegt.«

»Hör zu, Bruder. Es ist nicht recht. Was erzählst du ihnen überhaupt? Was bist du ...«

»Es reicht. Ich will das nicht schon wieder mit dir diskutieren ... Genie, du bist viel besser geworden«, wechselte Onkel David nun das Thema.

Genie lächelte, aber er sah ihr nicht in die Augen. Sie schielte nervös zu Mama, die vor Wut kochte.

»Genie, möchtest du heute ins Kaffeehaus kommen?«, fragte Onkel David.

»Wie, wirklich? Darf ich?«

»Natürlich. Schließlich bin ich der Chef dort. Du kannst kommen, wann du willst. Sag ihnen bloß meinen Namen, dann darfst du rein.« Onkel David zwinkerte.

Genie sah fragend zu Mama hinüber, aber sie war schon verschwunden.

Der Besuch im Kaffeehaus war ein Lichtblick für Genie. Sie ging mit Sylwia, die inzwischen eine ihrer besten Freundinnen war. Mietek wäre ihr als Begleiter lieber gewesen, aber zu ihrem Leidwesen war er offenbar tagsüber beschäftigt, seit er eine Arbeit hatte.

Der Weg war nicht sehr weit, das Kaffeehaus lag an einem der Eingänge des Ghettos. Genie war noch nie hier gewesen, weil sie die Wohnung ohnehin nur selten verließ: Schließlich sollte sie eigentlich in der Fabrik arbeiten. Im Nu waren sie da. Am Eingang strichen sie sich Haar und Kleider glatt. Offenbar hielten sich hier vor allem Ältere auf, Mama zufolge trafen sich hier die dunkelsten Gestalten. Nun, vielleicht mischte Genie sich heute unter sie, aber wenigstens mischte sie sich unter irgendwen. Sie trug eines ihrer besten Kleider.

»Halt, stehen bleiben.«

Ein bedrohlich wirkender Mann in einer merkwürdigen Uniform trat ihnen in den Weg und hielt sie mit ausgestreckter Hand auf. Genie sah ihn verwirrt an, weil er wie sie den Judenstern trug. Warum versuchte er dann, sie aufzuhalten?

»Entschuldigen Sie, aber mein Onkel arbeitet hier. David Schlanger. Er ist der Chef«, erklärte Genie mit einem unschuldigen Lächeln.

»Ich weiß, wer er ist. Aber Kinder haben hier keinen Zutritt. Ganz egal, wen ihr kennen mögt.«

Genie brummte, und Sylwia zog sie zur Seite.

»Was sollen wir jetzt machen? Noch mal hingehen und deinen Onkel suchen?«

»Nein, sie lassen uns nicht hinein. Und ich will ihm auch keinen Ärger machen. Komm, wir gehen einfach nach Hause ...«
Genie machte mit hängenden Schultern kehrt. Der Gedanke, nach Hause zu kommen und dasselbe zu tun wie gestern und vorgestern und vorvorgestern, verstärkte noch ihre Sehnsucht, der Krieg möge endlich aufhören. Alle sagten, bald wäre es so weit. Doch die Leute sagten auch immer dasselbe. Inzwischen waren fast zwei Jahre vergangen. Schon längst war das Leben in Langeweile versunken.

Sie schlängelte sich gerade durch einen Trupp aufgeregt plappernder Menschen, die auf den Einlass warteten, als sie jemand von hinten packte.

Genie verlor auf dem glitschigen Boden fast das Gleichgewicht. Mit funkelnden Augen drehte sie sich um.

»Was soll das ...«

Ohne eine Antwort zerrte Sylwia sie zurück Richtung Kaffeehaus. Genie zögerte bei dem Gedanken, dass sie sich gleich in eine peinliche Lage bringen würden, aber Sylwia steuerte die Schmalseite des Hauses an. Bei einem Fenster ging sie in die Hocke und zog Genie neben sich.

»Weißt du noch, wie wir das früher gemacht haben? Damals war das hier aber noch ...«

»... ein Nachtklub. Jetzt erinnere ich mich wieder. Wir waren ständig hier und haben durch dieses Fenster gelugt. Um reinzugehen, waren wir zu jung.«

»Genie, das sind wir immer noch. Aber wir können wenigstens hier draußen sitzen und eine Weile zuhören. Die Musik war immer unglaublich, und das ist sie jetzt auch noch.«

Still spähten sie über die Kante des Fensterbretts nach drinnen. Dicht gedrängt saßen dort Menschen an Holztischen, redeten und tranken. Wenn Genie die Augen schloss, konnte sie sich fast vorstellen, sie wäre nicht mehr im Ghetto.

Die Gäste lachten und unterhielten sich wie an einem ganz gewöhnlichen Wochenende. Stühle wurden von Tisch zu Tisch geschoben, wenn Einzelne von einem Grüppchen zum anderen wechselten.

Lächelnd öffnete Genie die Augen. Sie presste die Nase an die Scheibe und rückte so nah an die Gesellschaft da drinnen heran, wie sie konnte.

Und dann entdeckte sie ein vertrautes Gesicht: Von hinten trat Onkel David in den Saal. Schneidig sah er aus in seinem eleganten Anzug. Genie winkte ihm durchs Fenster zu, doch er sah sie nicht. Er hatte nur Augen für einen Tisch gleich neben dem Orchester, an dem er Platz nahm.

Onkel David beugte sich vor und redete mit drei Männern. Genie fand es einen seltsamen Gedanken, direkt neben dem Orchester ein Gespräch führen zu wollen. Da war es doch viel zu laut. Dann aber sah sie etwas Silbernes aufblitzen und stutzte. Sie fixierte ihren Onkel genauer, gleichzeitig sah sie die anderen Männer am Tisch lachen, als Onkel David etwas sagte.

Sie wollte ihn weiter beobachten, aber die unglaublich schöne Musik, die nun zu ihr hinausklang, raubte ihr fast den Atem. Es war, als würden Engel zu ihr sprechen, und einen Moment lang dachte sie, sie hätte den Verstand verloren.

Lange hielt das Gefühl nicht an, denn bald hatte Genie als Quelle dieser Musik ein Klavier im Hintergrund ausgemacht – und da staunte sie erst richtig.

»Ist das ...«

»Das ist er«, flüsterte Genie.

»Du hast dich in seine Hände verliebt, oder? Jetzt weiß ich, warum du unbedingt hierher wolltest. Sonst hast du die Zeit lieber mit deinen Eltern verbracht, bist mit deinem Vater zum Eislaufen oder in die Bibliothek gegangen. Hat deine Mutter nicht schon immer gesagt, du solltest öfter etwas mit uns machen? Jetzt kommt die Wahrheit ans Licht. Offenbar hat sein kleines Orchester bei deinem Onkel einen Auftritt ergattert. Ist das Schicksal, oder was?«, neckte Sylwia und zupfte an Genies Zopf.

»Was erzählst du denn da? Und was ist schon dabei, wenn ich gern mit meinen Eltern zusammen bin? Und was den Pianisten angeht, wie kannst du mir das vorwerfen? Schau doch, wie er spielt«, erwiderte Genie mit glänzenden Augen.

Tatsächlich spielte er wunderbar. Seine Hände glitten über die Tasten wie ein Vogel, der durch die Baumwipfel hüpfte. Er begleitete das Orchester bei einem schwierigen Stück. Niemals hatte Genie so etwas gespielt. Dabei hatte er nicht einmal Noten und ließ sogar träge den Blick über das Publikum schweifen.

Vorerst waren die Menschen vor allem mit sich selbst beschäftigt, liefen herum und lachten laut, und das Orchester bildete nur den Hintergrund. Doch Genie wusste, dass der Pianist binnen Sekunden jedermanns Aufmerksamkeit auf sich ziehen konnte, wenn er nur wollte. Er war so gut. Bis kurz vor der Sperrstunde klebten sie am Fenster. Dann bewarf Sylwia Genies Rücken mit Steinchen, bis sie endlich nachgab und sie nach Hause liefen.

Genie winkte Sylwia zum Abschied und ging weiter zu ihrer Wohnung. Dort tanzte Onkel Henri gerade mit der kleinen Halinka. Lächelnd stellte Genie ihre Schuhe an der Tür neben Henris ab. Sie schlich sich hinter Halinka und zwickte sie in die Seiten. Quietschend sprang sie in Henris Arme.

»Ach, Genie, da bist du ja wieder. Wo warst du nur? Wir haben uns schon Sorgen gemacht!«, rief Onkel Henri.

»Das ist in der Tat eine gute Frage.«

Genie zuckte zusammen und drehte sich langsam zu Mama um, die mit der restlichen Familie in der Küche saß und Karten spielte.

»Lilli und Helga meinten, sie *glauben*, dass du mit Sylwia weggegangen bist. Aber dann kamst du stundenlang nicht zurück. Wo warst du?«, fragte Mama.

»Lass sie doch, Regina. Hoffentlich hatte sie ein Rendezvous.«

»Wie bitte? Großmutter!«

Genie lachte, stupste Großmutter mit einem warnenden Blick in die Seite und setzte sich neben Jurek.

»Ich meine ja bloß ... Du musst doch ausgehen und bald heiraten. Da der Krieg nicht enden will, wäre es besser, das jetzt zu erledigen. Außerdem musst du jemand Gutes heiraten. Jemanden, der dich aus diesem Chaos holen könnte. Am besten einen Mann mit Geld.«

»Großmutter ... ich bin erst sechzehn. Kann ich nicht erst das Konservatorium abschließen und mich *dann* darum kümmern?«

»Nein. Schau doch Mietek an. Er hat ein Mädchen gefunden und heiratet sie in ein paar Tagen, direkt hier im Ghetto«, bemerkte Großmutter beiläufig.

Die Zeit schien stillzustehen. Genies Herz setzte aus, ihr Atem stockte. Mietek ... heiratete? Das konnte nicht sein. Er sollte doch ... sie heiraten!

Mit offenem Mund fasste sie die Tischkante und ließ den Blick über ihre Familie gleiten. Die meisten wichen ihrem Blick aus, nur Tat beobachtete sie aufmerksam. Als wäre sie ein verwundetes Tier, das er versorgen wollte. Genies Kehle war wie zugeschnürt, ihre Augen füllten sich mit Tränen.

»Wie bitte, bist du ganz sicher? Mietek? *Unser* Mietek?«, stieß Genie heiser hervor.

»Hast du das nicht mitbekommen? Ich habe mich schon gewundert, so viel, wie ihr immer zusammen wart. Ich dachte, er würde dich nehmen. Tja, jetzt musst du es ihm gleichtun und bei nächster Gelegenheit heiraten. Wäre ich deine Mama, hätte ich schon längst etwas arrangiert.«

Während Großmutter sprach, war Genie in sich zusammengesunken. Der Bauch tat ihr weh, und sie bekam immer noch keine Luft.

Mietek – heiratete? Genie hatte immer gedacht, er wäre für sie bestimmt. Sie wollte ihn heiraten, wenn sie mit dem Studium fertig war. Und jetzt wollte er ein anderes Mädchen heiraten, das bei ihm im Ghetto wohnte? Sie konnte es nicht begreifen. Seine Familie kam mit den anderen einmal pro Woche zum Spieleabend. Wie hatten sie ihr das verheimlicht?

Jetzt waren alle Blicke auf sie gerichtet. Sogar Onkel Henri und Halinka hörten auf zu tanzen und kamen in die Küche. Lilli und Helga blickten verständnislos zu ihrer Mutter. Und Jurek saß erschüttert in Tats Armen, der sie aus traurigen Augen ansah.

»Oh, mein Liebling ...«

Genie hielt es nicht eine Sekunde länger aus. Sie holte tief Luft und rannte davon, hinaus auf den Balkon, stützte den Kopf in die Hände und weinte. Sie schluchzte, bis ihr der Hals wehtat und Tats sanfte Hände sie langsam vom Balkon zogen. Gemeinsam sanken sie zu Boden, und Genie weinte in seinem Schoß.

Die Hochzeit war genauso schlimm. Natürlich war sie nicht mit früheren Hochzeiten zu vergleichen, es waren wenige Gäste, nur die Familien von Genie, Mietek und seiner *Braut*.

Die Trauung fand im Hof vor ihrer Wohnung statt, und Genie schmiegte sich die ganze Zeit eng an Tats Schulter. Während der Zeremonie weinte sie, und weder Jurek noch Halinka zogen sie deswegen auf.

Gemeinsam aßen sie ein Mahl aus Suppe, Brot und Kartoffeln. Onkel David hatte aus dem Kaffeehaus ein paar Lebensmittel abgezweigt, und so war zumindest das Abendessen ein königliches Festmahl. Schon nach wenigen Stunden gingen Mietek und seine *Angetraute* zu ihm nach Hause. Seine Familie blieb leider bis spät in die Nacht. Sie spielten und tanzten, während Genie am Küchentisch hockte. Sie zupfte an den Holzsplittern der Schrammen, die die Deutschen beim Umzug hinterlassen hatten.

Sie konnte nicht einmal so tun, als würde sie sich amüsieren. Nach all der Zeit hier hatte sie das Gefühl, alle würden ständig nur so tun als ob. Als ob alles in bester Ordnung wäre. Als ob ihre Familie genug zu essen hätte. Als ob da draußen nicht ein Krieg tobte.

Genie wusste nicht, wie lange sie noch durchhalten würde, und zum allerersten Mal ließ sie sich gehen. Sie trauerte über den Verlust von Mietek und dem Leben, das sie sich ausgemalt hatte. Mit einem Schlag hatte der Krieg alles verändert. Statt durch ein Kaleidoskop der Möglichkeiten auf ihr Leben zu sehen, konnte sie jetzt nur noch durch ein Fernglas blicken. Es tat fast körperlich weh – so sehr schmerzte dieser Verlust.

Wieder rannen die Tränen, und ihre Gedanken drehten sich im Kreis. War das eine Strafe? Aber wofür? Vielleicht genoss sie ihr Leben zu sehr, hielt alles für so selbstverständlich. Sie sah alles vor sich. Die Nachmittage voller ausgelassenem Gelächter, wenn Tat auf dem Eis ausrutschte. Ihre Fahrradfahrten zur Schule. Ihre Ferien in den Bergen. Ihr Frust in der Skistunde und Tat, der sie mit einem warmen Kakao tröstete. Der Wettlauf durch die Schulkorridore, um als Erste im Musiksaal zu sein. Die abendlichen Mahlzeiten mit Kogut. Sogar Kogut vermisste sie. Was war nur los mit ihr?

Die Erinnerungen heiterten sie zwar etwas auf, aber sie erstarrte ganz schnell wieder, als ihr klar wurde, dass sie eben nichts mehr weiter waren als das: Erinnerungen, und nicht ihre Wirklichkeit.

»Wie geht es dir, Liebling?«

Genie hob ihr verschwollenes Gesicht und wandte sich gleich wieder ab. Tat sah adrett aus in seinem schönen Anzug, und hinter ihm lagen die Gäste einander in den Armen und klatschten und tanzten fröhlich. Es war ihr zuwider, wie vergnügt sie waren, und sie ließ den Kopf auf den Tisch fallen.

»Autsch, das klang, als hätte es wehgetan. Wahrscheinlich war das eben eine dumme Frage.« Ihr Vater setzte sich neben Genie und legte ihr die Hand auf die Schulter; sie steckte in einem weißen Handschuh. In sanften Kreisen massierte er ihr den Rücken, dann legte auch er den Kopf auf den Tisch, sodass sie einander in die Augen sehen konnten.

»Weißt du, ich konnte Mietek nie wirklich leiden. Er hat so große Zähne.«

»Tat!« Mit einem Aufschrei drehte Genie ihren Kopf nach unten, sodass ihre Nase platt auf dem Tisch lag.

»Du lügst. Unsere Familien sind beste Freunde«, schmollte sie.

»Liebling, wenn du so durch den Tisch redest, verstehe ich kein Wort. Schau mich an.«

Genie seufzte aus tiefstem Herzen, wandte aber den Kopf zur Seite, sodass sie einander wieder anblickten.

»Ich weiß, dass du traurig bist. Das ist auch ganz normal. Ich weiß, dass unsere Familie eher mit Frohsinn gesegnet ist, aber das heißt nicht, dass es immer so sein muss. Sei heute ruhig traurig, und morgen ist ein neuer Tag. Es gibt genug Traurigkeit in der Welt, und ich will nicht zusehen, wie mein kleiner Stern ausbrennt. Es sind sowieso nur noch so wenige Lichter übrig. Also, Liebling, versprich mir eines: Wann immer du merkst, dass die Dunkelheit nach dir greift, lass dich von ihr nicht ersticken. Brenn umso heller. Kannst du das für mich tun?«

Genie schwieg. Sie wusste nicht, was Tat meinte, aber es klang wichtig. Daher nickte sie benommen und schloss die Augen, als er sie umarmte.

Die Wochen vergingen, und allmählich fühlte Genie sich besser. Ein paarmal weinte sie noch, aber das brauchte niemand zu wissen. Fast jeden Tag ging sie jetzt zum Kaffeehaus, obwohl Mama sie jedes Mal aufzuhalten versuchte. Ihre Wohnung war immer noch voller Musik und Tanz, aber etwas veränderte sich. Mama sprach nicht mehr mit Onkel David, seit sie ihn nicht hatte überreden können, sich eine andere Arbeit zu suchen. Sie hielt ihn für einen Spion.

Und so wurde es mit Onkel David und seiner Familie manchmal unbehaglich. Jurek schnappte sogar auf, wie Onkel David mit den Erwachsenen über einen Umzug sprach. Und er erzählte jedem, der zuhörte, dass sie weggehen sollten, weil die Deutschen sie ohnehin bald hinauswerfen würden. Mama war sich darum umso sicherer, dass er für sie spionierte.

Genie kochte immer noch für alle das Mittagessen. Großmutter beschwerte sich ständig, wie immer. Wahrscheinlich, weil die dicke Frau an mehr Essen gewöhnt war. Tat und Mama taten, was sie konnten, aber manchmal reichte das Essen, das sie kauften oder eintauschten, einfach nicht aus.

Obwohl es nicht schwierig war, Kartoffeln und Suppe zu kochen, tat Genie sich noch schwer. Zu ihrer eigenen Verwunderung vermisste sie sogar Koguts Kochkünste. Sie fragte sich, wie das Dienstmädchen es in all den Jahren ihrer Kindheit geschafft hatte, dauernd in der Küche zu stehen.

Eine der größten Herausforderungen in ihrer Wirklichkeit bestand darin, dass sie direkt am Rand des Ghettos wohnten. Der Eingang lag am Markt, und direkt daneben ging das normale Leben weiter. Die Mauer war seit einiger Zeit fertiggestellt, und die Juden waren nun völlig vom Leben der Stadt abgeschnitten.

Genie rief sich ins Gedächtnis, wie stolz sie war, Jüdin zu sein. Manchmal war das schwer, besonders wenn die Deutschen willkürlich Menschen aus ihren Häusern rissen und erschossen. Genie begriff nicht, warum. Hatten die Menschen, die diese Leute schlugen, auslachten, auf die sie ihre Hunde ansetzten oder die sie umbrachten, irgendetwas getan, womit sie diese Behandlung verdienten?

Und dann wurde Genie klar, dass die Nazis keinen Grund brauchten, um sie zu töten. Von pausbäckigen Babys bis zu altersschwachen Großmüttern – alle würden sie totschlagen, wenn ihnen der Sinn danach stand.

Die Nazis versuchten, sie selbst und alle anderen davon zu überzeugen, dass sie »Untermenschen« waren, Ungeziefer, das den Wohlstand der anderen auffraß. Doch ihre Familie erinnerte sie immer wieder an ihren Stolz. Bisher war Genie beim Gebet nie wirklich bei der Sache gewesen, aber jetzt schloss sie jeden Abend fest die Augen, wenn Großmutter laut Fürbitten sprach.

An manchen Tagen aber musste sie sich zu diesem Stolz auch ermahnen. Besonders schmerzhaft war es, wenn sie Kinder auf ihren Fahrrädern vorbeifahren und Familien einfach die Straße entlangspazieren sah – gleich da, auf der anderen Seite der Mauer. Manchmal fragte sie sich, warum sie nicht selbst entscheiden durfte, auf welcher Seite sie stand.

»Bist du so weit?«, fragte Sylwia mit einem schelmischen Grinsen.

»Ja, entschuldige, mir geht so viel im Kopf herum«, murmelte Genie.

Die Mädchen hakten sich beieinander unter und stapften zügig los. Sie mussten beim Kaffeehaus sein, bevor es mittags zu voll wurde.

Wieder spähte Genie von ihrem Platz am Fenster hinein, und tatsächlich: Da war er und spielte. Seine Hände bewegten sich über die Tasten, als wären sie für nichts anderes auf der Welt gemacht.

Fast konnte sie sich vorstellen, dass sie selbst auf diesem Klavier spielte und das Publikum ihr tosend applaudierte, während sie mit einer Verbeugung endete. Gleichzeitig wusste sie, dass sie derart virtuos nie werden würde. Er war einfach so … großartig. Seufzend stützte Genie den Kopf in die Hände.

»Genie? Bist du das? Was machst du denn …« Onkel David unterbrach sich.

Sylwia erschrak und zog Genie am Kragen nach oben. Ertappt standen sie neben dem Fenster, und Genie konnte ihrem Onkel nicht einmal in die Augen schauen. Sie hatten schon länger nicht mehr miteinander gesprochen.

»Was machst du denn da, auf den Knien im Dreck?«

»Ich ... das heißt, wir wollten das Orchester sehen. Die Musik hören«, stammelte Genie und nestelte an ihrem Rocksaum. Er seufzte, aber in seinen Mundwinkeln stand ein Lächeln.

»Du und deine Musik. Hier, kommt rein. Keine meiner Nichten soll draußen bleiben müssen.«

Ungläubig schielte Genie zu Sylwia hinüber, doch Onkel David nahm ihre Hand und zog sie einfach hinter sich her. Als sie bei den Wachleuten vorbeikamen, sagte er bloß, sie gehörten zu ihm, und niemand hatte irgendetwas daran auszusetzen.

Zwar hatte sie den Raum vom Fenster aus schon mehr als ein Dutzend Mal unter die Lupe genommen, aber von innen sah er ganz anders aus. Wo immer es möglich war, drängten sich Tische und Stühle. Die Leute lachten und tranken, und alle trugen den Judenstern.

Sie schoben sich zwischen den Tischen hindurch bis ganz nach vorne. Onkel David zog für Genie einen Stuhl heran und forderte sie auf, sich zu setzen.

»Sogar in der ersten Reihe! Das ist ja toll!«, flüsterte Sylwia.

»Dann benehmt euch mal ordentlich. Ich muss draußen ein paar Dinge erledigen, aber das Personal weiß, dass ihr hier seid. Ihr könnt bleiben, solange ihr wollt.« David küsste Genie auf die Wange, und weg war er.

Genie sah sich um. Das Orchester spielte gerade nicht. Offenbar machten sie Pause.

Ein Kellner brachte Wasser und Brot, und sie griffen zu.

»Meinst du, wir könnten jetzt jeden Tag herkommen? Ich meine, daran könnte ich mich gewöhnen. Ob Spion oder nicht, dein Onkel ist wirklich eine Schau«, schwärmte Sylwia, etwas zu laut für Genies Geschmack.

»Pst!«, zischte sie und trat ihr vors Schienbein.

»Er ist kein Spion. Mama sieht bloß Gespenster, weiter

nichts. Aber du hast recht. Ich finde es auch nett hier«, seufzte Genie.

»Du findest es nett? Bitte, wenn wir unsere Freundinnen hierher mitbringen könnten, kämen wir ganz groß heraus! Eure Wohnung ist ja schon toll, aber – wir brauchen mal etwas Neues. Warum eigentlich nicht hier!«

»Genau, und du glaubst, all die Erwachsenen hier fänden es toll, wenn zwölf Mädchen sich kreischend über die schicken Kellner oder Musiker auslassen? Ich glaube das nicht.«

»Ach, komm schon. So wäre es gar nicht. Wir würden uns schon benehmen. Das heißt, die anderen würden sich benehmen ...«

»Sylwia!«, fuhr Genie auf.

Sie prusteten los. Genie steckte sich noch ein Stück Brot in den Mund, aber sie hörte auf damit, als sich direkt vor ihnen ein paar Männer vorbeischoben. Das Orchester!

Sie sah ihn sofort. Da stand er, die Hände höflich vor dem Bauch gefaltet. Und Genie hatte den Mund voller Brot.

So schnell es ging, kaute sie und tupfte sich den Mund mit einer Serviette ab. Unter dem Tisch fasste sie Sylwias Hand und drückte sie, als würden alle ihre Nerven durch diese verschränkten Hände verlaufen.

»Guten Tag zusammen. Danke, dass Sie heute hier sind. Im Namen des Orchesters möchte ich die neuen Gäste begrüßen, und dann spielen wir noch ein Stück, um das heutige Fest abzuschließen. Eine Runde Applaus bitte!«

Höflich klatschte Genie mit dem gesamten Publikum, während die Musiker sich einer nach dem anderen vorstellten. Am Ende trat *er* nach vorne.

»Guten Tag, meine Damen und Herren. Mein Name ist Feliks Nelken, und ich fühle mich geehrt, dass wir an diesem wunderbaren Tag für Sie spielen durften. Unser nächstes Stück wird Sie garantiert alle noch ein bisschen mehr aufheitern. Ich danke Ihnen.«

Feliks verbeugte sich knapp und setzte sich wieder ans Klavier. Er rückte den Hocker zurecht, dann legte er seine Hände auf die Tasten und blickte zum ersten Geiger, der den Einsatz gab.

Genie war hingerissen von der Musik. Sie reckte den Hals, um seine Hände zu betrachten. Sie waren ein Wunder, und sie verliebte sich in die Leichtigkeit, mit der sie über die Tasten glitten.

Stundenlang könnte sie ihm zuhören, aber heute blieb es bei einer einzigen. Das Kaffeehaus schloss, und Genie zog Sylwia zum Ausgang, bevor sie mit irgendeiner Dummheit anfing. Etwa damit, Genie persönlich mit Feliks bekannt machen zu wollen. Ein entsetzlicher Gedanke.

»Aber du magst ihn doch, Genie! Ich verstehe nicht, warum du nicht einmal kurz mit ihm sprechen möchtest«, protestierte Sylwia.

»Mit ihm sprechen? Ich bitte dich, er ist viel zu ... er ist doch älter als wir, oder?«

»Älter als achtzehn kann er nicht sein. Komm schon, was hast du zu verlieren? Du hast ihn die ganze Zeit angestarrt. Das ist Schicksal. Für mich ist die Sache klar. Ihr beide müsst euch kennenlernen, und nächstes Mal werde ich dafür sorgen! Wir werden sie in ihrer Pause abfangen«, erklärte Sylwia ihren großartigen Plan und rieb sich die Hände. Genie runzelte die Stirn und seufzte.

»Sylwia ...«

»... und dann stelle ich dich als Bewunderin seiner Kunst vor! Und von da aus kannst du dann weitermachen ...«

Mit einem verschwörerischen Grinsen boxte Sylwia sie in die Seite. Genie hielt sich die feuerroten Wangen, aber sie nickte kaum sichtbar.

»Wunderbar. Von jetzt an haben wir eine Mission. Wir treffen uns morgen gleich nach dem Mittagessen, abgemacht?«

»Abgemacht ...« Genie nickte ergeben.

Sie packte Sylwias Arm und strebte dem Ausgang zu, bevor sie noch auf andere Gedanken kam.

»Warum wollen Sie eigentlich bis morgen warten?«

Genies Hand lag schon auf der Türklinke. Sie hörte Sylwia lautstark Luft holen und drehte sich mit ihren glühenden Wangen um.

»Eigentlich belausche ich keine Fremden, aber Sie beide sind wirklich nicht gut im Flüstern. Mein Freund Henry hat uns hergeschleppt, nachdem er gehört hat, worüber Sie sich unterhalten.«

Sie starrte Feliks an und suchte verzweifelt nach Worten. Er stand direkt vor ihr, und sein Lächeln verriet bei Weitem zu viel Vergnügen über diese Szene.

»Nun ja, meine hübsche Freundin Genie wollte Sie beide einfach beglückwünschen. Besonders gut gefällt ihr das Klavier«, erklärte Sylwia keck.

»Wirklich? Da haben wir ja etwas gemeinsam«, erwiderte er.

Feliks beugte sich vor und gab Genie einen Handkuss. Sie hielt die Luft an.

»Es ist mir eine Ehre, Sie kennenzulernen. Bitte kommen Sie doch wieder. Vielleicht könnten wir nach einem Auftritt ein bisschen spazieren gehen. Dann können Sie mir sagen, was Sie von meinem Spiel halten. Ich versuche immer, noch etwas besser zu werden.«

Genie nickte und lächelte unsicher. Sie hoffte, dass niemand sah, wie ihre Lippen zitterten. Sie hatte das Gefühl, gleich den Boden unter den Füßen zu verlieren. War das hier wirklich wahr?

Die beiden jungen Männer winkten zum Abschied, und Henry klopfte Feliks auf die Schulter, als sie sich scherzend abwandten. Genie richtete ihre Augen langsam auf Sylwia, deren Gesicht strahlte wie ein Chanukka-Leuchter.

Auf dem Heimweg schielte Sylwia dauernd über die Schulter zurück und quietschte vor Vergnügen. Genie schüttelte lachend den Kopf. Sie war verrückt. Wenn sie dachte, dass sie selbst jemals eine Chance bei ihm hätte, nun ja … vielleicht musste man ja ein bisschen verrückt sein.

Der Gedanke, bald wieder mit Feliks zu sprechen, ließ Genie kichern wie ein albernes Schulmädchen. Den ganzen Heimweg über hatte sie noch seine Musik im Ohr.

Obwohl sie durch den Dreck des Ghettos liefen, war ihr Herz zum Überfließen voll. Dass sie auf seine Hände jetzt einen Namen und eine Stimme legen konnte, machte ihn nur noch attraktiver. Feliks. Sie konnte es kaum glauben. Er wirkte älter als sie, aber sie wusste, dass das egal war. Niemand spielte wie er. Tanzend hüpfte Genie ins Haus. Sie wirbelte durch den Eingang, erreichte mit geschlossenen Augen die Küche und stellte sich vor, wie sie im Kaffeehaus wieder auf Feliks treffen würde. Dann aber blieb sie wie angewurzelt stehen.

»Das kannst du nicht tun, Bruder! Ich flehe dich an. Bitte such dir eine andere Arbeit«, ereiferte sich Mama.

»Du machst eine Mücke zum Elefanten. Lass mich in Ruhe!«

»Du betrügst deine eigenen Leute!«

»Meine Leute?! Und wer sind denn diese Leute? Die, die einander auf der Straße bestehlen? Oder die, die mit mir unter einem Dach schlafen? Es tut mir leid, aber ich werde mich immer für Letztere entscheiden, Regina. Und das würdest du auch tun.«

Mit aufgerissenen Augen blickte Genie zwischen Mama und Onkel David hin und her. Ihr Wortwechsel war nicht zu überhören, und aus dem Schlafzimmer reckten die Kleinen die Köpfe, um zuzuhören.

Sie wusste nicht, was sie tun sollte. In ihrer Familie gab es nie Streit. Sie drückte sich an Mama vorbei und umrundete so gelassen wie möglich den Küchentisch. Bevor sie draußen war, fasste Großmutter sie am Handgelenk und zog sie auf einen Stuhl.

»Nun, Eugenia, du weißt ja, dass in Amerika alles größer und besser ist. Da gibt es so viele Chancen – du wärst dort wie eine Prinzessin. Nein – wie eine Königin!«

»Nicht jetzt, Großmutter«, raunte Genie.

Sie wandte den Kopf ab und unterdrückte ein Kopfschütteln. Großmutter ließ sich so oft über das großartige Amerika aus, sie konnte es gar nicht mehr hören. Jedenfalls lag sie ihnen damit fast genauso stetig in den Ohren wie mit der Klage über ihren verräterischen Onkel mit seiner katholischen Frau.

Immerhin war Genie diesmal froh über den Vorwand, bleiben zu können. Sie nahm Großmutters Hand vom Tisch und streichelte sie, während sie lauschte.

»Ich sage ja bloß, dass jetzt ziemlich viele Leute verdeckt unterwegs sind und versuchen, uns bei etwas Verbotenem zu erwischen«, beschwichtigte Mama.

»Dann tu eben nichts Verbotenes, dann passiert auch nichts. Du solltest froh sein, dass ich diese Stellung habe. Dieses Glück haben nicht alle Juden. Ich schütze meine Familie, Regina. Verdammt, hast du mich nicht genau deshalb nach Krakau gerufen? Ich habe in Berlin Beziehungen geknüpft, und die nutze ich jetzt. Du weißt doch, dass fast jeden Tag Lkws voller Juden weggebracht werden. Ist dir überhaupt klar, wo sie hinkommen? Sie werden alle zusammen in einen Ofen getrieben und verbrannt. Wie in einem alten Küchenherd.«

»David ... bitte.«

»Ich kann gar nicht mehr zählen, wie oft ich uns schon gerettet habe. Und noch etwas: Meine Kontakte haben mir geraten, uns zu verstecken, weil sie uns bald abholen. Vielleicht möchtest du dir diese Information hinter die Ohren schreiben«, fauchte Onkel David sarkastisch.

»Es ist einfach nicht recht. Bitte, es ist viel zu gefährlich. Wenn unsere Nachbarn wüssten, was du treibst ... wer du wirklich bist ...«

»Ich höre mir das nicht mehr an. Ich werde meine Arbeit nicht aufgeben, und wenn du das nicht hinnehmen kannst, dann ...«

»Dann was? Du bist ein Spion, und das ist es nicht wert! Bruder, bitte such dir etwas anderes. Es ist einfach zu gefährlich.«

»Schau dich doch um, Regina! Für wen von uns ist es heute nicht gefährlich? Von allen Seiten droht Gefahr, sie ist nun mal unsere neue Wirklichkeit. Ihr veranstaltet eure kleinen Partys und tut, als wäre alles in Ordnung, obwohl es das nicht ist. Es ist nicht alles in Ordnung ...« Onkel Davids Stimme überschlug sich.

Genie umklammerte Großmutters Hand fester, als sie sah, wie Tränen in Mamas Augen traten. Sie sah ihren Bruder mit solcher Verzweiflung an, dass er sich unwillkürlich schüttelte.

»Ich ... ich will einfach nicht, dass du da arbeitest«, flüsterte Mama.

»Du wirst dir darüber keine Sorgen mehr machen müssen. Wir gehen. Komm, Mama. Geh deine Sachen packen.«

»Wie bitte? David, sei vernünftig. Das ist nicht dein Ernst.«
Regina packte ihn am Arm, aber er schüttelte sie ab und half seiner Mutter aus dem Stuhl, ohne sie noch eines Blickes zu würdigen. Genie starrte verblüfft zu Mama. Konnten Onkel David und seine Familie wirklich mit Großmutter ausziehen? Und wohin wollten sie gehen?

★ ★ ★

Viel zu packen hatten sie nicht, ihre meisten Habseligkeiten waren ja in Deutschland geblieben, aber es dauerte trotzdem. Wahrscheinlich war es die schwierigste Woche, die Genie bisher erlebt hatte. Aus Wut auf Onkel David weigerte sich Mama, mit ihm zu reden, und da Genie ihn weiterhin im Kaffeehaus sah, ging sie davon aus, dass er sich weiterhin weigerte, seine Arbeit aufzugeben.

Er konnte doch kein Spion sein; sie wusste auch gar nicht, was das eigentlich sein sollte. Wenn es aber doch stimmte, dann half er wohl den anderen Juden, und das war gut so. Onkel David war ein feiner Kerl, und sogar noch ein feinerer, weil er sie und Sylwia jetzt regelmäßig hereinließ, um Feliks und sein Orchester spielen zu hören.

Jeden Tag nach dem Mittagessen, das sie für Jurek, Halinka und ihre Cousinen kochte, lief sie mit Sylwia zum Kaffeehaus, wo sie bis zur Sperrstunde blieben.

Bald hätten sie mehr Platz im Haus, und Großmutter würde nicht mehr in der Küche schlafen, aber Genie wollte trotzdem nicht, dass sich etwas veränderte. Nachts belauschte sie gemeinsam mit Jurek Onkel Davids Gespräche mit seiner Frau Betty.

Sie sprachen deutsch, Jurek und sie verstanden also kein Wort, aber ihrem Gefühl nach versuchte Betty ihn zu überzeugen, mit seiner Familie dazubleiben. Damit war Genie voll und ganz einverstanden. Die allerbesten Spielgefährten für Jurek und Halinka waren Lilli und Helga zwar nicht, aber beim Verstecksspiel brauchte man sich ja nicht groß zu verständigen. Doch offenbar ließ Onkel David sich nicht umstimmen.

»Jurek! Halinka! Hört auf, an Lillis Haaren herumzuspielen, und kommt zum Essen«, rief Mama energisch.

Genie warf den beiden, die mit Lilli Friseur gespielt hatten, einen vielsagenden Blick zu und stand auf. Jurek drehte seit zwanzig Minuten Lillis Haare zu Schnecken auf, während Halinka versuchte, ihr eine der vielen Frisuren zu flechten, die Kogut immer gezaubert hatte.

Sie liefen zum Esstisch, während Genie versuchte, Lillis Haare zu entwirren. Wenigstens Helga war schon losgelaufen.

»Mhm, wieder ein leckeres Kartoffelgericht. Danke, Regina.«

Großmutter erhob das Glas in Richtung ihrer Tochter, und Genie lächelte still, als sie alle um den Tisch saßen. Missmutig stocherte sie in den Kartoffeln mit Senfsoße. Es wurde schweigend gegessen, obwohl Onkel David gar nicht da war, offenbar war er mit Freunden unterwegs.

Plötzlich heulte das Megafon auf. Mama und Tat sprangen auf und liefen zum Balkon, um zuzuhören. Solche Ankündigungen verpasste man besser nicht. Wahrscheinlich gab es wieder einmal einen Aufruf, sich zu versammeln.

Genie schluckte ihre restlichen Kartoffeln hinunter und stand auf, um Halinka hochzunehmen, als die Eltern mit versteinerten Mienen zurückkamen.

»Was ist, Mama?«, fragte Genie beunruhigt.

Mama schluckte und schielte zu Tat hinüber. Er legte den Arm um sie und sagte leise:

»Sie rufen die Alten, sich zu versammeln.«

»Ha! Vielleicht bringen sie uns endlich an einen angemesseneren Ort als dieses Dreckloch hier. Und, was sagen sie, wo sollen wir hin?«

»Alle sollen zum Friedensplatz kommen.«

Sie wechselten stumme Blicke, aber Großmutter schien nicht besonders beunruhigt. Mama legte ihr die Hände auf die Schultern. Genie hätte schwören können, dass sie zitterten.

»Na, hoffentlich haben sie Spaß. Ich jedenfalls bleibe hier. Rufen uns einfach vom Essen weg. Das ist doch absurd. Was ist mit ihrer Menschlichkeit?«

»Mama, du kannst nicht hierbleiben. Sie haben dich aufgerufen.«

»Na und? Findest du, ich sehe alt aus? Als ich das letzte Mal nachgesehen habe, war ich noch ziemlich jung. Schaut mich nicht alle so an. Esst, esst!«

Großmutters strenger Blick trieb Genie und die Kinder im Nu zurück auf ihre Stühle. Doch Mama blieb bei ihr stehen. Es vergingen mehrere Minuten, und erst als Tat seine Frau sachte anstupste, kam sie wieder zu sich. Sie griff nach der Hand ihrer Mutter, und langsam kauten sie weiter ihre Kartoffeln.

Es vergingen nur wenige Minuten, bis jemand an die Tür hämmerte, als wollte er sie einschlagen. Alle fuhren erschrocken zusammen.

Tat bedeutete ihnen, sitzen zu bleiben, erhob sich und machte auf. Mehrere Männer drängten herein, aber anders als Genie erwartet hatte, war es keine SS. Die da in die Küche marschierten, waren Polizisten mit der Sternbinde am Arm. Mehrere von ihnen standen hinter Großmutter, deren Arm Mama weiterhin umklammerte. »Sie müssen ganz schön alt sein, wenn Sie nicht mehr richtig hören. Alle Alten sollen sich auf dem Marktplatz versammeln«, donnerte einer der Polizisten.

»Sie sind jetzt mal ganz still und lassen uns dieses köstliche Mahl beenden. Was für ein Rüpel Sie sind. Wir wollten auch gleich unser Gebet abhalten. Sie wissen schon, diese Kleinigkeit, die wir Juden gerne tun.«

Dem Mann verschlug es die Sprache, sein Mund öffnete und schloss sich wie bei einem Karpfen. Genie unterdrückte ein Grinsen, denn sie wusste genau, wie es war, wenn man Großmutters Laune um die Ohren bekam. Der Polizist war offenbar aus der Fassung geraten und zog sich zurück, aber stattdessen trat ein anderer vor.

»Gnä' Frau, das hier ist leider keine Bitte. Sie müssen kommen, sonst …«

»Sonst was? Erschießen Sie mich? Nur zu; ich hatte ein gutes, langes Leben. Lang genug, um zu wissen, dass Sie dafür gar keine Munition haben«, erklärte Großmutter mit verschränkten Armen.

Der Mann faltete die Hände hinter dem Rücken und holte tief Luft, als würde er um Geduld ringen.

»… oder es gibt Schwierigkeiten. Bestimmt wollen Sie nicht, dass Ihre Enkelkinder das miterleben.« Er sprach jetzt leiser und warf Genie einen Blick zu.

Sie wandte den Kopf ab. Ihre Gedanken rasten. Was ging hier vor sich?

»Da Sie schlau genug sind, um zu merken, dass das meine Enkel sind, sollten Sie auch wissen, dass sie von meinem Blut sind und standhaft genug, um mit allem fertigzuwerden, was das Leben ihnen zumutet. Das gilt auch für alles, was euer verehrter Hitler tut.«

Genie konnte die Antwort des Polizisten fast nicht hören, weil er sich vorgebeugt hatte und ihr praktisch ins Ohr flüsterte.

»Bitte. Wir haben keine andere Wahl, gnä' Frau.«
»Jeder hat eine Wahl, mein Sohn. Das werden auch Sie früher oder später lernen. Ich bete, dass Sie es lernen, bevor es zu spät ist«, erklärte Großmutter laut.

Er warf einen ratlosen Blick auf seine Kameraden. Dann straffte er sich und schien einen Entschluss zu fassen. Er schnippte mit den Fingern, und Genie zuckte zusammen.

Die Polizisten traten vor und wollten Großmutter hochheben. Sie bemühten sich redlich, aber – nun ja, Großmutter war kein Leichtgewicht. Sie schafften es nicht. Sogar als mehrere von ihnen dazukamen und sie vom Stuhl zu heben versuchten, blieb sie mit verschränkten Armen und lächelnder Miene sitzen.

Mama stand daneben, die Hände auf dem Mund, Genie sah nur ihre aufgerissenen Augen. Es sah aus, als müsste sie sich gleich übergeben.

Großmutter weigerte sich mitzukommen, und nach ein paar weiteren Versuchen gaben die Polizisten auf. Sie sagten Worte, die Genie nicht in den Mund nehmen durfte, bevor sie mit dem Hinweis, dass sie jetzt ins Spital gehen und gleich zurückkommen würden, das Haus verließen. Dann schlugen sie die Tür hinter sich zu.

»Tat! Was bedeutet das?«, stammelte Genie leise.

Niemand rührte sich, alle schwiegen.

Genie setzte sich auf Großmutters Seite und nahm ihre Hand. Mama beugte sich vor und griff nach ihrer anderen Hand. Lange saßen sie so, während Tat die Kleinen ins Bett brachte.

»Mama, ich glaube, wir sollten …«

Plötzlich hörten sie, wie unten die Tür aufgestoßen wurde. Genie faltete die Hände vor der Brust. Mit geweiteten Augen starrte sie auf Mama und hoffte, dass sie irgendetwas unternahm.

Erneut platzten die Polizisten herein, diesmal beinahe im Stechschritt. Aber was brachten sie da mit? Eine Trage? Wozu brauchten sie ...

Doch noch bevor Genie sich die Frage beantworten konnte, stellten die Polizisten die Trage neben dem Tisch ab und zogen an Großmutters Stuhl.

»Wenn ihr es schafft, mich auf dieses alberne Gestell zu hieven, gehe ich noch lieber selber.«

Sie hatten Verstärkung mitgebracht, und gemeinsam packten sie an und hoben sie hoch. Einer trat zwischen Mama und Großmutter, und Genie rannte um den Tisch in Mamas Arm. Langsam wichen sie beide zurück, bis sie mit dem Rücken an der Wand standen.

»Untersteht euch, auch nur daran zu denken. Fasst mich nicht an! Und vor allem da nicht, Jungchen. Ich habe vielleicht einen dicken Hintern, aber selbst wenn er so dick wäre wie die ganze Welt, bekämt ihr immer noch nicht diese Ehre.«

Genie wollte schon lachen, aber da – schafften sie es. Sie hoben Großmutter auf die Trage und schnallten sie mit mehreren schwarzen Riemen daran fest. Sie schlug um sich und fing mit angstvoll aufgerissenen Augen an zu schreien.

»Lasst mich los! Regina ... Regina!«

Genie spürte, wie Mama steif wurde, und legte ihr tröstend die Hand auf den Arm. Großmutter schrie wie am Spieß, als sie sie aus der Küche rollten. Sie wohnten im zweiten Stock, aber auch als sie unten waren, hörten sie sie noch genauso laut brüllen.

»Nein! Hilfe! Helft mir!«

Genie bekam keine Luft mehr, ihre Augen wurden nass.

»Halt! Lasst mich auf der Stelle los. Halt. Regina ... David! Wo seid ihr?!«

Großmutter schrie um ihr Leben, noch von der Straße herauf hörten sie ihre Stimme. Diese Schreie sollte Genie ihr Leben lang nicht vergessen.

»Wo – Mama, wohin bringen sie Großmutter?«

Es dauerte, bis Genie endlich ein leises Flüstern an ihrer Schläfe hörte, wo Mamas Stirn ruhte.

»Keine Sorge, Liebling. Sie war ein bisschen krank, sie bringen sie zur Erholung. Wahrscheinlich in ein gutes Sanatorium außerhalb des Ghettos. Mach dir keine Sorgen. Keine Sorge.«

Genie schaute sie an und zwang sich zu einem Lächeln. Sie fragte sich, ob Mama das zu ihr sagte – oder eher zu sich selbst.

Genie fand immer, wenn ihre Familie nur vereint war, wäre alles gut. Als sie sah, wie Mama zitterte, nahm sie sie fest in den Arm und schloss die Augen. Immerhin hatte sie noch ihre Eltern und ihre Geschwister. Alles würde gut werden.

Von links nach rechts: Onkel David, Helga, Betty, Lilli, Großmutter, Halinka, Regina (Mutter), Jurek, Eugenia (Genie), Henryk (Tat)

Liebe und Verlust

1942

In den folgenden Wochen war Genie wie gelähmt. Gerade als sie dachte, mit Feliks würde in ihrem Leben alles besser werden, wurde alles viel schlimmer. Es fühlte sich an wie eine Amputation. Ihre letzte Erinnerung an Großmutter waren ihre gellenden Schreie, und die schienen alle anderen Erinnerungen gnadenlos zu überdecken. Sie kehrte nie zurück.

Unterdessen stahl sich Feliks in jeder freien Minute zu einem Treffen mit ihr, und diese Momente waren wie kleine Stücke vom Paradies. Sie schlenderten durch die Straßen des Ghettos, kauften für ihre Familien ein, und Feliks durfte Genie sogar ins Kaffeehaus mitnehmen.

Sooft es ging, saß sie an seiner Seite und hörte ihm zu. Er war unglaublich; egal, welches Lied sich jemand wünschte, er konnte es spielen. Und wenn jemand den Titel seines Lieblingslieds nicht mehr wusste, ließ er sich ein Stück davon vorsingen und fiel sofort in die Melodie mit ein.

Genie ging liebend gerne ins Kaffeehaus, und sein Freund Henry erzählte Feliks, dass sie pausenlos auf seine Hände starrte – sie müsse sich wohl verliebt haben. Als er sie grinsend darauf ansprach, zuckte sie nur die Schultern und schwieg.

Genie brachte Feliks zu ihren wöchentlichen Gästeabenden

mit und stellte ihn ihrer Familie und ihren Freunden vor. Sie wünschte, Großmutter hätte ihn kennenlernen können. Sie wäre so stolz gewesen.

Es war eine Freude, Feliks im Umgang mit ihrer Familie zu erleben, und wenn er mit der kleinen Halinka spielte, schmolz Genie nur so dahin.

Doch bald nach Onkel Davids Umzug in eine andere Wohnung in derselben Straße verließen auch Genie und ihre Familie das Haus. Allerdings keineswegs freiwillig.

Mitten in der Nacht kamen brüllende Wachleute und trieben sie nach draußen. Dieser Umzug war sehr viel chaotischer als der erste, denn sie wurden aus dem Schlaf gerissen und nach draußen gejagt. Genie schäumte vor Wut, weil ihre Schuhe vom Straßendreck ganz schmutzig wurden.

Sie hatten keine Zeit, ihre Habseligkeiten einzupacken, und Mamas Versuche, auf die Männer einzureden, blieben fruchtlos. Als sie sie schließlich in einer Absteige mit zwei Zimmern auf dem nackten Lehmboden sitzen ließen, starrte Genie sie an, als wären sie Fabelwesen. Hier konnte sie doch unmöglich wohnen. Und doch taten sie es.

Es war entsetzlich. Genie und ihre Geschwister schliefen in einem Raum, die Eltern im anderen; dort stand auch ein kleiner Kanonenofen, der aussah wie aus einem Schützengraben. Eine Wand ihres neuen Zuhauses war die Ghettomauer, die anderen waren aus blanken Brettern notdürftig zurechtgezimmert. In dieser Nacht weinte Genie sich in den Schlaf.

★★★

»Es werden ständig Leute abgeholt. Ich kann mir gar nicht vorstellen, wo die Deutschen sie alle hinbringen. Natürlich schadet es nicht, wenn etwas weniger Gedränge herrscht, aber doch nicht gerade hier. Nun ja, das Kaffeehaus wird bestimmt voll sein wie immer. Feliks?«

Genie blickte lächelnd zu ihm auf, und er nahm ihre Finger und küsste sie. Dann legte er ihre gefalteten Hände zurück auf den Tisch und musterte die Menge.

Sie saßen am Rand des Gastraums, Feliks hatte Pause. Seit ihre Eltern von Feliks wussten, konnte sie öfter herkommen, weil er volljährig war und sie ihm vertrauten.

»Ich meine … hörst du nicht auch die Schüsse und die Hunde? Fast pausenlos geht das so. Ich vermisse unsere alte Wohnung. Diese Bretterbude ist ein Loch. Ich hasse sie.«

Feliks nippte an seinem Kaffee und schien gar nicht richtig zuzuhören. Mit der anderen Hand trommelte er eine Melodie auf ihre Finger, dann begann er leise zu sprechen.

»Weißt du, vor alldem hier habe ich Medizin studiert, aber ich konnte mich nie richtig entscheiden: Will ich Musiker werden oder Arzt? Ich liebe beides auf seine Weise. Als dann die Deutschen einmarschiert sind, wurde ich Soldat. Aber ich kam schnell in Kriegsgefangenschaft. Kein Wunder, schließlich hatten wir nur Besen und Spaten als Waffen. Wir müssen ein ziemlich lächerliches Bild abgegeben haben. Im deutschen Gefangenenlager wurden Medizinstudenten als Sanitäter eingesetzt. Ich habe Soldaten gepflegt und getan, was ich liebe, aber für Menschen, die ich hasse.«

»Feliks …«

»Ich weiß, Liebling. Ich sollte die Deutschen nicht hassen, und ich weiß, dass du wegen deiner Familie eine gewisse Achtung vor ihnen hast. Aber kurz darauf habe ich erfahren, dass einige Gefangene freikommen würden, und da … da habe ich mich selbst mit auf die Liste gesetzt und kam hierher ins Ghetto.

Dass ich hier dich gefunden habe, versöhnt mich damit, dass ich mein altes Leben verloren habe. Eine schöne Wohnung hatten wir sowieso nie. Hier wohnen meine Schwester und ich mit unseren Eltern im Spital, wir haben kaum etwas zu essen. Wir haben ein Bett, ein Sofa und das Klavier. Wahrscheinlich verstehst du jetzt, warum ich lieber hier im Kaffeehaus bin.« Feliks zwinkerte müde.

Genie staunte, wie er es schaffte, sich seinen Lebensmut und sogar seinen Humor zu bewahren. Sie dagegen konnte tagelang vor Wut schäumen, wenn sie keine warme Mahlzeit bekamen.

»Kennst du meinen Onkel David? Sag ihm nicht, dass du es von mir weißt, aber sie haben seine Frau Betty abgeholt. Sie ist einfach weg, und die beiden Mädchen sind auf sich allein gestellt. Sie wohnen ganz allein weiter hinten in unserer Straße. Es ist nicht ganz so ein Loch wie unseres, aber Helga und Lilli sind völlig hilflos. Sie sprechen kein Wort Polnisch, und Mama geht zu ihnen und versorgt sie, weil sie nicht kochen können. Ich staune, dass sie das tut. Sie kümmert sich, obwohl Onkel David uns sitzen gelassen hat. Und jetzt ist seine Frau wer weiß wo ...«

»Genie, das tut mir leid. So ist das in letzter Zeit. Jedes Mal, wenn man auf die Straße geht, muss man befürchten, mitgenommen zu werden. Manche sagen, sie werden an einen besseren Ort gebracht, weit weg von hier, damit hier mehr Platz für uns ist.«

»Vielleicht ... Ich habe Mama und Tat über alle möglichen Gerüchte sprechen hören, aber sie scheinen es selbst nicht zu glauben.«

»Egal, wie es kommt, wir bleiben zusammen«, versprach Feliks und küsste ihre Hände. Genie bekam feuerrote Wangen. Als sie aufstanden, hielt er weiter ihre Hand, und seine Augen glänzten.

»Ich muss jetzt spielen, wartest du draußen? Ich komme zu dir nach Hause.«

Genie brachte kein Wort heraus und nickte. Als Feliks gegangen war, entfuhr ihr ein unwillkürlicher Seufzer.

Er war ... nahezu vollkommen. Er hatte im polnischen Heer gekämpft. Tat sagte, das hatten nur die Tapfersten getan. Und er studierte Medizin! Wie konnte jemand so perfekt sein? Die Musik liebte Genie wahrscheinlich genauso sehr wie Feliks, aber sie wollte sie zu ihrem Beruf machen. Feliks' Herz dagegen war so groß, dass Musik *und* Medizin hineinpassten. Sie begriff nicht, wie jemand zwei so unterschiedliche Dinge so sehr lieben konnte. Aber beschweren würde sie sich natürlich nicht darüber.

Großmutter hatte gesagt, sie sollte einen Mann mit Geld heiraten. Feliks war auf bestem Wege, sich entweder als Pianist oder als Arzt einen Namen zu machen. Auch Akkordeon spielte er, und obwohl Genie es nie gemocht hatte, klang natürlich auch dieses Instrument wie Engelsmusik, wenn er darauf musizierte.

Sie hatte den Richtigen gefunden. Ihre Liebe zu Mietek fühlte sich beinahe an wie eine Kinderei. Jetzt war sie erwachsen. Sie hatte keine Zeit mehr für eine mädchenhafte Schwärmerei. Feliks war ein Mann, und sie war jetzt eine Frau. Und genau so fühlte sie sich auch, vor allem seit sie, wann immer sie wollte, ins Kaffeehaus konnte.

Sylwia sah sie kaum mehr, auch ihre anderen Freundinnen nicht. Ohne ihre Wohnung hatten sie keinen passenden Ort mehr für die Gästeabende, bei denen die Handvoll Familien jede Woche zum Tanzen zusammenkamen, und einen Ersatz hatten sie noch nicht gefunden. Genie fragte sich schon, ob sie wohl je wieder tanzen würden.

Alle redeten davon, dass der Krieg bald zu Ende ginge und es deshalb im Ghetto immer schlimmer wurde. Onkel Davids Verfolgungswahn hatte noch zugenommen, und er riet jedem, der ihm zuhörte, sich zu verstecken. Mama meinte, er sei wohl durchgedreht, seit seine Frau verschwunden war.

Genie war froh, dass ihre Cousinen in derselben Straße wohnten wie sie, weil Mama ihnen weiterhin zu essen brachte. Keine Eltern und kein Wort Polnisch – sie taten Genie unendlich leid. So hatten sie also wenigstens zu essen. Viele andere hungerten und mussten betteln. Genie mied die Straße, weil dort ständig Menschen geschlagen oder erschossen wurden. Sie hatte Angst, nach draußen zu gehen, und sie wusste, dass auch ihre Eltern sich sorgten. Wegen der Schüsse und des andauernden Hundegebells konnte sie tags kaum aus dem Haus und nachts kaum schlafen.

Mit am schlimmsten war, dass ihre Wohnung an der Ghettomauer lag und sie auf der anderen Seite das normale Leben hören konnte. Schon wieder.

Natürlich herrschte auch dort Krieg, und normal war auch dieses Leben nur im Vergleich mit ihrem. Manchmal setzte Genie sich an die Mauer und lehnte den Kopf an, um auf den Verkehr zu lauschen. Sie stellte sich lächelnde Menschen auf dem Heimweg vor, die gut gelaunt umhergingen und so taten, als wäre alles in Ordnung, so wie einst ihre eigene Familie. Manchmal wurde Genie traurig, aber immer riss sie sich zusammen, schließlich war sie bei ihren Eltern. Wie Lilli und Helga würden sie nicht enden. Sie hatten Tat und Mama, sie konnten sich glücklich schätzen.

★★★

Ein weiteres Jahr verging, und nach und nach akzeptierte Genie die Eintönigkeit des Ghettos. Ihre verstohlenen Besuche bei Feliks waren ein Lichtblick, der die Monate schneller vergehen ließ.

Eines Tages saß sie neben ihm am Klavier. Das Kaffeehaus war noch geschlossen, und er übte ein Stück von Mendelssohn.

»Eigentlich brauchst du gar nicht zu üben. Ich kenne niemanden, der so gut spielt wie du.«

Feliks stupste sie an die Schulter und warf ihr einen Seitenblick zu, ohne mit dem Spielen aufzuhören. Mit dramatisch zuckenden Augenbrauen griff er ein paar grässlich falsche Töne.

»Das hast du mit Absicht gemacht!«

»Woher willst du das wissen? Vielleicht liegt es an deiner Schönheit. Du lenkst mich ab.«

»Ich bitte dich. Als könnte dich irgendetwas ablenken.«

»Zum Beispiel dein Bein so nah an meinem«, flüsterte Feliks.

Erschrocken sah Genie auf ihre Beine, die eng beieinanderstanden. Sie machte Anstalten, zur Seite zu rücken, aber Feliks legte ihr lachend den Arm um die Taille. Während er sie an sich heranzog, spielte er mit der linken Hand weiter. Errötend legte sie ihr Gesicht an seine Schulter.

»Jetzt halte ich dich im Arm, aber dieses Stück ist leider für zwei Hände geschrieben. Ich könnte diesen Mendelssohn umbringen.«

»Du weißt aber, dass er eigentlich schon tot ist?«, erwiderte Genie lächelnd.

»Was du nicht sagst! Wenn er noch leben würde, würde ich ihn mir vorknöpfen, dass er nichts geschrieben hat, wo meine Hand genau da bleiben kann, wo sie ist.«

»Das wäre vielleicht ein bisschen viel verlangt.«

»Nichts weniger verdienst du.« Er meinte es absolut ernst.

Genie blickte ihn mit leicht geöffneten Lippen an. Er zwinkerte ihr zu und legte die Finger zurück auf die Tasten.

Sie genoss jede Minute mit Feliks. Wenn sie bei ihm war, fühlte sie sich wieder lebendig. Sie wünschte, sie könnte ihn noch öfter sehen, aber er arbeitete so viel im Spital und am Klavier, dass er kaum Zeit hatte.

Feliks spielte das abschließende Rondo und endete mit einem Glissando. Genie stellte wieder einmal bewundernd fest, dass niemand war wie er. Natürlich behielt sie diesen Gedanken für sich – doch dann holte sie ein schrecklicher Gedanke ein.

»Sie kommen ständig Leute abholen. So viele verschwinden ... Was ist, wenn ...?« Genie erschauerte.

»Wenn sie mich abholen? Das werden sie nicht tun. Ich bin viel zu wertvoll. Dafür habe ich gesorgt«, erklärte Feliks selbstsicher.

Doch Genie runzelte die Stirn.

»Was soll das heißen? Etwa, dass meine Familie nicht wertvoll ist?«

»Nein! Um Gottes willen, nein. Ich habe mich falsch ausgedrückt, Liebste. Ich meinte nur, sie wissen, wie unglaublich begabt ich bin, da würden sie es nie auch nur versuchen.«

»Aber ...«

»Aber nichts. Du wirst schon sehen.«

Feliks' Augen begannen zu leuchten, und sie sah, wie die Musik ihn erfüllte. Er wandte sich wieder den Tasten zu und begann eine fröhliche Melodie. So hoch er auch beim Stakkato die Hand in die Luft hob, er traf immer wieder genau die Taste, die er wollte. Jetzt spielte er eine sinnlose Tonfolge und sang dazu:

»Du wirst sehen, wir werden nicht nur überleben, sondern du wirst einen dicken, fetten Mann und ein Haus mit Garten haben. Sei nicht so pessimistisch; wir überleben das alles.«
Lachend griff Genie nach seinem Arm.
»Ich glaube nicht, dass du dick wirst. Und was sollen wir mit Haus und Garten?«
»Wir wohnen darin, Liebling.« Feliks legte den Kopf in den Nacken und sang aus vollem Hals.
»Psst!« Genie sah sich um, ob auch niemand zuhörte.
»Ist das überhaupt ein richtiges Lied?«
»Natürlich, wenn ich es doch singe!«
Feliks legte ein Vibrato in seine Stimme und beendete seine Darbietung mit einem weiteren Glissando. Lachend lehnte Genie sich an seine Schulter. Sie war ganz außer Atem, und als Feliks sich ihr zuwandte, sah sie, dass seine Brust sich genauso schnell hob und senkte. Mit den Fingerspitzen hob er ihr Kinn an und sah ihr in die Augen.
»Ich werde dich heiraten, und genau das solltest du deiner Mama sagen. Ich werde dich heiraten, Eugenia Gisela Wein«, flüsterte er.
Genie fiel fast vom Klavierhocker. Ihr Herz raste wie ein flatternder Schmetterling. Ehe sie begriff, was los war, drückte er ihr einen sanften Kuss auf die Lippen. Genie zuckte zurück.
»Meinst du das ganz ernst?«, stammelte sie.
»Voll und ganz.«
»Aber, aber, wie denn? Wann? Warum? Warte, was …?«
Feliks lachte und legte beide Arme um Genie. Er drückte sie fest an seine Brust.
»Vergiss nicht wer, welche und wo. Das sind auch sehr wichtige Fragen.«
»Feliks!«

»Schon gut! Genie, meine Liebste, ich bin mir meiner Gefühle für dich sicher. Und vielleicht kommt es schnell, vielleicht ist es einfältig, vielleicht unvernünftig, aber in dieser verrückten Welt muss man seine Liebe irgendwie festhalten. Liebe wird nicht mehr einfach so verteilt. Vielleicht wurde sie das noch nie. Jedenfalls werde ich für sie kämpfen. Denn vielleicht gibt es keine Zauberei wie in den Märchen, aber die Liebe … die Liebe dürfte der Magie am allernächsten kommen.«

Genie schluckte. Er scherzte immer gerne und brachte alle zum Lachen, aber diesmal lag keinerlei Jux in Feliks' Stimme. Er meinte es ernst. Und sie war ernsthaft in ihn verliebt.

Feliks lächelte still und fuhr mit einem Finger über ihre Wange, um eine Träne wegzuwischen. Dann hob er erneut ihr Kinn und küsste sie. Seufzend ließ sie sich tiefer in seine Arme fallen.

Tastend küssten sie sich weiter, Feliks wanderte mit seinen Lippen an ihrem Hals herunter, und sie fuhr mit den Händen über seine Brust. Irgendwann hörten sie ein Räuspern, und mit feuerroten Wangen fuhr Genie auf.

Schmunzelnd winkte Feliks Henry heran, der grinsend näher trat.

»Komm schon, Genie. Lass es uns deinen Eltern sagen.«

»Was denn, jetzt sofort? Ich dachte, wir würden zumindest ein bisschen warten«, rief Genie.

Sie wusste, dass sie Feliks heiraten wollte, aber die Ehe kam ihr noch vor wie ein ferner Traum. Wie etwas, was nur Erwachsene taten. Sie war erst siebzehn – aber vielleicht war das Alter auch nur eine Zahl. Immerhin versorgte sie ihre Familie, und zur Schule ging sie auch nicht mehr. Vielleicht war sie erwachsener, als sie dachte.

Feliks zog sie vom Klavierhocker und in Richtung Tür.

»Wir können aber nicht auf den besten Pianisten im gesamten Ghetto verzichten!«

»Danke, Henry, aber ich will noch meine Hochzeit mit dieser jungen Dame regeln. Allzu lange wird das nicht dauern. Du weißt ja, wie charmant ich sein kann.« Und damit zog Feliks die Tür hinter sich zu.

Genie sah noch, wie er seinem Freund zuzwinkerte, bevor er sich mit schalkhaft blitzenden Augen umdrehte. Sie fragte sich, was er wohl denken mochte, und dann folgte sie ihm lachend, als er sie fast im Laufschritt hinter sich herzog. Sie gingen auf kürzestem Weg zu ihr nach Hause.

Feliks' Gespräch mit ihren Eltern verlief genau, wie sie erwartet hatte, und endete, wie sie es sich erträumt hatte. Als sie ankamen, waren ihre Eltern zunächst nicht da. Nur Jurek und Halinka steckten den Kopf heraus, als er an die groben Holzplanken klopfte, die ihnen als Tür dienten.

Genie war entsetzt, als Feliks ihr sagte, sie solle auf ihre Eltern warten und, sobald sie nach Hause kamen, mit ihnen ins Kaffeehaus kommen. Doch am Ende ging alles gut. Mama, Tat und Genie konnten ohne Zwischenfälle an den Wachleuten vorbeigehen, und schon sah sie ganz hinten an einem Ecktisch Feliks und seine Eltern sitzen. Lächelnd nahm Genie Mamas Hand und lief zu Feliks hinüber.

»Guten Abend. Danke fürs Kommen«, begrüßte Feliks sie aufrichtig.

»Was ist denn nur los? Ist alles in Ordnung?« Genie legte Tat eine Hand auf den Arm. Er wirkte besorgt, und das machte sie traurig. Zum Glück sprach Feliks rasch weiter.

»Es tut mir leid, dass alles so plötzlich kommt. Aber so, wie die Dinge liegen, ist Abwarten kein sonderlich verlockender Gedanke.«

»Abwarten? Was genau …«

Die Spannung in der Luft war fast mit dem Messer zu schneiden. Mit Blicken flehte Genie Feliks an, es schnell über die Bühne zu bringen, aber er senkte den Blick auf seine gefalteten Hände, und sie sah, dass er sich ein verschmitztes Lächeln verkniff.

Warum musste er nur so theatralisch sein? Ihre Eltern hingen an Feliks' Lippen, und er genoss es in vollen Zügen. Er liebte es, Spannung zu erzeugen, es war einfach eine Gabe von ihm. Auch beim Musizieren spielte er dieses Charisma aus, und auch deshalb war Genie ihm verfallen. Jetzt aber hätte sie ihm am liebsten vors Schienbein getreten.

Unter seinen langen Wimpern hervor sah er zu ihren Eltern auf, beinahe wirkte er verlegen.

»Sie müssen mir verzeihen, aber Ihre Tochter hat bei mir Gefühle geweckt, die ich zuvor noch nie empfunden habe. Bisweilen sind sie ziemlich überwältigend. Ich denke den ganzen Tag an sie, und in der Nacht träume ich von ihr.«

Kopfschüttelnd lehnte Genie sich zurück. Augenzwinkernd blinzelte sie zu Tat hinüber, aber der blitzte sie an, weil sie die feierliche Stimmung durchbrach. Schnell redete Feliks weiter.

»Als ich gemerkt habe, dass Genie mich nicht aus den Augen ließ, war mir mit einem Schlag klar: Sie wird mir das Gefühl geben, ich wäre der wichtigste Mensch auf der Welt. Ich habe mich immer nach Anerkennung und Liebe gesehnt und das sowohl am Klavier als auch in meinem Studium oft auch bekommen, aber mit diesem Blick von Genie weiß ich, dass ich nie mehr jemand anderen brauchen werde. Wenn ihr Blick auf mir liegt, könnte kein ausverkaufter Konzertsaal je wichtiger sein. Ihre Liebe macht mich wunschlos glücklich, und ich hoffe, Genies Liebe erwidern zu können. Ich will nichts weiter, als mit ihr gemeinsam ein Leben aufzubauen. Daher möchte ich bei Ihnen beiden um die Hand Ihrer Tochter anhalten.« Feliks' leuchtender Blick ruhte auf Genie.

Während er sprach, hatte er sie nicht aus den Augen gelassen, und sie spürte seine Worte bis ins Mark. Nie hätte sie gedacht, dass das möglich war – dass sie es vermochte, einem anderen solche Gefühle einzugeben. Sie senkte den Blick und fragte sich, wie sie das angestellt hatte. Das musste sie schnell herausfinden, denn sie wollte diese Gefühle in Zukunft jeden einzelnen Tag neu wecken.

»Feliks – wir sind sehr berührt von Ihrem Antrag. Allerdings scheint mir fraglich, ob es der richtige Moment für eine Hochzeit ist. Genie, Liebling, wir dachten immer, du solltest das Konservatorium absolvieren, bevor du dir einen Ehemann suchst«, überlegte Tat zögernd.

»Nun habe ich eben schon früher einen gefunden. Und wird der Krieg nicht ohnehin bald zu Ende sein?«

Alle schwiegen, während sie fragend in die Runde blickte. Sie waren es doch, die immer über das Kriegsende redeten.

»Da hat sie recht. In ein paar Monaten wird der Krieg zu Ende sein. Etwas anderes ist undenkbar. Also, einverstanden. Es wäre besser für euch beide, bis nach dem Krieg zu warten, und dann können wir die große, schöne Hochzeit feiern, die ihr verdient. Feliks, mein Sohn, Sie können fertig Medizin studieren, während Eugenia das Konservatorium beendet. Und wenn Sie Ihre Praxis eröffnen und einen festen Patientenstamm haben, werdet ihr beide heiraten.«

»Das ist alles schön und gut, aber ich möchte, dass wir uns hier und jetzt verloben«, erwiderte Feliks besonnen.

»Gut. Eure Verlobungszeit dauert, bis alles vorüber ist. Wie findet ihr das?«

»Fantastisch«, erklärte Feliks und schlug mit der flachen Hand auf den Tisch. Auf sein verschmitztes Lächeln errötete sie, brachte aber heraus: »Ja, das ist wunderbar.« Sie strahlte Feliks an, und er griff quer über den Tisch nach ihrer Hand. Genie spürte den Blick ihrer Eltern, aber es machte ihr nichts mehr aus. Sie waren verlobt. Und eines Tages würden sie heiraten. Sie war das glücklichste Mädchen der Welt.

★ ★ ★

»Sieh an, zur Abwechslung mal Kartoffeln! Herzlichen Dank auch, Mamalein.«

»Sehr witzig, Jurek. Vielleicht möchtest nächstes Mal du kochen?«

»Puh, nein danke. Deine Leidensmiene dabei würde ich nie so gut hinbekommen«, knurrte Jurek.

»Das soll wohl ein Kompliment sein?«

Genie blitzte Jurek wütend an und reichte den Topf an Halinka weiter. Dann nahm sie Jurek den Löffel aus der Hand und ignorierte seinen Protest. Halinka aß hungrig, und Genie blies ihr ein paar Strähnen aus dem Gesicht.

»Beeilt euch mit dem Essen, ihr zwei. Ich muss das danach noch unseren Cousinen bringen.«

»Wie bitte? Das ist doch schon kaum für uns genug.«

»Und die beiden haben nicht mal eine Mama. Wer kümmert sich denn sonst um sie?«

»Sie könnten ja wenigstens mal Polnisch lernen ...«

Genie stutzte, dann musterte sie Jurek mit zusammengekniffenen Augen. Sie nahm Löffel und Topf von Halinkas Knien und fing an, sich selbst an den Kartoffeln zu bedienen. Jurek war dermaßen kindisch!

»Vielleicht solltest einfach du Deutsch lernen. Weißt du, Feliks kann Polnisch, Deutsch, Hebräisch *und* Latein. Jetzt sag mal, was du kannst. Kaum ordentlich Polnisch, würde ich sagen.«

Genie verdrückte eine weitere halbe Kartoffel, aber sie verschluckte sich fast, als ihr etwas an den Kopf stieß. Jureks Schuh fiel zu Boden, und Genie starrte ihn entgeistert an.

»Hast du wirklich gerade mit dem Schuh nach mir geworfen? Wie alt bist du noch mal?«

»Kaum jünger als du. Aber wenigstens muss ich nicht bald einen alten Mann heiraten.«

»Einen alten Mann? Feliks ist erst einundzwanzig. Und mach mir doch nichts vor. Ich weiß, dass du ihn magst. Er spielt ständig diese albernen Rollenspiele mit dir.«

»Aber nur, weil du nicht mehr mitspielst ...«

Seufzend wischte sich Genie mit dem Ärmel den Mund ab und stand auf.

»Ich gehe zu Lilli und Helga. Ihr beide bleibt hier. Seid froh, dass ihr für nichts verantwortlich seid.«

Noch von der Straße aus hörte Genie Jurek schimpfen. Bestimmt würde er sich den ganzen Abend über beklagen, bis Tat nach Hause kam und dem Ganzen ein Ende setzte.

Jurek war so undankbar. Wie konnte er sich an Feliks auslassen? Er war das Beste, was ihrer Familie in diesen furchtbaren Zeiten hatte zustoßen können. Er war ihre Zukunft. Mit einer eigenen Praxis könnte er irgendwann für sie alle sorgen.

Auf dem Weg zu Lilli und Helga schäumte sie förmlich vor Wut, aber vielleicht war das ganz gut so, denn so kam ihr niemand zu nahe. Tat hatte ihr erzählt, dass die Leute anfingen, sich gegenseitig zu bestehlen; deshalb brachte normalerweise Mama das Essen zu den Mädchen. Aber seit Genie verlobt war, trauten sie das auch ihr zu. Trotzdem beeilte sie sich – zumindest bis sie hinter einer Straßenbiegung ein vertrautes Gesicht entdeckte.

Es war Onkel David, der mit eingezogenen Schultern in einem Toreingang stand und mit einem jungen Paar diskutierte. Es war eine schmuddelige Ecke, wo normalerweise Abfall und Tote abgelegt wurden, und es stank, weil alles nur alle paar Tage oder Wochen abgeholt wurde. Genie fragte sich, was er an so einem Ort machte.

Sie wollte ihn gerade ansprechen, aber er warf einen gehetzten Blick über die Schulter, ohne sie zu sehen. Er wirkte nervös, und Genie zog sich rasch hinter die Hausecke zurück und beobachtete ihn.

Die beiden jungen Leute schienen ihm etwas zu erklären. Dann zog der Mann einen Laib Brot aus der Jacke und reichte ihn Onkel David. Ein ganzes Brot! Genie lief das Wasser im Mund zusammen.

Onkel David stopfte es sich in den Hosenbund und schüttelte den beiden die Hände. Sie liefen in die andere Richtung davon, während Onkel David direkt auf Genies Versteck zukam. Es war wohl besser, sie machte sich bemerkbar. Also trat sie auf die Straße und stand direkt vor ihm. Er zuckte zusammen und fasste sich ans Herz.

»Du liebe Güte … Genie! Was tust du denn hier?«

Genies Lächeln erstarb. Onkel David wirkte so … anders. Seine Augen waren weit aufgerissen und blutunterlaufen, und seine Schultern zitterten. Seine Hände fummelten in der Gürtelgegend herum, und sie musterte ihn fragend. Er wirkte beinahe geistesgestört.

»Onkel David, ich … Und was tust du hier?«, fragte Genie forschend.

»Du klingst ja schon ganz wie deine Mama. Ich arbeite, anders als deine Eltern dir vielleicht weismachen wollen.«

»Aber warum haben diese Leute dir Brot gegeben? Könntest du uns vielleicht etwas davon abgeben?«, fragte Genie betont ruhig.

Sie versuchte, hinter seinen Rücken zu spähen, aber er wich zurück und lachte leise auf.

»Die Leute geben mir etwas, damit ich sie beschütze. Leider ist dieses Brot nicht für mich. Meine Arbeit ist kompliziert, Genie, ich weiß, dass das schwer zu verstehen ist. Aber offenbar hast du ja jede Menge zu essen!«, rief er und wies auf den Topf in ihren Händen.

Genie spürte, wie der Ärger sich in ihr breitmachte, während ihr Blick auf das wenige Essen für ihre Cousinen fiel. Wieder musterte sie ihn.

»Das hier ist für *deine* Töchter. Aber wenn du hier mit ganzen Brotlaiben herumläufst, sollte ich vielleicht Mama sagen, dass sie nichts mehr verschenken muss ...«

»Nein! Nein, ich meine, Genie, bitte. Die Mädchen müssen viel durchmachen, seit ihre Mama ... weg ist. Ich kann jede Hilfe gebrauchen. Ich liebe meine Mädchen, deswegen muss ich mich an merkwürdigen Orten wie hier mit Leuten treffen. Du sagst doch deiner Mama nichts? Du bist reifer als sie, ich weiß, dass du mich verstehst.« Onkel Davids Stimme war nur noch ein Flüstern.

Genie nickte geschmeichelt. Ihm fiel also auf, wie reif sie war, und er traute ihr zu, ein Geheimnis für sich zu behalten. Genau das würde sie tun. Onkel David legte ihr eine Hand auf die Schulter, dann ging er.

Rasch lief Genie zu Lillis und Helgas Unterschlupf. Sie stellte sich alles Mögliche vor, denn Onkel David hatte genau wie der Spion ausgesehen, für den ihre Mutter ihn hielt. Aber sie schob den Gedanken weg, denn natürlich ging es ihm darum, seine Leute zu schützen. Das Mindeste, was sie tun konnte, war, seine Töchter mit durchzubringen.

»Hallo! Ich bin's. Macht auf.«

In einem Schlitz zwischen den Brettern erschien ein großes blaues Augenpaar. Dann ging die Tür auf, und Genie lächelte den beiden zerzausten Gestalten zu. Sie fragte sich, ob ihr Onkel gestern überhaupt nach Hause gekommen war. Wie dem auch war, die Mädchen sahen ziemlich verwahrlost aus. Kinder wie sie brauchten eine Mama.

Genie setzte sich mit den beiden im Schneidersitz auf den gestampften Boden. Sie sahen sie schweigend, aber neugierig an. Genie lächelte ihnen zu. Sie hatte immer das Gefühl, dass sie sie mochten.

»Zu Hause merken sie einfach nicht, wie viel ich arbeite. Ich mache Essen für uns alle. Großmutter ist zwar nicht mehr bei uns; sie ist immer noch im Urlaub, das wisst ihr ja, aber mit euch sind wir immer noch zu fünft. Oder zu acht, wenn man unsere Eltern mitzählt, wenn die nach Hause kommen, essen sie ja auch. Aber wisst ihr, manchmal ist schon vorher alles alle.«

Genie gab den Topf zuerst Lilli, weil ihre Augen größer waren. Sie hockte sich hin und verschlang gierig ihre Kartoffeln.

»Ich weiß, dass ihr kein Wort versteht, aber das macht nichts. Feliks und meine Eltern sind sowieso die Einzigen, die mir zuhören. Jurek meinte, ihr sollt Polnisch lernen. Was sagt ihr denn dazu?«

Helga ließ den Topf nicht aus den Augen, und Genie schlug sich mit der Hand auf die Stirn. »Vielleicht hatte Jurek recht …

Ach, vergesst es. Erzählt ihm nicht, dass ich es weitergesagt habe.«

Als beide Mädchen fertig gegessen hatten, schloss sie sie in die Arme und blies ihnen Küsse zu. Lilli tat, als würde sie die Küsse auffangen, und Helga versuchte lachend, sie ihr aus den Händen zu stibitzen. Gerne hätte Genie ihnen gesagt, dass sie genug Küsse für beide hatte, aber sie hätten sie ja doch nicht verstanden.

Auf dem Heimweg ließ sie den leeren Topf neben sich baumeln. Überraschenderweise waren ihre Eltern da, als sie zu Hause ankam. »Mama! Tat! Was ist los? Ihr seid so früh zu Hause.«

»Wir haben euch einfach zu sehr vermisst. Euch alle zusammen«, erklärte Tat, schnappte Halinka und kitzelte sie.

Genie warf einen vorsichtigen Blick zu Jurek. Er schmiegte sich in Mamas Arme und würdigte Genie keines Blickes. Seufzend wandte sie sich ihrem Tat zu.

»Können wir mal reden?«

»Natürlich, Liebling. Genau darauf habe ich für heute schon gehofft. Ich habe schon so lange deine hübsche Stimme nicht mehr gehört.«

Genie nahm ihn beim Arm, und während sie zum Schlafzimmer gingen, legte er ihn ihr um die Schulter. Seufzend äugte sie in die »Küche« hinüber, die keinen Meter entfernt war.

»Warum können wir hier nicht wenigstens eine Tür zumachen? Man hat wirklich keinerlei Privatsphäre, Tat.«

»Aber so kommen wir uns als Familie näher. Und lernen einander besser kennen.«

Genie runzelte zweifelnd die Stirn. »Ich glaube, wir sind uns schon nah genug. Vielleicht sogar etwas *zu* nah.«

Schmunzelnd setzte er sich auf die Matratze. »Ach was. Und keine Angst, Liebling. Mama spielt mit den Kindern ein Spiel. Sie sind beide so aufs Gewinnen aus, dass sie uns gar nicht zuhören.«

»Das ist auch gut so, es geht nämlich um sie. Jurek macht mich noch wahnsinnig, Tat! Er wird wie Großmutter, beschwert sich über alles, was ich koche. Und nie hilft er mir. Nie. Immer tue nur ich, was Mama sagt. Mit Halinka geht es, aber sie ist auch nicht mehr so frech wie sonst. Ich kann sie kaum noch zurechtweisen, weil sie uns gar nicht mehr ärgert!«

»Ärgert? Darf ich fragen, was du damit meinst?«, fragte Tat zwinkernd.

»Lach nicht! Es stimmt doch; du weißt, wie sie ist. Früher hat sie uns ständig Streiche gespielt, aber jetzt tut sie nicht einmal das mehr. Und Jurek ist nicht mehr so lieb wie früher. Ich kann diese stinkende Bretterbude nicht mehr ertragen, und sie fassen nie mit an! Ich habe es satt, Tat. Seit fünf Monaten bin ich mit Feliks verlobt, und ich dachte, damit würde alles viel besser, aber jetzt ... Ich weiß nicht.«

»Genie. Ich weiß, dass es schwer ist. Könnte es sein, dass bei uns allen die Nerven blank liegen? Ich glaube nicht, dass wir je so eng aufeinandersaßen, nicht einmal in den Bergen.«

»Ja, vielleicht ... Aber das ändert nichts daran, dass sie immer noch so kindisch sind.«

»Tja, sie gehören eben zu unserer Familie. Wir sind ja alle ein bisschen kindisch. Aber wir müssen füreinander da sein. Vor allem jetzt, und da fällt mir etwas ein: Eugenia, weißt du noch, deine Skistiefel?«

»Meine ... Stiefel? Natürlich, warum? Ich glaube, dass ich sie in der vorigen Wohnung gelassen habe. So bald werden wir ja nicht mehr Skifahren gehen, Tat, oder hast du etwa eine Überraschung für mich?« Sie musste lachen.

»Skifahren wäre wirklich prima. Aber nein. Ich habe deine Skischuhe mitgenommen, als wir rausgeschm... Als wir hierherkamen. Hier, schau.«

Er wühlte in dem wenigen Gepäck, das in der Ecke lag. Genie staunte, als er tatsächlich ihre dicken schwarzen Skistiefel hervorzog.

»Es war also wirklich kein Spaß.«

»Nein. Eugenia, ich möchte, dass du die von jetzt an immer trägst. Verstehst du? Zieh sie nie aus. Egal, wo du hingehst, trag diese Stiefel. Verstanden?«

»Natürlich, Tat. Aber warum?«

»Darauf kommt es nicht an. Tust du es einfach für deinen Tat, ja? Bitte.«

Staunend sah Genie ihn vor ihr niederknien, ihr in die Stiefel helfen und die Schnürsenkel binden. Noch nie hatte er derartig unglücklich geklungen. Die Art, wie er den Kopf schieflegte, und der Klang seiner Stimme, als er Bitte sagte, brachten Genie dazu, ihn gewähren zu lassen und die Schuhe die ganze Nacht über anzubehalten.

»Nein, Genie. Ich habe es dir schon einmal gesagt.«

Seufzend wandte Genie sich von der Tür ab.

»Mama ...«

»Du gehst heute nicht ins Kaffeehaus. Wir haben das besprochen. Nur, wenn Feliks dich hier abholt und wieder zurückbringt.«

»Das schafft er nicht. Er arbeitet im Spital und geht dann direkt zum Orchester! Das ist ungerecht. Tat, bitte, sag du es ihr«, bettelte Genie.

»Hör auf deine Mama. Es ist zu deinem Besten. Das Essen bringe heute ich den Mädchen, auf dem Rückweg. Ihr bleibt alle einfach hier. Und vertragt euch. Ihr könnt doch Verstecken spielen. Das habt ihr schon lange nicht mehr gemacht, oder?«
Genie und Jurek wechselten einen Blick.
»Meinst du das ernst? Hier?« Genie ließ abschätzig den Blick durch den kargen Raum schweifen. Viel gab es nicht zu sehen.
»Ja. Das ist doch eine perfekte Herausforderung. Findet gute Verstecke.«
»Wir sollen uns in den zwei Löchern hier verstecken?«
»Strengt euch mal an. Einen schönen Nachmittag noch.«
Grollend sah Genie ihren Eltern nach, die zum Abschied wie immer fröhlich winkten. Sie ärgerte sich grün und blau, dass sie zu Hause bleiben musste, aber dann sah sie Halinkas und Jureks hoffnungsvolle Blicke. Offenbar hatten die beiden ihren Streit vergessen; Genie holte tief Luft und vergaß ihn auch.

Unter ihren gespannten Blicken wurde ihr klar, dass die beiden jeden Tag zu Hause festsaßen. Sie verließen kaum je ihre Bretterbude – und sie ärgerte sich, dass sie einen einzigen Nachmittag dableiben sollte. Mit dieser Überlegung hielt sie sich die Augen zu und begann zu zählen. Sie hörte ihr vergnügtes Juchzen, während sie zählte … drei … vier … fünf … Vier Füße hüpften über den Boden. Ein paar Gegenstände fielen zu Boden.

Langsam verzog sich Genies Mund zu einem Lächeln.

★★★

Die Lage verschlechterte sich weiter, nicht aber für Genie. Ihre Familien entschieden gemeinsam, Feliks und sie sollten doch früher heiraten. Monate waren vergangen, und der Krieg wütete unvermindert weiter. Mehr und mehr Menschen verschwanden, und Feliks schlug schon vor, er könnte aus dem Rattern der andauernden Gewehrsalven ein Lied komponieren. Nun näherte sich der 11. Oktober, und an diesem Tag würde sie ihren geliebten Feliks heiraten. Die Vorbereitungen liefen auf Hochtouren.

Am meisten half ihnen Onkel David. Er bat seinen deutschen Freund, einen Teil seiner Einrichtung zu bringen, die der in Krakau irgendwie für ihn untergestellt hatte. Ein Perserteppich, ein schönes Bett – groß genug für zwei, betonte Onkel David –, ein paar weitere Möbel und ein Bechstein-Klavier, das Genie nicht einmal anschauen konnte; zu sehr erinnerte es sie an ihren eigenen Flügel.

Trotzdem wurden alle Möbel ins Spital gebracht, wo Feliks wohnte. Am Abend vor der Hochzeit kam Onkel David in ihrem Schuppen vorbei und erzählte Genie augenzwinkernd, alles sei fertig für ihre Hochzeit. Verlegen wich sie ihm aus, aber Mama dankte ihm und schloss die Tür hinter ihm. Sie scheuchte Genie ins Bett, damit sie für ihren großen Tag möglichst erholt aussah.

Natürlich konnte Genie kaum einschlafen. Die Hochzeit würde großartig werden, und sie hatte auch Mietek eingeladen, damit er sah, wie schön ihre Feier war.

Gerade sah Genie zum hundertsten Mal ihre Hochzeit vor sich, dann dämmerte sie endlich ein. Es war ein traumloser Schlaf, aus dem sie erschrocken auffuhr, als jemand an ihrer Schulter rüttelte.

»Eugenia! Wach sofort auf.«

»Tat?«, stammelte Genie verschlafen.

Sie rieb sich die Augen und setzte sich auf. Tat saß an ihrem Bett und schnaufte. Seine Augen waren weit aufgerissen, sein Mund nicht mehr als ein Strich. Noch nie hatte Genie ihn so gesehen, und sie erschrak.

»Was ist passiert?«, fragte sie besorgt.

»Was passiert ist? Du hast deine Stiefel nicht an, obwohl du es versprochen hast!«

Immer noch verschlafen, spähte Genie hinunter zu ihren Stiefeln. Sie trug sie immer, aber heute Nacht wollte sie gut schlafen und sich nicht von den klobigen Schuhen stören lassen.

»Aber Tat, ich schlafe. Sie sind so groß und schmutzig. Im Bett brauche ich sie doch nicht«, erklärte Genie.

Tat legte ihr beide Hände auf die Schultern und sah sie eindringlich an.

»Da irrst du dich, Eugenia. Du hast mir versprochen, sie immer zu tragen. Heißt ›immer‹: bis auf nachts?«

»Nein, aber ...«

»Heißt ›immer‹: bis auf die Male, wo ich keine Lust habe? Ist ›immer‹ ein Versprechen, das du auf die leichte Schulter nimmst?«

»Tat ...«

»Du musst deine Stiefel tragen, Eugenia. Immer. Hast du mich verstanden?«

Genie fehlten die Worte. Sie fand es merkwürdig, im Bett Skistiefel – oder überhaupt Schuhe – zu tragen. Es war unbequem, und auf der schmalen Matratze dicht gedrängt neben Jurek und Halinka zu schlafen, war schon schwierig genug.

Doch Tat wirkte so verstört, dass Genie nickte. Langsam entspannte er sich und sackte leicht in sich zusammen. Genie sank an seine Brust und umarmte ihn. Sie ließ ihn nicht los, bis sein Atem sich beruhigt hatte.

Danach versuchte sie wieder in den Schlaf zu finden, doch die Stiefel hielten sie endgültig davon ab; sie schienen nicht nur ihre Füße zu Boden zu ziehen, sondern ihr Herz gleich mit.

Nachdem sie sich eine gefühlte Ewigkeit lang umhergewälzt hatte, war es endlich so weit. Ihr Hochzeitstag. Der schönste Tag ihres Lebens.

Er verging im Nu. Eben noch frisierten Mama, Halinka, Lilli und Helga ihr die Haare und steckten sie in eines von Mamas schönsten Kleidern, da verließ sie auch schon das Haus, während Lilli und Helga den Saum ihres Kleides hochhielten. Es war ein bisschen zu lang für sie, aber für diesen Anlass genau richtig.

Sie traten in den Innenhof, in dem auch sonst Hochzeiten stattfanden. Es waren so viele, dass der Hochzeitsbaldachin, die Chuppa auf ihren vier Stangen, nie abgebaut wurde. In diese überfüllte Ecke des Ghettos kamen die Deutschen nur selten, weil es dort so stank. Sie riefen die Leute zum Sterben lieber zu sich.

Genies Herz raste, als auf einmal die Blicke aller ihrer Verwandten und Freunde auf ihr ruhten. Sylwia winkte ihr aufmunternd zu, und Jurek versuchte, seine Rührung zu verbergen. Onkel David präsentierte ein höfliches Lächeln – aber niemand grinste so breit wie Tat.

Es war ein Leichtes, den Krieg zu vergessen und den Ort, an dem sie waren. Sie heiratete, und nichts konnte ihre Familie stolzer machen. Von diesem Moment hatte sie geträumt, seit sie mit Halinka Hochzeit gespielt hatte. Diesmal aber war es kein Spiel. Jurek würde nicht den Bräutigam geben müssen, weil sie jetzt Feliks hatte.

Er sah so gut aus, und sein freudiges Staunen bei ihrem Anblick ließ sie wie auf einer Wolke auf ihn zuschweben. Wie von selbst fanden ihre Hände seine, und er drückte sie sanft.

»Du siehst umwerfend aus. Als hätte Chopin persönlich dich komponiert.«

Genie prustete los, dann sah sie sich erschrocken um. Alle lächelten, und ihre Eltern lehnten die Köpfe aneinander.

Die Trauung verging schneller, als Genie erwartet hatte. Vielleicht lag es auch daran, dass sie die ganze Zeit nur Feliks' Augen sah. Er sah einfach umwerfend aus.

Sie zertraten das Glas und nahmen lächelnd das geflüsterte »Masel tov« ihrer Gäste entgegen. Auf dem Heimweg küsste Feliks sie fortwährend auf die Schläfe. Sie erreichten ihren Schuppen, und Genie wandte sich zum Abschied zu ihm um. Es war so schön gewesen.

»Warum bleibst du stehen, Liebling?«

»Weil wir zu Hause sind, Mama«, erwiderte Genie schulterzuckend.

Genie ließ Feliks' Hand los und wollte gerade nach drinnen gehen, als sie die Erwachsenen lachen hörte. Verwirrt drehte sie sich um. Fragend musterte sie die erheiterten Mienen.

»Eugenia, du bist jetzt verheiratet. Du gehst mit deinem Mann. Du bist Feliks' Frau«, erklärte Mama belustigt.

Sie stutzte und setzte zum Protest an. Sie wollte mit Tat und Mama hineingehen, aber Feliks nahm wieder ihre Hand. Ihre Eltern küssten sie zum Abschied, und sie folgte Feliks, weil sich das offenbar so gehörte.

Als sie das Spital betraten, rümpfte Genie unwillkürlich die Nase. Eben wollte sie sich über den Gestank beklagen, als Feliks sie in ein Hinterzimmer führte; dort hatte Onkel David tatsächlich seine Möbel aufgestellt.

Doch trotz der schicken Einrichtung war und blieb der Raum scheußlich. Die schmutzigen Mauern waren mit verdächtigen Flecken übersät, und die Feldbetten im Krankensaal gleich vor ihrer Tür rochen nach Urin. Sie fühlte sich nicht wohl und wollte Feliks schon fragen, ob sie nicht zurück zu ihrer Familie konnte. Doch bevor sie dazu kam, sah er sie mit einem verwegenen Lächeln an, und ihr wurde bang ums Herz.

»Genie, weißt du, was in einer Hochzeitsnacht passiert?«

»Na ja, Kogut, oder – ich meine, unser Dienstmädchen damals hat mir ein bisschen erklärt ...«

Genie wurde rot, und sie wich seinem Blick aus. Ihr Herz pochte so laut, dass sie schon meinte, er würde es hören. Doch dann spürte sie zwei starke, aber sanfte Hände auf ihren Schultern. Sie blickte auf und sah in Feliks' freundlich glänzende Augen. Da war etwas Neues – ein Blick, den sie nicht recht einordnen konnte. Er sah sie an, als wäre sie der einzigartige Höhepunkt in einem von Chopins größten Meisterwerken, das er zum donnernden Applaus eines voll besetzten Konzertsaals spielte. Fast spürte Genie ihre Beine nicht mehr, so nervös war sie plötzlich.

Gerührt strich er ihr die Haare aus der Stirn. Von seinem heißen Atem an ihrem Ohr lief ihr ein Schauer den Rücken hinunter.

»Du weißt, dass ich dich liebe, nicht wahr? Ich werde immer für dich da sein.«

Die Aufrichtigkeit dieser Worte raubte ihr fast den Atem. Er küsste sie inbrünstig; sie spürte, wie er seinen Körper an ihren drückte, und schloss die Augen. So sanft er auch blieb, so gab er ihr mit seinen ehrfürchtigen Berührungen doch zu verstehen, wie sehr er nach ihr verlangte.

»Ich liebe dich noch mehr«, wisperte Genie zurück.

Feliks' Lippen auf ihrer Wange kräuselten sich. Er legte den Kopf so weit in den Nacken, dass sie sehen konnte, wie seine Augen leuchteten.

»Unmöglich ... Ich will es dir beweisen«, hauchte Feliks.

Genie hob fragend die Brauen, aber er ließ sie nicht weiter fragen. Er hob sie mit beiden Armen hoch, und ihr entfuhr ein überraschter Schrei, während er aufrichtig lachte.

Er trug sie davon, und als er Genie zeigte, wie sehr er sie liebte, war es, als gäbe es außer ihnen niemanden auf der Welt. Keinen Tod. Keinen Krieg. Nur sie und ihre Liebe. Hätte es nur für immer so bleiben können.

Ihr Zusammenleben im Spital war alles andere als ideal. Ihr Zimmer war mit Onkel Davids Möbeln so vollgestellt, dass sie bei jedem Schritt irgendetwas anrempelten. Aber sie arrangierten sich. Feliks' Familie wohnte am anderen Ende des Gebäudes in einem Raum, den sie sich mit vielen teilen mussten, während sie ein kleines Hinterzimmer für sich hatten, das aussah, als wäre es einst das Büro des Stationsarztes gewesen. Eigentlich konnten sie froh sein. Der einzige Wermutstropfen war, dass Feliks' Schwester Halina Genie nicht besonders mochte. Während ihre Schwiegereltern sie liebevoll aufnahmen, ließ Halina sie meist kühl abblitzen.

Auch mit der Zeit wurde es nicht viel besser, und Genie konnte sich nicht vorstellen, wie sie je eine herzliche Beziehung aufbauen sollten. Aber allzu viel machte es ihr nicht aus. Sie hatte ja selbst Geschwister und war dankbar für ihre eigene Familie.

Tag für Tag arbeitete Feliks vom Morgengrauen an bei den Patienten und musizierte bis Sonnenuntergang im Kaffeehaus. Genie konnte nicht mehr dabei sein, weil man sie im Spital nicht kommen und gehen sehen durfte. Schließlich arbeitete sie offiziell immer noch mit ihren Eltern in der Fabrik. Trotzdem bezweifelte sie nie, dass es das wert war. Jede Nacht lag sie jetzt neben Feliks, ihrem Ehemann. Es kam ihr immer noch so unglaublich vor, dass sie jetzt verheiratet war.

Obwohl es gefährlich war, riskierten sie, dass sie hier war. Wenn die Deutschen kamen, versteckte sich Genie immer in einer kleinen Abstellkammer.

Manchmal aber kamen die Deutschen ihnen doch ungemütlich nahe. Aber Feliks schaffte es immer, sie abzuwimmeln, indem er behauptete, er habe eine Tuberkulose-Patientin. Die Nazis konnten zwar den Tod über andere bringen, aber sie hatten Angst, sich mit Krankheiten zu infizieren. Genie war dankbar für ihre imaginäre Krankheit. Wahrscheinlich rettete sie ihr mehr als einmal das Leben.

Eines Tages kamen wieder ein paar Deutsche ins Haus. Feliks war nach vorne gerannt, um sie zu empfangen, während Genie in ihr Versteck geeilt war. In der Abstellkammer war es fast unerträglich heiß. Bald hörte sie Stimmen näher kommen, während Feliks die Männer durch das Spital führte. Wahrscheinlich erklärte er ihnen die Abläufe mit all den komplizierten medizinischen Fachbegriffen, die er so mochte, und … Ein Schuss ließ Genie zusammenfahren. Sie stürzte zur Tür und öffnete sie einen Spaltbreit. Da stand Feliks, die Hände im Rücken und den Blick gesenkt, während SS-Männer Kranke in ihren Feldbetten erschossen und auf andere einschlugen. Mit ihren massiven Schlagstöcken traktierten sie die Rücken und Bäuche der Patienten, die um Erbarmen flehten.

Die Patienten hier litten an allen möglichen Krankheiten, und im Spital gab es nicht immer die Medikamente, die sie brauchten; trotzdem versuchten sie ihnen, so gut es ging, zu helfen. Doch alle Bemühungen schienen jetzt zwecklos, denn die Deutschen brachten sie alle um; warum, war Genie schleierhaft. Sie hielt sich die Ohren zu und wandte die Augen nicht von Feliks ab.

Die Männer näherten sich der Abstellkammer. Erschrocken drückte Genie die Tür zu. Sie rutschte rückwärts bis an die Wand und schlang ihre Arme um die Knie.

»Ich würde Ihnen raten, da nicht hineinzugehen.«

»Habe ich dich gefragt, wo ich hindarf oder nicht, du Milchbub?«

»Nein, Scharführer, ich meine bloß, da bewahren wir alle unsere infektiösen Instrumente auf. Nicht einmal ich betrete die Kammer. Wir schicken den Laborjungen mit Maske und Ganzkörperschutz«, erklärte Feliks.

»Das reicht. Verstehe. Abtreten.«

Schritte entfernten sich, erst zögerlich, dann zügiger. Genie blieb stocksteif sitzen und wartete, sie wusste nicht einmal, ob sie sich überhaupt noch rühren konnte.

»Genie, Liebling.«

Beim Klang seiner Stimme an der Tür schrak sie zusammen und entspannte sich nicht einmal, als Feliks hereinstürzte und ihr den Arm um die Schultern legte.

»Es ist alles gut. Beruhige dich.«

»Ich dachte ... ich dachte wirklich, gleich finden sie mich.«

»Aber sie haben dich nicht gefunden. Unser Plan funktioniert. Bleib ganz ruhig und beweg dich nicht von der Stelle. Ich muss jetzt ... aufräumen.«

Genie nickte still und schloss die Augen, als Feliks sie auf die Stirn küsste.

Doch ihre Angst war zu groß, sie hielt es nicht aus, allein in der Kammer auf Feliks zu warten. Sie wollte zu ihren Eltern, wo sie sich immer sicher gefühlt hatte. Durch den hinteren Ausgang lief sie auf die Rückseite des Spitals, vorbei an SS-Trupps, die das Gebäude zu umstellen begannen. Sie rannte durch die Straßen des Ghettos, versteckte sich hinter Häusern, als immer mehr Bewaffnete aus Mannschaftswagen sprangen. Was hatte dieser Aufruhr zu bedeuten? Sie hoffte inständig, dass Feliks nichts zustieß. Als die Straßen belebter wurden, hörte sie auf zu rennen. Sie kam nur noch schwer vorwärts, weil die Menschen sich wie verrückt gebärdeten. Sie liefen umher, getrieben von Wachleuten, die zusammenhanglose Kommandos brüllten.

Sie machte sich so klein wie möglich und schob sich zwischen ganzen Familien hindurch, die gerade ihre Häuser verließen. SS-Männer schlugen ihnen die Koffer aus den Händen. Kinder schrien nach ihren Müttern, und die Menschen klammerten sich aneinander. Die Deutschen trieben sie durch das Ghetto, mehrere Menschen wurden vor Genies Augen erschossen. Sie passierte das Kaffeehaus und überlegte, ob sie nach Onkel David sehen sollte, entschied sich aber dagegen. Irgendetwas war hier los. Sie musste zu ihren Eltern. Hals über Kopf stürzte sie in ihren Schuppen, und durch einen Tränenschleier sah sie hinter der Tür ihren Vater stehen.

»Tat!«

Sie fiel ihm um den Hals. Er strich ihr übers Haar, gemeinsam sanken sie zu Boden. Sie wollte nie mehr von hier weg. Ihr Schuppen mochte zu eng sein, aber sie gehörte zu ihren Eltern. Da horchte sie auf und hob den Kopf.

»Wo sind die anderen? Was ist passiert?«

Mit einem Lächeln half Tat Genie auf. Er führte sie ins Nebenzimmer und schob die Kisten zur Seite, über die sie sich immer geärgert hatte, weil sie so viel Platz wegnahmen.

»Hier sind sie.«

Genie staunte, als sie hinter Ballen von Polstermaterial für Matratzen Mama hocken sah. Und auch Jurek und Halinka starrten sie aus großen Augen an. Wie gut, dass Jurek trotz seiner zwölf Jahre so klein war wie ein Achtjähriger.

»Tat? Was soll das?«

»Das soll uns retten. Wenn irgendjemand klopft, bin ich der Einzige, der da ist.«

»Anklopfen tun die Deutschen schon lange nicht mehr«, seufzte Genie.

»Da hast du recht. Aber als du reinkamst, dachtest du, ich wäre allein hier. Die SS und die Polizei werden dasselbe denken.«

»Aber warum, Tat? Und was ist mit eurer Fabrik? Wer arbeitet jetzt dort?«, fragte Genie und half Halinka beim Aufstehen.

Dann reichte sie Jurek die Hand. Sie drückte ihn an sich und sah zu ihren Eltern. Sie hielten einander im Arm, und Tat fragte Mama besorgt, wie es ihr ging. Sie nickte, und er seufzte.

»Mieteks Familie ist weg. Seine Brüder und Schwestern wurden mit allen anderen abgeholt. Er ist jetzt ganz allein.«

»Wie bitte? Wie schrecklich!«

»Das passiert immer häufiger. Jeden Tag gibt es mindestens zwei Aktionen. Die Fabrik spielt keine Rolle mehr. Keiner geht mehr arbeiten. Irgendetwas ist los. Wir vermuten, der Krieg geht zu Ende, und die Deutschen werden nervös.«

»Das ist doch unsinnig. Wenn der Krieg zu Ende geht, müssten sie uns doch nach Hause lassen!«

»Ja, ganz bestimmt, das werden sie.« Tat nickte ostentativ.

Sie umarmten sich, und er führte die Familie in das andere Zimmer. Sie setzten sich in einen Kreis, und Mama brachte den Topf. Sie rührte um, was auch immer darin sein mochte, und Genie nahm Halinka auf den Schoß.

»Müssen wir nicht alle raus? Das rufen sie doch durchs Megafon.«

»Ich bin nicht sicher; wahrscheinlich ist es nichts. Wir bleiben jedenfalls hier. Keine Angst, Kinder.«

Jurek sah fragend zu Genie, aber sie hob die Schultern. Sie wusste selbst nicht, ob sie Tat noch glauben konnte.

»Wie wäre es mit Kartoffeln und Senf? Bestimmt vermisst du unser Essen drüben im Spital, Genie«, versuchte Mama die Stimmung ein wenig zu heben.

»Ja, Feliks' Familie hat nicht so viel Geld für Zusatzrationen, aber wir ...«

»Regina!«

Genie blieben die Worte im Hals stecken, als Onkel David hereinstürmte. Er hatte Lilli und Helga an den Händen.

»*Regina, wir müssen auf der Stelle weg hier*«, rief David in seinem perfekten Deutsch.

»*Wie bitte? Warum, was ist los, David?*«

»*Die Nazis wollen uns alle umbringen. Wir gehen in die Kanalisation. Könnt ihr Lilli und Helga mitnehmen?*«

»*Wir bringen sie in die Kanalisation, aber wir selbst verstecken uns in der Fabrik. Vielleicht lassen sie uns dort auch weiter arbeiten.*«

»Tat, was sagen sie?«, drängte Genie. Sie verstand kein Wort, aber es war klar: Irgendetwas stimmte nicht. Nie hatte sie Onkel David in so heller Aufregung erlebt.

»*Gut, wenn du nur auf die beiden aufpasst. Und, Regina: Ich liebe dich, Schwester.*«

Sie umarmten sich fest, Genie trat mit Halinka einen Schritt zurück, damit sie mehr Platz hatten. Erst nach einer langen Weile ließen sie voneinander ab.

»Kommt, Kinder. Wir gehen«, befahl Mama.

Mama nahm Halinka auf den Arm und fasste Lillis Hand. Sie

winkte Tat, damit er es ihr nachtat. Er nahm Helga und Jurek an den Händen und trat auf die Straße. Genie folgte ihm, und als sie sah, was dort los war, blieb ihr fast die Luft weg.

Die Leute hasteten umher, bellende Hunde auf ihren Fersen. Überall war viel mehr SS als sonst. Sie gingen ein Stück und bogen in Straßen ab, die Genie nicht wiedererkannte. Mama rannte beinahe, und Lilli hatte Mühe, mitzuhalten. Sie weinte ununterbrochen, sodass die Leute sich nach ihr umsahen.

Plötzlich blieben alle stehen, und Genie lief fast in Onkel David hinein. Sie rieb sich die Nase, aber da stand schon Tat neben ihr und legte ihr die Hände auf die Schultern.

»Genie, mein Liebling, du musst mit Feliks gehen.«

»Wie bitte? Nein, ich bleibe bei euch. Zu ihm gehe ich später. Wo gehen wir überhaupt hin? Alle anderen laufen ja in die entgegengesetzte Richtung!«

»Onkel David bringt dich zurück zum Kaffeehaus, und von da aus findest du selbst zurück zum Spital, oder?«, fragte Tat.

»Ja, aber nein – halt! Ich gehe nicht ohne euch!«

»Eugenia Nelken!«, fuhr Mama scharf dazwischen. »Feliks ist dein Ehemann. Du gehst zu ihm. Wir bringen Jurek, Halinka und deine Cousinen in die Kanalisation. David hat Kontaktleute, die dort die Kinder übernehmen.«

Lilli jammerte jetzt noch lauter, und Genie musterte sie ängstlich.

»Wir müssen in die Kanalisation. Schnell. Und Genie, Liebling, hab keine Angst. Dein Tat und ich werden weiter in der Fabrik arbeiten, ja? Irgendjemand muss das Geschäft am Laufen halten. Jetzt geh«, befahl Mama, und Genie wusste, dass sie keinen Widerspruch mehr duldete.

Es fühlte sich nicht richtig an. Ihre Eltern sahen furchtbar aus. Angsterfüllt beugte sie sich vor und umarmte Jurek und

Halinka. Die Kleine drückte sie etwas länger und küsste sie auf die Wange, dann richtete sie sich auf.

Sie umarmte Helga und ging auch zu Lilli, aber die klammerte sich an ihren Papa und schrie, sie wolle bei ihm bleiben. Da hörten sie Stiefel knallen, und über Onkel Davids Schulter sah Genie einen SS-Trupp, nur ein paar Schritte weiter.

Irgendetwas in Genie machte klick, und sie fasste Lilli bei den Schultern und gab ihr eine Ohrfeige. Vor Schreck hörte sie auf zu weinen und hielt sich die Backe.

Genie drehte sich zu ihren Eltern um und umarmte sie kurz. Bald würden sie wieder vereint sein.

»Bis später«, hauchte sie.

Mehr fiel ihr nicht ein, denn alle waren völlig aufgelöst. Sie blickte ihnen nach, bis sie um die Ecke waren, und das Letzte, was sie sah, war Halinkas ausdrucksloses Gesicht, das sie über Mamas Schulter hinweg anstarrte.

»Komm, Genie, wir können hier nicht länger stehen bleiben.«

Onkel David packte sie am Arm und brachte sie zurück, wie Tat gesagt hatte. Das Kaffeehaus sah nicht aus, als wäre es geöffnet, sie verstand also nicht, warum er dortblieb, aber er hauchte ihr einen Kuss auf die Stirn und scheuchte sie weiter.

Sie rannte Richtung Spital, kam aber nicht weit, weil überall auf den Straßen Deutsche mit Gewehren und bellenden Hunden standen. Die Menschen wurden in Reihen aufgestellt, und Genie reckte den Hals, um einen Weg zum Spital auszumachen.

Aber ehe sie weiterkam, trieb ein Schlagstock sie in eine Schlange. Sie stolperte gegen ein junges Paar mit zwei kleinen Kindern auf dem Arm; auf ihre Entschuldigung hin drehten sie sich um und lächelten matt. Sie schob sich mit der Schlange vorwärts und hielt überall nach Feliks Ausschau.

»*Rechts. Rechts. Links. Rechts.*«

Irgendwo musste er sein. Tat hatte ihr aufgetragen, zu Feliks zu gehen. Er wäre außer sich, wenn Genie ihm nicht folgte.

»*Links. Rechts.*«

Sie kam näher, und jetzt sah sie, dass die Männer vorne an der Schlange die Leute in die eine oder die andere Richtung aufteilten.

»*Rechts. Rechts. Rechts. Rechts.*«

Sehr viele Menschen mussten nach rechts. Vielleicht auch sie.

»*Rechts. Rechts. Links* ...«

»Genie! Meine Liebste, da bist du ja.«

Es war, als würde sie träumen: Da kam Feliks. Er stellte sich zu ihr in die Schlange und führte ihre Hand an seine Lippen.

»Feliks, es tut mir so leid«, schluchzte Genie.

»Ich habe dir gesagt, du sollst dableiben. Warum bist du weggelaufen? Ich ... Aber egal, jetzt sind wir zusammen. Lass meine Hand nicht los.«

Sie kamen ans Ende der Schlange, und Genie hielt die Luft an. Jetzt stand das Pärchen vor ihnen vor dem Soldaten.

»*Rechts.*«

»*Ich bin Arzt und Musiker*«, erklärte Feliks.

Er hatte keine Sekunde gewartet, als die Familie vor ihnen nach rechts geschickt worden war. Mit dem Schlagstock wurden sie beide nach links geschoben.

Genie sah Feliks mit aufgerissenen Augen an. Was bedeutete das?

Sie folgten all denen, die nach links geschickt worden waren. Es ging zurück zum Spital, und Genie war erleichtert. Es war also alles in Ordnung.

Während sie vor dem Spital warteten, dachte sie an ihre

Eltern. Nie würde sie ihren Anblick vergessen, der Schrecken in ihren Gesichtern war für immer in ihr Gedächtnis eingebrannt. Das waren nicht die Gesichter, die sie von ihnen kannte.

Später erinnerte sie sich am liebsten, wie sie früher gewesen waren. Eine glückliche Familie, strahlend und lachend beim Tanz in ihrem Wohnzimmer. Mama mit Halinka im Arm, viel zu laut eine Arie aus *Carmen* schmetternd. Jurek und Genie, die sich in Tats Armen um sich selbst drehten. Ihre Freunde und Verwandten, die lächelnd zusahen. Die Fröhlichkeit ihrer Familie war immer so ansteckend gewesen.

Wie merkwürdig, dass man nie weiß, wann man jemanden zum letzten Mal sieht. Das letzte Mal, um miteinander zu sprechen oder zu lachen. Das letzte Mal, um jemanden zu umarmen oder ihm in die Augen zu sehen. Die letzte Gelegenheit, seine Liebe auszudrücken.

Genie hätte Halinka noch fester gehalten. Jurek noch einmal die Haare verstrubbelt. Mama für alles gedankt. Tat gesagt, wie sehr sie ihn liebte. Allen so viel mehr gesagt, wenn sie nur gewusst hätte. Wenn sie doch nur gewusst hätte!

Sie sollte ihre Familie nie wiedersehen.

Ratten auf dem Feld

1943

Sie gingen. Und gingen. Eine ganze Ewigkeit gingen sie, und Genie fragte Feliks wieder und wieder, wie weit es noch war, aber er hatte keine Antwort. Doch er hielt die ganze Zeit ihre Hand und erfand Lieder über die Form der Wolken am Himmel. Auch Feliks' Eltern und seine Schwester Halina waren in der Gruppe derer, die zu Fuß aus dem Ghetto hinausgetrieben wurden. Als Feliks ein bisschen zu laut über die Menschen neben ihnen und ihre Ausdünstungen sang, knuffte Halina ihn in den Arm.

Danach sang er leiser, zog aber immer noch Blicke auf sich. Einer in der Kolonne schien irgendwann die Nase voll zu haben, denn auf einmal stapfte er, seine Frau im Schlepptau, zielstrebig auf sie zu. Er pflanzte sich direkt neben Feliks auf; mit einem mulmigen Gefühl tippte Genie ihm auf die Schulter und machte ihn auf den Mann aufmerksam. Feliks wandte sich um und stieß einen kleinen Freudenschrei aus. Staunend sah Genie zu, wie die beiden einander in die Arme fielen. Dann erkannte auch Genie das vertraute Gesicht.

»Henry! Du auch hier ...« Feliks strahlte. Er freute sich, seinen Geiger wiederzusehen, auf den er so große Stücke hielt.

»Sie haben uns hier rausgeschickt. Wie euch alle, nehme ich

an. Oh, entschuldigt, ihr kennt euch ja gar nicht. Feliks und Begleitung, darf ich meine hübsche Ehefrau vorstellen, Manci Rosner, und dieser gut aussehende Junge ist unser Sohn.« Henry legte den Arm um einen Achtjährigen.

»Schön, euch kennenzulernen!« Genie lächelte Henrys Frau und Sohn an.

Henry sah sie mit blitzenden Augen an und stellte sie seiner Frau vor.

»Ist dir eigentlich klar, Genie, dass es schon jemand ganz Besonderen brauchte, um diesen Mann zu binden? Da ist dir wirklich ein Kunststück gelungen.«

Er beugte sich vor und gab Genie einen Handkuss. Sie errötete, gleichzeitig entging ihr nicht das spöttische Schnauben von Halina.

»Und du, mein Freund, machst immer noch so viel Tamtam. Tja, offenbar wollten die Deutschen nur die allerbesten Musiker. Wenigstens etwas, womit sie richtigliegen. Vielleicht können wir ja da, wo wir hinkommen, unsere Combo wieder aufstellen. Du spielst Geige, ich könnte Akkordeon spielen, und Genie Klavier …«

»Nein, nein, das Klavier ist deines. Ich … ich könnte das nicht«, stammelte Genie.

»Komm, lasst uns weitergehen.« Feliks warf einen Blick über die Schulter.

Ein paar Wachleute hatten ihr Grüppchen bemerkt und kamen auf sie zu. Feliks legte Genie den Arm um die Schultern und seiner Mutter eine Hand auf den Rücken und führte sie weiter.

»Ich habe gehört, sie wollen uns arbeiten lassen. Vielleicht hätten wir lieber in die andere Schlange gehen sollen …«, flüsterte Henry.

»Nein, wir sind sicher richtig hier. Wir sind zusammen, und das ist das Wichtigste«, erklärte Feliks, drückte Genie an sich und küsste sie auf die Stirn.

Schweigend blickte sie ins Leere und dachte über den merkwürdigen Begriff »zusammen« nach. Und während sie wortlos weitergingen, konnte sie nur eines denken: zusammen ja – aber vollständig waren sie nicht.

Endlich erreichten sie eine Hügelkuppe und reckten die Hälse, um zu sehen, was sie unten erwartete. Nichts besonders Verheißungsvolles, stellte Genie fest. Das Gelände wirkte mehr wie ein Gefängnis als wie ein Ort zum Arbeiten. Auf dem Hügel stand zwar eine große Fabrik, aber im Tal reihten sich mehrere Baracken und andere Gebäude aneinander.

Hilfe suchend blickte Genie zu Feliks. Sie war den Tränen nahe, aber er schüttelte nur seufzend den Kopf.

»Was denn? Was ist los?«, drängte Genie.

»Kaum zu glauben, die Deutschen haben versucht, Szczyrk nachzubauen! Ich meine, der Ausblick ist fantastisch, aber an unsere Kurorte kommen sie einfach nicht heran. Oder was findet ihr?«

Genie warf ihm einen vernichtenden Blick zu. Doch als sie das Tor passierten und einen furchterregenden Mann auf einem Pferd vor sich sahen, verging auch Feliks das Lachen.

»Halt! Stehen bleiben, Judenschweine.«

Sie standen vor einer größeren Holzbaracke, und Genie sah sich neugierig um. Überall waren Menschen in merkwürdigen Kleidern. Einige hatten verschiedene Werkzeuge dabei, ein älterer Mann schob rumpelnd eine Schubkarre vor sich her.

Außerdem waren da Wachleute, aber sie sahen anders aus als die im Ghetto. Keiner von ihnen trug den Judenstern; gab es hier denn keine jüdische Polizei? Vielleicht ging es hier ja anders zu, und die Aufseher waren freundlicher?

Vor ihnen gab es einen größeren Aufruhr. Langsam rückten sie in einer Schlange vor, und Genies Blick fiel auf diverse Objekte auf einem langen Tisch: Schmuck, Geld und alle möglichen Wertgegenstände. Staunend überlegte Genie, wie viel das alles wert sein mochte.

»Wir müssen alles abgeben, was wir dabeihaben. Liebste, hast du etwas?«, fragte Feliks leise.

»Nein, aber dein ...«

Feliks legte schnell einen Finger auf die Lippen, und Genie verstummte. Sie gingen am Tisch vorbei, und Genie beäugte ihn nervös.

»Vielleicht brauchen wir den noch. Keine Sorge«, versicherte Feliks.

»Aber sie könnten dich umbringen, weil du ihn nicht herausgibst. Was würde dein Tat dazu sagen?«

»Er hat ihn mir ja geschenkt, er dürfte also nichts dagegen haben. Wahrscheinlich ist er sowieso tot, da ...«

»Feliks! Sag das nicht. Genauso gut kann er irgendwo anders arbeiten. Oder noch besser, vielleicht hat er sich ja mit meiner Familie in unserer Fabrik versteckt.«

»Ja – besser ...« Seine Stimme versagte.

Sein Tonfall alarmierte Genie, aber sie fragte nicht weiter nach. Stattdessen fasste sie in seine Manteltasche und tastete nach dem schweren Ring. Stirnrunzelnd fuhr sie mit dem Finger über den Onyx. Ihr wäre es lieber gewesen, er hätte ihn herausgegeben.

»Feliks, angeblich ist da oben eine Matratzenfabrik. Einige von uns werden wohl dort arbeiten«, flüsterte Henry.

»Und bestimmt gibt es eine Krankenstation oder ein Casino

für die Wachmannschaften. Da werde ich arbeiten. Aber Liebling, Matratzen! Das ist etwas für dich; das musst du doch im Blut haben.«

Genie lächelte milde, aber sie fühlte sich elend. Natürlich hatte Feliks recht, ihre Familie besaß eine eigene Matratzenfabrik; aber was er nicht wusste: Sie hatte dort nicht einen einzigen Tag wirklich mit angepackt.

Vielleicht würde sie irgendwann bereuen, wie viel sie stattdessen Klavier gespielt hatte. Beinahe musste sie über diesen dummen Gedanken lachen. Aber halt, an ihr Klavier durfte sie nicht mehr denken. Es tat zu sehr weh.

Stattdessen schweiften ihre Augen hinauf zu der großen Fabrikhalle. Ausgerechnet Matratzen. Manchmal war das Schicksal wirklich grausam.

★★★

Die Zeit wurde Genies größter Segen und Fluch zugleich. Nach und nach verlor sie ihre Unschuld, etwa als eine Frau gezwungen wurde, für die johlenden Wachleute zu tanzen, aber nur so lange, bis ihr eine Kugel in den Kopf gejagt wurde und ihr Blut auf Genie spritzte, die gerade vorbeilief. Ihre Seele blutete, als der Kommandant vom Pferd aus arbeitende Frauen und Kinder erschoss wie Kaninchen auf dem Feld.

Mit der Zeit schien der Plan der Nazis aufzugehen. Wie eine Krankheit, die über das weitverzweigte Wurzelwerk von einem Baum auf den anderen übergreift. Die Aufseher wollten sie in stumpfsinnige Maschinen verwandeln, die Gräber aushoben und Baracken bauten. Und mit jedem grausamen Tag löste sich Stück für Stück der Lebenswillen der Gefangenen auf – darin waren die Deutschen unschlagbar.

Und doch war da etwas Starkes in ihr, was sich nicht unterkriegen ließ, und Genie lernte schnell, was zum Überleben nötig war. Sie musste sich von sich selbst lösen in der Hoffnung, dieses Elend zu überdauern. Egal, ob sie Stoffballen schleppte oder Tote, sie stellte sich vor, sie wäre eine unbeteiligte Dritte, die sich selbst bei ihrer Tätigkeit beobachtete.

Am schlimmsten war es, die Leichen zu den Gräbern zu tragen. Dabei wurde ihr bewusst, wozu sie am Ende alle werden mussten: ein Häufchen Fleisch in einer Hülle aus Haut. Mit starren Augen und klaffenden Mündern, Arme und Beine merkwürdig verrenkt, und das sickernde Blut, wenn das Fleisch seinen Saft verlor.

Zwar wollte Genie nie, dass ein weiterer Tag verging, weil er nur noch mehr Tod und Elend brachte, andererseits war sie froh über das unbeirrte Vergehen der Zeit. Dankbar verfiel sie in diesen Zustand, in dem sie arbeitete, ohne zu leben. Sie fragte sich, ob Tat, Mama und ihre Geschwister auch so geworden waren wie sie.

»Gut gemacht, so stimmt es. Mach es künftig immer genau so, dann lassen sie dich in Ruhe.«

Genie zwang sich zu einem Lächeln für Estera, die Frau, die ihre Lehrmeisterin geworden war. Endlich machte sie einmal etwas richtig. Seit zwei Wochen war sie hier, und immer noch kämpfte sie mit den Matratzen, die sie zu stopfen hatte.

Doch aus irgendeinem Grund hatte Estera Genie unter ihre Fittiche genommen. Sie flüsterte ihr Ratschläge und Anweisungen zu und nickte stumm, wenn sie etwas richtig machte. Alle waren erstaunt gewesen, wie ungeschickt Genie sich anstellte.

Die anderen waren mit ihrer zehnten Matratze fertig, und Genie seufzte schwer. Sie ging zu dem wachhabenden Aufseher.

»Toilette?«

»Aber in zwei Minuten bist du zurück«, erwiderte er schroff. Genie unterschrieb auf der Liste und huschte davon. Feliks hatte sich bemüht, ihr ein bisschen Deutsch beizubringen, sie wusste also, dass sie sich beeilen musste. Das Gute war, dass sie nur urinieren musste, sonst hätte sie es nicht geschafft. In letzter Zeit hatte sie oft Verstopfung und nahm sich auch keine Zeit für das große Geschäft. Eigentlich war sie ganz froh darüber. Die Latrinen waren so ekelhaft, kaum zu ertragen. Bei jeder Gelegenheit beschwerte sie sich bei Feliks darüber, bis Halina ihr beibrachte, durch den Mund zu atmen und dabei an etwas Schönes zu denken.

Nach ihrem Arbeitstag liefen sie den Hügel hinunter. Sie hielt Ausschau nach dem Lagerkommandanten Amon Göth und war erleichtert, wenn sie ihm nicht begegnete. Selten hatte Genie einen so monströsen Menschen erlebt. Er ritt auf seinem Pferd herum, und ein Wort aus seinem Mund bedeutete für sein Gegenüber oft den Tod. Wenn jemand stolperte oder nicht schnell genug die Schaufel schwang, schwang er sie nie wieder. Manchmal erschoss der Kommandant vom Fenster seiner Villa aus wahllos Menschen. Feliks beteuerte, er habe einmal Blut aus dem Mund des Kommandanten triefen sehen, als er lachte.

Sie betraten die Baracke, und Genie atmete auf. Es war kein guter Tag, denn sie hatte keine Zeit gehabt, um Feliks zu sehen. Sie waren mit der Arbeit in Verzug und mussten durcharbeiten. Am liebsten hätte sie den anderen Frauen die Schuld gegeben, aber sie hatte das Gefühl, es lag an ihr, dass sie nicht genügend Matratzen fertigbekommen hatten.

Die Strahlen der untergehenden Sonne blitzten durch die Ritzen in der Bretterwand. Sie setzte sich zu Feliks' Mutter und

Schwester, und gemeinsam aßen sie ihre Brotration. Das einzige Gute war, dass sie zum Abendbrot heute Margarine und Marmelade bekommen hatten – das geschah nur einmal in der Woche. Dieser Tag war für alle ein Festtag.

Vorher hatte es schon Suppe gegeben, aber die hatte wie immer hauptsächlich aus Wasser bestanden. Daher stürzte sich Genie auf ihren Brotanteil wie ein ausgehungerter Drache. Die Frauen kauten schweigend, aber gegen ihren Hunger half das kaum. Als das Brot zu Ende ging, begannen sie zu reden, während Genie noch langsam weiteraß. Sie zerbrach ihr Brot gern in kleine Bröckchen und stellte sich vor, sie wären ein dreigängiges Menü, wie sie es früher hatten. Sie kaute ganz langsam und hoffte, es würde ihren Hunger stillen.

»Habt ihr von dem Aufstand gehört?«

Das leise Geplauder verstummte, und alle Gesichter wandten sich einer Frau in mittlerem Alter zu. Sie saß auf der obersten Pritsche, ihre Beine baumelten seitlich herunter. Ihr dickes Haar stand in alle Richtungen ab und ließ sie beinahe wahnsinnig wirken; ihre funkelnden Augen verstärkten den Eindruck noch. Sie klang, als hätte sie gerade erfahren, dass sie zu Chanukka jede mit einem Schloss beschenkt werden würden.

»Bald gibt es einen Aufstand. Unsere Männer werden kämpfen, aber wir müssen zur Stelle sein und sie unterstützen!«

»Das ist doch blanker Unsinn«, flüsterte Halina.

Und dieser Meinung waren offenbar die meisten. Sie raunten einander Einwände zu und wechselten zweifelnde Blicke.

»Doch, ihr werdet sehen. Andere Arbeitslager bereiten sich auch vor.«

»Woher weißt du das so genau? Mir kommt das gefährlich vor.«

»Ja, bisher hat es doch auch nie geklappt, oder?«

Man hörte, wie die Frau von der Pritsche sprang; jetzt stand sie mit ausgebreiteten Armen vor ihren Mitgefangenen.

»Diesmal ist es anders. Dieses gottverdammte Lager wurde auf einem verdammten jüdischen Friedhof gebaut. Vielleicht wurden hier unsere Vorfahren begraben – aber ich weigere mich, hier begraben zu werden. Außerdem sind wir durchaus in der Lage, uns zur Wehr zu setzen.«

»Genau, allein unser Durchfall sollte reichen, um die Aufseher zu verängstigen. Klar, er hält uns die ganze Nacht wach.«

Man hörte leises Gelächter, und Genie beäugte ihr winziges Stückchen steinhartes Brot. Währenddessen flüsterte Halina, sodass nur ihre Mutter und Genie es hörten: »Als ob die Aufseher einen Aufstand zulassen würden. Büttner redet immer wieder von der Sicherheit; da gibt es viel mehr, als wir sehen können.«

In ihrem Gesicht stand ein verhaltenes Lächeln, und Genie staunte. Halina lächelte eigentlich nie.

»Büttner? Wer ist das?«

»Das geht dich gar nichts an!«, fauchte Halina zurück.

Befremdet sah Genie ihre Schwägerin an. Halina hatte sie noch nie gemocht. Dabei hatte Genie ihr nie etwas angetan – außer ihren Bruder zu heiraten, aber das war schließlich ihr gutes Recht.

Wahrscheinlich war Halina eifersüchtig. Genie hatte selbst keine große Schwester, aber manchmal war sie wütend auf Halinka, die von Tat und Mama immer verwöhnt und herumgetragen wurde. Vielleicht fühlte sich Halina auch so, weil ihr Bruder Genie auf Händen trug.

»Halina, sei ein bisschen freundlich. Außerdem würde ich auch gerne wissen, wer Büttner ist, wenn ihr offenbar so erhellende Gespräche führt.«

Genie warf Feliks' Mutter einen dankbaren Blick zu, dann wandten sie sich beide wieder Halina zu.

»Na gut. Er ist ein Deutscher, dem ich in der Schreibstube zuarbeite. Ich sehe ihn jeden Tag, und manchmal ... reden wir. Er ist ... höflich. Da ist doch nichts Falsches dran.«

»Nur dass er eben zu den Feinden gehört!«, fuhr Genie auf. Kaum zu glauben: Halina flirtete mit einem Nazi, während seine Kumpane ständig Leute umbrachten! Wie konnte sie an so jemanden auch nur ein freundliches Wort richten?

»Ein Feind? Aber er ist keiner von denen, die auf der Straße Menschen abknallen oder alte Frauen verprügeln, wenn sie nicht schnell genug arbeiten.«

»Aber er ist Deutscher, Halina. Ein Nazi bei der SS. Hast du Feliks davon erzählt?«, fragte Genie leise.

Halina biss sich auf die Lippen und schwieg. Dann griff sie nach der Hand ihrer Mutter. »Nicht alle Deutschen sind Ungeheuer. Schau dir doch nur diesen Schindler an. Angeblich ist der ganz in Ordnung. Er hilft uns. Vielleicht findet sich in einem Dornenmeer doch irgendwo eine Rose.« Halinas Augen leuchteten.

Genie schüttelte den Kopf. Was hatte dieser Nazi mit Halina angestellt?

»Das will mir nicht in den Kopf. Wie konnte er überhaupt Nazi werden, wenn er so ein charmanter Kerl ist?«

»Das weiß ich doch nicht«, erwiderte Halina aufmüpfig.

Eine Zeit lang schwiegen sie und hörten wieder der Frau zu, die so überzeugt schien, dass eine Revolte bevorstand.

»... ständig kommen Lkws von der SS. Überlegt nur, wie viele Waffen sie dahaben.«

»Dann geh du doch hin und hol diese Waffen. Sag uns Bescheid, wenn es so weit ist.«

»Da könnt ihr Gift drauf nehmen.«

Eine aggressive Spannung lag in der Luft, und Genie schüttelte den Kopf. Sonst sangen sie oder erzählten Witze, bis die Letzte von ihnen schlief. Dies hier gefiel ihr gar nicht. Konnte es wirklich einen Aufstand geben? Was hielt wohl Feliks davon? Sie musterte Halina, die die Frau mit einem verkniffenen Lächeln anstarrte. Kopfschüttelnd wandte sie sich wieder ihrem Brot zu. Wenn Halina nicht in Sorge war, brauchte auch Genie sich keine Gedanken zu machen. Diese Frau war verrückt. Sie sollten am besten von einem Tag zum anderen leben und arbeiten, genau wie Feliks es sagte.

Ihre Angst, sich in diesem eintönigen Alltag irgendwann selbst zu verlieren, gestand sie ihm freilich nie.

Obwohl die Deutschen sie so blindwütig zur Arbeit trieben, bestanden sie darauf, dass sie jede Hinrichtung, die im Lager vollzogen wurde, mitansahen. Mit der Zeit wurde es beinahe Routine. Als sie wieder einmal auf den Appellplatz geführt wurden, merkte Genie, dass sie fast nichts mehr spürte. Man zwang sie zuzusehen, und für alle, die wegschauten, setzte es Prügel: Die ersten Male waren hart gewesen, aber jetzt wusste sie, wie sie es ertragen konnte: Sie schaute zwar hin, aber sie sah nichts. Die Aufseher brachten den Architekten, der am Bau des KZs Plaszow mitgewirkt hatte. Alle verfolgten gebannt, wie ihm die Schlinge um den Hals gelegt wurde.

»Wirklich eine Schande«, flüsterte Halina ihrer Mutter zu.

Genie beugte sich vor und sah Halina an.

»Komisch, dass sie ihn töten wollen. Ich dachte, er hat gut gearbeitet«, raunte Genie.

»Genau. Er hat seine Arbeit erledigt, und jetzt ist alles fertig. Er wird nicht mehr gebraucht.«

Blicklos sah Genie zu, wie der Mann vom Podest gestoßen wurde. Es knackte, und sie seufzte erleichtert auf, weil das Genick wenigstens gleich gebrochen war. Manchmal zappelten die Gehenkten noch herum, bis sie endlich qualvoll erstickten. Diesmal war es schnell gegangen, und der Leichnam schwang leblos in der Luft.

Sie gingen zurück zur Arbeit. Genie schaute zu den Lautsprechern hoch und schüttelte den Kopf. Nicht einmal die Musik hatten sie ausgesetzt. Sie wurden dauerbeschallt, und wenn die Musik auch manchmal nicht nach ihrem Geschmack war, so machte sie sich doch nichts vor: Zumeist liebte sie sie, und absurderweise machte sie die Hinrichtungen sogar etwas erträglicher. Angeblich hörte der Kommandant gerne klassische Musik. Beinahe hätte das Genie die Lust daran verdorben.

Sie stopfte die nächste Matratze, genau wie Estera es ihr beigebracht hatte. Besondere Mühe gab sie sich trotzdem nicht. Vor allem wartete sie auf den schönsten Moment des Tages. Als endlich Schichtende war, folgte Genie den anderen Frauen über die Lagerstraße. Den Galgen gönnte sie diesmal keinen Blick, sondern ging geradewegs durch das Tor.

Feliks arbeitete im Krankenrevier, und sie besuchte ihn, sobald sie irgend konnte. Ihre freie Zeit im Lager war genau durchgeplant; sogar die Latrinenpausen fanden zu bestimmten Zeiten statt. Alles war durchstrukturiert, vom morgendlichen Trompetensignal für den Appell bis zum Aufbruch zu ihren jeweiligen Arbeitskolonnen.

An manchen Tagen arbeitete Genie draußen auf der Straße und schleppte Steine, Holz oder Leichen, aber meistens war sie in der Fabrik. Sie fürchtete die Tage auf der Straße, weil diese Arbeit so anstrengend war, und außerdem wurde sie dabei schmutzig. Aber nachdem Feliks mit Halina geredet hatte, sorgte diese dafür, dass Genie meistens in der Fabrik Arbeit bekam.

Irgendwie hatte Halina es geschafft, in die Lagerverwaltung zu kommen, und arbeitete nun schon eine Zeit lang in der Schreibstube. Vielleicht lag es daran, dass sie nahezu perfekt Deutsch sprach, oder aber daran, dachte Genie, dass sie groß und schlank und gut geformt war. Alles, was sie tat, funktionierte, weil Büttner sie offenbar »gut behandelte«.

Jedes Mal, wenn Halina ihn erwähnte, versuchte Genie, sich ihre Empörung nicht anmerken zu lassen. Was ging es sie schon an. Sie machte sich Gedanken um ihren eigenen Mann. Wobei Feliks vielleicht doch wissen sollte, was seine Schwester da trieb.

Sie betrat das Krankenrevier und fand Feliks sofort; er stand abseits und sterilisierte Instrumente. Sie versuchte sich unbemerkt anzuschleichen, aber er ließ sich nicht überraschen.

»Liebling, mit diesen Stiefeln machst du so viel Krach wie die Deutschen. Du solltest an deinem geheimen Spionage-Talent arbeiten«, bemerkte Feliks mit einem Lachen.

»Immerhin war Onkel David wohl Spion, ich müsste es also im Blut haben. Vielleicht können wir nachher zusammen üben.«

»Im Visier der Spionin – klingt wie ein amüsantes Kostümstück, Liebling!«

Er legte die Geräte ab, zog die Handschuhe aus und trat zu ihr. Er nahm sie fest in die Arme. Obwohl sie wahrscheinlich schlimmer roch als die Latrinen, setzte er unbeirrt eine Reihe Küsse von ihrer Stirn über den Hals bis an ihre Fingerspitzen. Dann sah er ihr in die Augen und fragte:

»Was hast du auf dem Herzen? Du wirkst ein bisschen … verstört. Kein guter Tag?«

»Nein, das heißt, vielleicht. Ich weiß nicht. Hast du schon mal von Büttner gehört?«

»Büttner? Sagt mir nichts. Zu diesem Namen fallen mir höchstens ein paar Witze ein. Zum Beispiel, ja, der hier ist gut ...«

»Feliks! Das ist nicht lustig. Ich meine den SS-Mann, bei dem Halina in der Schreibstube arbeitet. Deine Mutter und ich glauben, er versucht sich Halina anzunähern. Verstehst du, was ich meine?«

»Wie ich mich gerne annähere, weißt du ja. Meinst du diese Art Nähe?« Feliks schwang Genie in seinen Arm und begann, mit ihr zu tanzen.

Gemeinsam hüpften sie herum, und lachend ließ Genie sich ausdrehen. Als er sie wieder zurückdrehte, blieb sie stehen und legte ihm leicht die Hand auf die Brust.

»Feliks! Ich meine das ernst. Das ist ... das ist ... schlimm.«

»Ich verstehe nicht, was daran so schlimm ist. Dass er Deutscher ist? Die sind nicht alle so schlimm wie der Fettwanst auf dem Pferd. Den finde ich schlimm, weil er einfach so Leute abknallt, aber andererseits reitet er jeden Tag auf diesem Pferd herum, und jetzt habe ich Mitleid mit dem armen Kameraden. Dem Pferd, meine ich«, korrigierte sich Feliks.

Er hoffte offenbar, dass sie lachen würde, aber sie starrte ihn nur an.

»Er ist ein Nazi«, stellte sie trocken fest.

»Hauptsache, er behandelt sie gut. Außerdem haben die Nazis einen großartigen Musikgeschmack.«

»Ja, und besonders großartig klingt es, wenn gleichzeitig Leute um ihr Leben flehen.«

Feliks gab es auf, mit ihr tanzen zu wollen, und ließ ihre Taille los. Er nahm ihre Hände und fuhr mit dem Finger die Lebenslinien nach.

»Ich dachte, du arbeitest nicht mehr draußen. Ich habe Halina gebeten; wenn sie ...«

»Nein, keine Angst. Sie hat mir geholfen. Ich muss nur manchmal als Leichenträgerin raus, aber Feliks, bei den Hinrichtungen müssen alle zuschauen. Sie führen uns runter zu den Galgen, und wir müssen hinschauen. Wahrscheinlich ist das Krankenrevier zu wichtig, deshalb lassen sie euch in Ruhe ...«

Genie versuchte ihre Verbitterung hinunterzuschlucken, aber manchmal beneidete sie Feliks. Er glänzte als Arzt und als Musiker. Er musste sich nie Gedanken machen; er würde immer eine gute Arbeit haben. Genie dagegen – nun ja, sie hatte eben kein besonderes Talent. Wirklich gut konnte sie kaum etwas.

»Feliks, ich mache mir Sorgen um Halina. Sie spielt ein gefährliches Spiel. Womöglich nutzt Büttner sie nur aus. Oder er hat sie irgendwann satt und erschießt sie, um Platz für das nächste Spielzeug zu haben?« Genies Stimme wurde hart.

Da wurden Feliks' Gesichtszüge weich, und er legte seine Hände um ihr Gesicht.

»Mach dir keine Sorgen. Meine Schwester kann auf sich selbst aufpassen.«

»Das glaube ich sofort ...«

»Trotzdem berührt es mich, dass du dich sorgst. Solange sie geschützt ist und auch dich schützt, ist alles gut.«

Er küsste sie auf die Nasenspitze und begleitete sie zur Tür. Solange sie konnte, sah sie zu, wie er ihr nachwinkte. Zurück in der Arbeit, hörte sie immer noch seine Stimme. Konnte denn wirklich alles gut sein?

Sie schleppten Holz zu einer neuen Baracke am Ende der Reihe. Viel konnte Genie nicht tragen, und das hier war eine ziemliche Ladung. Als sie protestieren wollte, zischte der Mann, der das Holz vom Lkw abzuladen hatte, ihr beruhigend zu.

Sie versuchte ihm zu bedeuten, dass sie so viel nicht schaffen würde, aber er legte nur einen Finger auf die Lippen und schob sie davon. Sie ärgerte sich über ihn, aber dann entdeckte sie ganz in der Nähe den Kommandanten. Träge lenkte Amon Göth sein Pferd durch die Menge und überwachte die Arbeit. Genie erschrak und lief noch etwas schneller.

Bei der Baustelle lud sie das Holz ab, dann wandte sie sich um, um die nächste Ladung zu holen.

»Schau mal da.«

Verdutzt blickte Genie den Mann neben ihr an. Hoffentlich machte er keinen Ärger. Dann folgte sie mit dem Blick seiner Hand. Oben auf dem Hügel bewegten sich kleine Gestalten.

»Sie graben neue Gräber.«

»Wie bitte? Wofür denn?«, fragte Genie verständnislos.

»Für uns, Dummchen.«

Verdattert starrte Genie ihn an, doch er ging nur schulterzuckend weiter. Erst als lautes Hundegebell sie aus ihrer Lähmung riss, stolperte sie ihm hinterher.

Überall war es so matschig, dass Genie sich kaum aufrecht halten konnte. Ständig rutschte sie unter ihrer schweren Last aus. Manchmal schielte sie zu den Gräbern hinauf, aber sie musste den Boden im Auge behalten. Es schien widersinnig, gleichzeitig mehr Unterkünfte und einen Friedhof zu bauen. Die Menschen konnten ja nur in einem von beiden enden.

Wieder rutschte sie aus; sie konnte sich gerade noch fangen, aber die Holzblöcke fielen zu Boden. Als sie sich nach ihnen bückte, erblickte sie vor sich ein Paar schwarze Stiefel.

Kalte Furcht ließ ihre Glieder erstarren. Ganz langsam hob sie den Blick.

Es war ein SS-Mann, und Genies Herz setzte aus. Vor Entsetzen brachte sie kein Wort heraus. Würde er sie schlagen? Die Schlagstöcke sahen so hart aus, und sie hatte die Schmerzensschreie der Opfer genau im Ohr. Der Nazi hob die Hand, und sie schloss die Augen und wartete. Doch nichts. Sie spürte nichts. Da öffnete sie ein Auge und sah, wie er das Holz aufsammelte und ihr wieder in den Arm legte.

»*Mein Name ist Büttner. Du bist doch die Schwester von Halina?*«

Sie brachte kein Wort heraus, und ihre Gedanken rasten, um zu verstehen, was er meinte. Dann begriff sie.

»Oh, Büttner! Ja, Halina. Halina. Sie ist meine Schwägerin. Es tut mir leid. Ich spreche kaum Deutsch. Bestimmt hat Halina Ihnen gesagt ...«

»*Halina.*«

Gedankenvoll ließ er den Blick schweifen, als suchte er nach ihr. Plötzlich beugte er sich vor und kam Genie beängstigend nah. Mit zuckenden Lippen flüsterte er kaum hörbar:

»*Halina will nicht, dass dir etwas passiert. Hier draußen muss man besser aufpassen. Vor allem, wenn der Kommandant unterwegs ist.*«

»Oh ja. Natürlich.« Genie nickte, obwohl sie kein Wort verstand.

»*Versuch, aufrechter zu gehen. Ja?*«

»*Ja* – was immer Sie sagen.«

Mit einer gewissen Befriedigung nickte Büttner knapp, bevor er auf dem Absatz kehrtmachte und sich entfernte. Genie sah ihm aufmerksam nach. Was für ein merkwürdiger Nazi. Sie hatte Nazis noch nie als Menschen gesehen; für sie waren sie nur Ungeheuer hinter Gewehren und Schlagstöcken. Doch jetzt, wo sie Büttner so aus der Nähe erlebt hatte, konnte sie

Halina besser verstehen. Er wirkte tatsächlich umgänglich und sah auch noch gut aus.

Sie bauten weiter an der neuen Baracke, bis das Trompetensignal zum Appell rief. Diesmal war Genie sogar froh darüber, obwohl sie bestimmt wieder eine Ewigkeit draußen strammstehen mussten; aber immerhin brauchte sie vorerst kein Holz mehr zu schleppen. Sie rieb sich die schmerzenden Schultern, während die Aufseher sie vorwärtstrieben. Als sie am Kinderheim vorbeikamen, fiel Genie auf, dass es merkwürdig leer war. Normalerweise sah sie dort scharenweise Kinder.

Schließlich mussten sie sich in Reihen aufstellen. Sie blieben immer getrennt von den christlichen Polen, die politische Gefangene waren oder irgendeine Eigenschaft besaßen, die Hitler missfiel. Trotzdem saßen hier alle im selben Boot.

Sie warteten, bis sie aufgerufen wurden, aber vergeblich. Genie ließ die Augen schweifen und entdeckte zwischen den anderen Aufsehern bald Büttner. Seit sie wusste, wie er aussah, war er leicht zu finden. Sie versuchte, auch die anderen zu unterscheiden, aber sie trugen alle dieselbe Uniform und standen in derselben Haltung. Was also machte Büttner anders?

Als sie vorhin mit dem Holz gestolpert war, hatte er sie nicht geschlagen – dabei setzte es durchaus auch für weniger Prügel. Er aber hatte ihr geholfen. Das hinterließ einen bittersüßen Geschmack, und sie musste an ihren Liebsten denken. Feliks half immer, auch wenn keine Gegenleistung zu erwarten war. Ob Büttner dachte, er würde demnächst von Halina eine Gegenleistung erhalten? War er nur deswegen so nett gewesen? Genie schüttelte den Kopf. Sie grübelte zu viel. Was für eine Gegenleistung hätte er denn erwarten können?

Plötzlich erklang Musik, und sie fuhr zusammen. Es war merkwürdig, auch die anderen wunderten sich. Aus dem

Megafon tönte sonst nur während der Arbeitszeit klassische Musik, doch diesmal war es ein Schlaflied. Ein unschuldiges Wiegenlied mit glockenhellen Tönen und einer lieblichen Melodie. Beinahe meinte Genie, sie sähe ein Mädchen mit Rattenschwänzchen durch ihre Reihen hüpfen, ein Lächeln im Gesicht und einen Lutscher in der Hand. Genau so klang die Musik – aber sie passte nicht zu dem Geschrei, das nun anhob.

Aus mehreren Lkws, die vorbeifuhren, steckten Kinder die Köpfe heraus und winkten ihren Familien zu. Plötzlich kam hinter Genie Bewegung auf. Sie wurde mehrfach angerempelt, als Eltern auf ihre Kinder zurannten. Mütter und Väter liefen hinter den Lkws her, aber noch bevor sie sie erreichten, wurden sie niedergeschossen. Eine Mutter konnte noch die Hand eines Kindes greifen, dann aber riss ein Aufseher sie zu Boden. Unter seinen Fußtritten bäumte sich ihr Körper auf.

Die Schreie wurden unerträglich, als den Eltern klar wurde, dass sie ihre Kinder nie wiedersehen würden. Die Nazis aber waren vorbereitet: Sie bildeten eine dichte Kette, um sie von den Lkws fernzuhalten. Wer an ihnen vorbeilief oder ein bisschen zu mutig wurde, wurde auf der Stelle erschossen. Die Gewehrschüsse krachten, aber Genie war inzwischen daran gewöhnt und musste sich nicht einmal die Ohren zuhalten. Zum Glück saßen Halinka und Jurek nicht auf den Lkws; sie waren bei Mama und Tat in Sicherheit. Genie blieb wie angewurzelt stehen, während um sie herum gemordet wurde.

Die Schreie erinnerten sie an den Tag, an dem das Ghetto geräumt worden war. Seit diesem Tag hatte sie ihre Eltern und Geschwister nicht wiedergesehen, aber sie ging davon aus, dass sie in Sicherheit waren. Wahrscheinlich arbeiteten sie immer noch in der Fabrik. Wenn doch Mama sehen könnte, wie auch sie arbeitete, obendrein ausgerechnet in einer Matratzenfabrik. Es wäre ein Schock für sie.

Jetzt wurde das Geschrei von etwas anderem übertönt: dem Abendsignal. Offensichtlich ließen sie zumindest heute den Appell aus. Genie marschierte mit den Frauen aus ihrer Reihe zu ihren Baracken. Mit einem Blick über die Schulter sah sie, dass die Lkws verschwunden waren, nur wenige Leichen lagen noch auf dem Appellplatz. Sie sah wieder nach vorne. Jetzt kamen sie an einem kleinen Mädchen vorbei, das versucht hatte, sich zu verstecken, aber entdeckt worden war. Die Aufseher verprügelten die Kleine mit ihren Schlagstöcken und traten ihr in den Bauch und an den Kopf, während sie verzweifelt nach ihrer Mama rief.

Ohne weiter den Blick schweifen zu lassen, betrat Genie die Baracke. Sie fixierte den Rücken vor ihr; am besten sollte sie sich wohl Scheuklappen zulegen, wie Pferde sie bei einer Parade trugen. Die Frauen, die vor ihr die Baracke erreicht hatten, tuschelten bereits über die Ereignisse. Genie versuchte, nicht hinzuhören, und schob sich zwischen den anderen hindurch zu ihrem Bett, in dem auch Halina und ihre Mutter schliefen. Sie wirkten erleichtert, sie zu sehen, auch wenn Halina sofort wieder ihre abweisende Miene aufsetzte.

»Ich habe gehört, ein Mädchen hat hundert Hiebe bekommen.«

»Die Ärmste ...«

»Aber sie lebt. Bis jetzt zumindest. Wahrscheinlich kämpft sie gerade im Krankenrevier um ihr Leben.«

Das schien alle zu beschäftigen, sogar Genie, die sich fragte, ob Feliks sie versorgte.

»Das ist wirklich ungeheuerlich. Sie können uns doch nicht unsere Kinder wegnehmen. Das ist ... gegen das Gesetz.«

»Tut mir leid, dass ich dir die Illusionen nehme, aber das alles hier ist gegen das Gesetz.«

Sie lachten trocken, und auch Genie lächelte bitter.

»Niemand kommt uns retten«, gab eine andere Frau zu bedenken. »Die Franzosen, die Briten, die Amerikaner – niemand. Es lohnt sich nicht, uns zu retten. Viel zu viel Aufwand.«

»Sag das nicht. Bald ist der Krieg zu Ende.«

»Ach, wirklich? Und wie oft hast du dir dieses Märchen schon erzählt? Als deine Pritschennachbarin schätze ich ... ungefähr fünftausend Mal?«

»Immerhin bin ich nicht die Einzige.«

»Wir werden alle sterben, und das wissen wir auch. Ich weiß nicht mal, warum sie noch ihre Energie darauf verwenden, uns zu schlagen. Der Kommandant weiß, was er tut. Der verliert keine Zeit. Hitler will eine Welt voller blonder Blauäugiger, und wer anders ist, wird umgebracht. Er ist wahnsinnig, aber gerade nur so wahnsinnig, dass die Leute ihm folgen. Wir werden alle draufgehen, und wenn ihr mich fragt, lieber früher als später.«

In der ganzen Baracke herrschte jetzt Totenstille. Niemand wagte nachzufragen, oder vielleicht brauchte auch niemand zu fragen, weil alle wussten ... dass sie recht hatte.

Das Gespräch versiegte, und nur in kleineren Grüppchen kamen neue auf. Halina hielt sich zurück, was erstaunlich war. Sie begleitete ihre Mutter ins Bett, legte sich neben sie, und Genie machte es ihr nach. Keine von ihnen war offenbar in der Stimmung, über irgendetwas zu reden. Genie sah zu Halina hinüber, aber sie sah aus wie immer. Hübsch. Es musste schön sein, nicht den ganzen Tag Holz zu schleppen. Genie drehte sich zur Seite und versuchte zu schlafen. Obwohl sie die Erschöpfung in all ihren Gliedern spürte, war ihr Kopf hellwach.

Sie dachte an die Mütter, die hinter den Lkws herrannten, und an die Väter, die vergeblich versuchten, sich gegen die Aufseher zu wehren. Sie dachte an das leere Kinderheim und fragte sich, wer es künftig wohl benutzen würde.

★ ★ ★

Jeder Tag dauerte eine kleine Ewigkeit. Meistens arbeitete sie in der Fabrik, wofür sie im Stillen Halina dankte, aber die Tage verschwammen ineinander. Zwischen den Appellen, dem Teilen der Brotration und dem Matratzenstopfen unterschied sich kein Tag mehr vom anderen.

Ihre Besuche bei Feliks waren ihr einziger Lichtblick, aber sogar er veränderte sich. Vielleicht lag das daran, dass er an den schlimmsten Aktionen der NS-Ärzte mitwirken musste, bei denen zahlreichen Patienten tödliche Injektionen verabreicht wurden. Die Instrumente, mit denen ihnen etwa Benzin injiziert wurde, wurden zuvor sorgfältig sterilisiert. Feliks fand das absurd, wenn die Patienten doch ohnehin getötet wurden; aber solche Dinge flüsterte er Genie nur ins Ohr.

Sie sollte wohl dankbar sein, zumindest rief ihr das Halina ausnahmslos jeden Tag ins Gedächtnis. Doch Halina hatte es einfach in ihrer Schreibstube mit Büttner, der sie offenbar täglich besuchte. Genie konnte sich kaum vorstellen, was er sich davon versprach, aber vermutlich war er nur ein Spion, der ihr näherkommen wollte. Genau wie Onkel David, der ständig den jüdischen Ordnungsdienst in sein Kaffeehaus einlud. Genie musste Mamas Gabe geerbt haben; auch sie konnte Spione riechen.

Doch ob Spion oder nicht, Büttner leistete Halina Gesellschaft, und dafür war Genie dankbar. Halina musste tagsüber so viel reden, dass sie abends kaum mehr etwas zu sagen wusste. Wunderbar.

»Großartig. Du hast uns wieder in Verzug gebracht.«
Blinzelnd sah Genie auf ihre Matratze, die erst zur Hälfte gefüllt war.
»Tut mir leid. Ich war gerade in Gedanken ...«
»Bestimmt wieder über deinen prächtigen Ehemann. Tja, mein Mann ist tot. Vielleicht solltest du ein bisschen schneller arbeiten, damit wir nicht auch so enden.«
Genie ärgerte sich, bemühte sich aber, einen Zahn zuzulegen. Es stimmte, im Vergleich mit den anderen Tischen lagen sie wirklich zurück. Vielleicht war Genie daran schuld; tatsächlich schweiften ihre Gedanken in letzter Zeit häufig ab. Sie erzählte niemandem, wie oft sie sich mutlos und wie betäubt fühlte. Nur konnte sie sich das an diesem Ort auf keinen Fall leisten.
Beim Trompetensignal zuckte sie zusammen. Appell. Und sie waren noch nicht fertig. Estera beugte sich hastig über den Tisch und raffte Stoff zusammen. Als Genie begriffen hatte, was sie tat, half sie ihr, die Matratze mit dem Stoff zu beziehen. Gemeinsam mit den anderen standen sie auf und marschierten in Zweierreihen zur Tür. Als Genie gerade über die Schwelle trat, spürte sie einen Stock im Magen.
»Du bist noch nicht fertig. Los, zurück an die Arbeit!«
Der Wachmann brüllte ihr direkt ins Gesicht, und sie widerstand mühsam dem Drang, sich seine Spucke von der Wange zu wischen. Sie verstand nicht, was er sagte, und genau das brachte wohl ihr Blick zum Ausdruck, denn er blitzte sie aus mordlustigen Augen an. Genie schrak zurück.
»Ja. Danke.«

Estera nahm sie bei der Hand und zerrte sie zurück zum Arbeitstisch.

»Was denn? Wir müssen doch zum Appell«, jammerte Genie.

»Und du glaubst, das Arschloch da drüben lässt uns? Hast du nicht gesehen, wo er hingeschaut hat? Auf unseren Tisch. Wir sollen fertig werden.«

»Das schaffen wir nie.«

»Ich würde sagen, arbeite, als ginge es um dein Leben. Das könnte nämlich wirklich so sein.«

Mit zitternden Händen nähte Genie die Säume zusammen, während Estera stopfte. So schnell hatten sie noch nie gearbeitet. Genie spürte in ihrem Rücken die Blicke des Aufsehers, der an der Wand auf und ab schritt. Sie wagte nicht, hinzusehen, aber das Knallen seiner Absätze auf dem Boden genügte. Er würde sie so schnell nicht gehen lassen.

»Wie viele müssen wir fertig machen?«

»Nur diese zwei. Hoffe ich.«

Genie dachte an Feliks, der nie aufgab, auch wenn Patienten am Rande des Todes standen. Wenn er das konnte, konnte sie ja wohl eine Matratze fertig nähen.

Nach einer gefühlten Ewigkeit waren sie endlich so weit. Estera sprang auf und fasste Genie am Ellbogen. Ohne ein Wort zu dem Aufseher zog sie Genie zur Tür. Dort blieben sie stehen und warteten, bis der Aufseher sie öffnete. Er ließ sich Zeit, zwischen jedem Knallen seiner Absätze vergingen mehrere Sekunden. Ganz langsam schob er sich an ihnen vorbei und schloss die Tür auf. Mit einem breiten Grinsen näselte er:

»*Wie bedauerlich, dass ich euch beide in der Fabrik nicht mehr sehen werde. Vielleicht werdet ihr die ersten Bewohner des neuen Friedhofs. Ich hoffe, er ist so gemütlich, wie man sagt.*«

Genie und Estera nickten und rannten los. Sie liefen den Hügel hinunter, als säße ihnen der Teufel im Nacken.

»Hast du verstanden, was er gesagt hat?«, keuchte Genie.

»Nein, aber ich dachte, er würde gar nicht mehr aufhören. Gott steh uns bei. Er weiß, dass wir zu spät zum Appell kommen. Wenn wir seinetwegen umgebracht werden, werde ich ihm im Arsch rumspuken.«

Genie musste grinsen. Sie schafften es bis ins Lager hinunter und wurden langsamer, als sie vor sich die anderen stehen sahen. Schlimmstenfalls konnten sie sagen, dass sie auf den Latrinen waren. Sie waren gerettet. Zwischen ihnen und der Menschentraube da vorne waren keine Aufseher zu sehen. Sie brauchten nur noch eine Baracke zu passieren.

»*Ihr seid zu spät.*«

Genie stockte der Atem, als ein Wachmann hervortrat und sich mit einem befriedigten Grinsen vor ihnen aufbaute. Hinter ihm kamen weitere Aufseher und Hunde, und Estera nahm Genies Arm und zog sie hinter ihren Rücken.

Im Nu waren sie umzingelt. Sie wollte ihnen sagen, dass sie nur auf der Toilette waren, aber ihre Stimme gehorchte nicht. Sie räusperte sich, die Hunde bellten wie wild, und ihre Halter waren kurz davor, sie von der Leine zu lassen.

Plötzlich ging alles ganz schnell. Zwei Aufseher traten vor und trennten Genie von Estera. Beide wurden ausgezogen, ihre Lumpen von groben Händen heruntergerissen. Genie versuchte so verzweifelt, sich zu bedecken, dass sie nicht einmal merkte, was als Nächstes kam. Beim ersten Hieb schrie sie vor Schmerz auf.

»*Mitzählen.*«

Der nächste beißende Hieb, der nächste Aufschrei.

»*Mitzählen!*«

Sie hatte schon erlebt, wie Menschen geschlagen wurden, und begriff.

»*Zwei.*«

Noch ein Hieb, diesmal wurde ihr schwarz vor den Augen.

»*Drei.*«

Das hier würde sie nicht überleben. Sie verstand nicht, wie das Mädchen neulich bis hundert durchhalten konnte. Doch dann kam eine Pause. Genie öffnete die Augen, um zu sehen, ob sie fertig waren, aber sofort zog sie den Kopf wieder ein. Ihr kamen die Tränen, als sie etwas spürte, was nicht nur hart war, sondern zugleich noch in die Haut einschnitt wie eine Klinge.

»*Vier.*«

Den nächsten Hieb spürte sie fast nicht mehr. Doch ihr Körper reagierte, indem er sich krümmte.

»*Fünf...*«

Die Stiefel um sie herum versanken im Dunkeln. Ihr letzter Gedanke galt ihren eigenen Stiefeln und dem Wunsch, sie mit ins Grab zu nehmen. Tat wäre außer sich, wenn irgendjemand sie ihr auszog.

Sie fragte sich, ob sie tot war. Die Dunkelheit war zu Schwere geworden, die ihr auf der Brust lastete. Sie konnte die Augen nicht öffnen, aber sie hörte merkwürdige Geräusche. Es klang wie Stimmen.

»Sie wird es schaffen.«

»Nein ... nein ... *Büttner, bitte besorgen Sie uns mehr Wasser.*«

»Was kann ich tun?«

»Halt das hier fest.«

Sie hörte ein Wimmern und begriff, dass es von ihr selbst kam, während sie mehr und mehr zu spüren begann.

»Oh, Liebling. Es tut mir leid. Es tut mir so leid. Wie konnte das nur passieren ...«

»Feliks, halt. Schau nicht so. Bitte, du machst mir Angst.«

»Du solltest auch Angst haben. Du solltest da draußen auf sie aufpassen. Du hast es mir versprochen, Halina.«

»Ich habe auf sie aufgepasst! Ich habe dafür gesorgt, dass sie nur in der Fabrik arbeitet. Aber anscheinend ist sie nicht einmal dazu fähig.«

»Halina. Mädchen wie sie sind nicht zum Arbeiten gemacht. Ich weiß noch unsere ersten gemeinsamen Monate. Da hatte sie im Ghetto immer diese hübschen Kleider an. Sie sah aus wie eine Puppe.«

»Ja, eine Porzellanpuppe, sehr zerbrechlich.«

Genie kam langsam zu Bewusstsein, und der Schmerz durchströmte sie wie Lava. Fast wünschte sie sich die angenehme Dunkelheit zurück.

»Und wo war dein kostbarer Büttner, als sie versucht haben, sie totzuschlagen?«

»Er hat sie sofort zu dir gebracht, als er sie gefunden hat. Sie hat beim Appell gefehlt, da hat er sie gesucht. Er hat sie eigenhändig hierhergetragen. Verlier bloß kein schlechtes Wort über ihn. Ich sage dir, er ist wie Schindler. Ein guter Mensch.«

»Ich bitte dich: Schindler. Einer, der am Krieg verdient, kann nicht gut sein. Und Büttner ist nun einmal bei der SS. Ein Nazi. Ich traue ihm nicht.«

»Schau, da ist er. Der sogenannte Nazi bringt dir Wasser. Vielleicht solltest du ihm deine Zweifel direkt ins Gesicht sagen. Das würde er bestimmt sehr gerne hören, nachdem er gerade deine Frau gerettet hat. Du weißt ja, was mit der anderen Gefangenen passiert ist. Bei Eugenia wäre es genauso gekommen.«

Genie spürte etwas Nasses an der Schulter und stöhnte. Endlich schaffte sie es, die Augen zu öffnen, und sah Feliks, Halina und Büttner auf sie herabschauen.

»Wa...«

»Liebste. Bitte sag nichts. Wir sind hier. Nein, nein, bleib liegen.«

Ihre Augen wurden nass, und sie barg das Gesicht an Feliks' Schulter.

»Es ist alles gut. Du bist gerettet. Halina, Schwester, könntet ihr uns einen Moment allein lassen?«

Halina nickte und trat zur Seite. Büttner musterte Genie noch kurz, dann wandte er sich um und folgte Halina. Sie stellten sich in eine Ecke und flüsterten.

Genie sah die Geräte und Feldbetten und begriff, dass sie im Krankenrevier waren. Sie hatte so viele Fragen, aber es kamen ihr nichts als Tränen. Ihr ganzer Körper brannte wie Feuer, und ihre Glieder fühlten sich merkwürdig fremd an. Sie konnte sich nicht rühren. Gerade als die Panik in ihr hochstieg, fiel sie wieder in Ohnmacht, aber sie spürte Feliks neben sich.

Genies Augen zuckten. Mühsam öffnete sie die verklebten Lider und erkannte Halina und Büttner. Sie war zu schwach, um sich bemerkbar zu machen. Ruhig standen sie beieinander, dann verzog sich Halina in den Hintergrund, und Büttner folgte ihr. Kurz bevor sie in einer Nische verschwanden, sah Genie, wie Halina Büttners Hand nahm. Was machten sie da?

In diesem Moment kam Feliks herein und setzte sich an ihr Bett. Er hielt ihre Hand und strich ihr die Locken aus der Stirn.

»Feliks, ich ... ich kann nicht mehr. Es ist unerträglich, ich schaffe das nicht«, schluchzte Genie.

»Ich weiß. Wir sind gerade unsere Möglichkeiten durchgegangen. Wir haben zwar keine, aber ...«

Genie lachte trocken auf, und mit einem warmen Lächeln gab Feliks ihr einen Kuss auf die Stirn. Dann stand er auf und begann sie zu untersuchen. Sie staunte über seinen plötzlich so professionellen Ärzteblick. Mit zusammengekniffenen Augen prüfte er sorgfältig ihre Wunden und Prellungen. Sanft drückte er einige Stellen und merkte auf, wenn sie reagierte.

»Wenn Halina und Büttner kommen, kann ich sie um mehr Tupfer und Salbe bitten«, murmelte er.

Er drehte Genie auf die Seite. Ächzend ließ sie ihn gewähren, und während er ihren Rücken untersuchte, sah sie über die Schulter zu ihm auf.

»Aber sie sind schon da, Feliks. Ich habe sie eben gesehen.«

»Was? Aber wo ...« Feliks verstummte.

Er schien sich zu wundern, verbarg es aber schnell. Genie hatte es trotzdem gesehen.

Er half ihr, sich aufzusetzen, und gab ihr ein Glas Wasser. Genie zeigte auf die Nische, in der die beiden verschwunden waren. Stirnrunzelnd ging er nachsehen.

Es gab ein lautes Geräusch, dann hörte Genie, wie Feliks und Halina auf Deutsch stritten. Wobei mochte er die beiden wohl überrascht haben?

Es vergingen mehrere Minuten, und Genie begann sich merkwürdig zu fühlen. Doch dann überlegte sie, wie sich erst Büttner vorkommen musste. Für ihn musste es viel peinlicher sein, zwischen den beiden zu stehen. Ihr dagegen war es nur unangenehm, wenn jemand mit Feliks stritt, und sei es seine Schwester.

Hilflos ballte sie die Fäuste. Sie hatte das Bedürfnis, Feliks zu verteidigen. Genie wusste, wie es sich anfühlte, von Halina beschimpft zu werden. Nie hätte sie gedacht, dass sie auch ihren heiß geliebten Bruder so behandeln würde.

Genie verstand nicht, was sie sagten, aber Halina wurde ziemlich laut. Am liebsten wäre Genie aufgestanden, aber dann kamen sie plötzlich zurück.

Genie konnte gerade noch sehen, wie Feliks den Kopf schüttelte und eine wegwerfende Handbewegung machte. Dann setzte er sich an ihre Bettkante. Kurz darauf kam Halina und setzte sich auf das Nachbarbett, Büttner stellte sich mit im Rücken verschränkten Händen dazwischen.

»*Du bist nicht Papa, verstanden?*«, fauchte Halina ihren Bruder an.

»*Anscheinend brauchst du zwei Väter, wenn man sieht, wie du dich aufführst.*« Feliks seufzte.

»Bitte sprecht eine Sprache, die wir alle verstehen«, bat Genie.

»Büttner kann kein Polnisch, damit wären es auch nicht alle«, wandte Halina ein.

»Mit ›wir‹ meinte ich auch uns. Die richtigen Menschen hier.«

»Wie kannst du es wagen …«, zischte Halina.

Sie sprang auf, packte das metallene Bettgestell und beugte sich dicht über Genies Gesicht.

»Halina, sie ist verletzt. Lass sie in Ruhe!«, mahnte Feliks.

Widerstrebend ließ Halina Genies Bett los. Doch sie funkelte sie unvermindert an.

»Du bist so ein verwöhnter Balg, wie konnte mein Bruder sich nur in dich vergucken? Dabei dachte ich immer, er wäre der Schlaue in der Familie.«

»Und was bist du dann? Die Dumme? Oder die Egoistische?«, schoss Genie zurück.

Halinas Augen verengten sich, und sie trat drohend nach vorn. Eine Hand hielt sie zurück. Sie wandte sich um und nickte Büttner zu. Genie entging nicht, wie sie ihn anlächelte, und sie wandte sich angewidert ab.

»Ihr beide solltet ein bisschen netter zu mir sein. Büttner steht auf meiner Seite. Und aufgepasst: Auf dieser Seite wollt ihr auch stehen. Er hat uns die ganze Zeit beschützt, aber wenn ihr diesen Schutz nicht wollt ...«

»Nein, Halina, natürlich wollen wir ihn. Ich frage mich nur, was der Preis für diesen Schutz ist«, warf Feliks ein. Halina warf die Hände in die Luft und lachte verbittert auf.

»Das lass nur meine Sorge sein, liebster Bruder. *Komm, Büttner, wir gehen.*«

Sie machte kehrt, und Büttner musterte Genie und Feliks prüfend. Dann raunte er Feliks auf Deutsch zu: »*Deine Schwester ist ganz schön feurig, wirklich eindrucksvoll.*«

Er zwinkerte ihnen zu, und Genie konnte nur staunen. Er wandte sich rasch um und folgte Halina nach draußen. Allmählich entfernte sich das Knallen seiner Absätze. Als seine Uniform nicht mehr zu sehen war, wandte Genie ihren entsetzten Blick Feliks zu.

»Hat er etwa ...?!«

»Dieser Halunke. Ich bringe ihn um. Und dann noch einmal, weil er ein Nazi ist.« Feliks' Stimme überschlug sich fast, dann musste er lachen.

»Ich kann nicht glauben, dass ein Nazi uns gerade zugezwinkert hat. Was hat er gesagt?«, grinste Genie.

»Er findet Halinas Feuer eindrucksvoll. Ich wusste gar nicht, wie ich darauf reagieren sollte. Ihm danken, dass er meine Schwester so unterhaltsam findet? Ich meine ...« Feliks ließ sich auf das Feldbett fallen und schmiegte sich an Genie. Sie schüttelte ungläubig den Kopf.

»Liebling, willst du nicht einfach hier bei mir im Krankenrevier bleiben, wenn du wieder gesund bist?«, fragte er plötzlich.

»Wie das? Für immer und ewig?«

»Wohl eher nicht. In die Fabrik wirst du schon noch gehen müssen. Aber statt in der Baracke bei den anderen Frauen zu schlafen, könntest du hierher zu mir kommen. Wir könnten einander helfen.«

»Ist das denn erlaubt? Bekommen wir da keinen Ärger?«

»Es müsste ja niemand mitbekommen. Außerdem haben wir doch Büttner auf unserer Seite, und aufgepasst: Das ist die richtige Seite.«

»Meinst du das ernst? Das ist doch viel zu gefährlich.«

»Manchmal wiegt die Liebe eben schwerer als die Gefahr«, flüsterte Feliks.

Genie schloss die Augen. Aber dann dachte sie an Halina und Büttner. Deren Beziehung war sehr viel riskanter als ihre – was immer das für sie heißen mochte. Vielleicht hatte Feliks ja recht. Wenn stimmte, was Estera gesagt hatte, und sie ohnehin alle sterben würden, dann konnten sie es auch wagen. Feliks war es jedenfalls wert.

Ständig war sie von ihren eigenen Schreien aufgewacht. Ihr Körper zitterte und krampfte unter schrecklichen Albträumen.

Feliks hatte sie gestreichelt und ihr Trostworte zugeflüstert, damit sie wieder einschlief. Doch der Schmerz in ihren Knochen und Muskeln durchzuckte sie wie gellende Trompetensignale. Wieder und wieder bettelte Feliks, sie möge wieder einschlafen, aber es gelang ihr nicht. Sie hatte Estera nicht im Krankenrevier gesehen und machte sich ernsthafte Sorgen. Vielleicht hatte sie sich schneller erholt und arbeitete schon wieder in der Fabrik. Aber so recht konnte sie das nicht glauben. Genie war jetzt schon fast eine Woche auf dem Krankenrevier. Wahrscheinlich hatte Feliks in ihrer Akte ein paar schwerere Wunden verzeichnet, um ihr mehr Erholungszeit zu verschaffen.

Feliks war gerade mit anderen Patienten beschäftigt, als Halina mit ihrer Brotration hereinkam.

»Puh. Büttner hat mir gesagt, dass du jetzt schlimmer aussiehst als vorher. Ich habe ihm nicht geglaubt. Aber es stimmt.« Halina lachte schroff auf.

Mit großen Augen musterte Genie ihren Körper. Ja, manche Stellen waren blau und schwarz, aber Feliks hatte ihr Aussehen nicht weiter kommentiert.

»Man sieht deine normale Haut gar nicht mehr. Um Himmels willen, dein Gesicht. Ganz verschwollen und aufgedunsen, und völlig verfärbt.«

»Besten Dank«, stieß Genie aus und versuchte, eine Grimasse zu ziehen.

Halina warf ihr das Brot in den Schoß, und Genie stürzte sich hungrig darauf. Mit vollem Mund bedankte sie sich.

»Bitte schön. Aber mal abgesehen davon, wie du aussiehst – wie geht es dir? Ganz ehrlich? Meinem Bruder kann ich ja nicht trauen, so wie er dich verhätschelt.« Es war ein kurzer Moment offener Anteilnahme. Genie schmunzelte; war Halina etwa gerade nett zu ihr gewesen?

»Es geht allmählich besser. Aber es tut immer noch alles weh. Danke übrigens für das Brot. Ich bin dir wirklich dankbar«, beteuerte Genie.

Sie dachte an Feliks' Rat. Als sie eines Abends zusammen auf ihrem Feldbett lagen, hatte er eingeräumt, dass Halina recht hatte. Sie mussten ihr wohlgesinnt bleiben, damit Büttner ihnen wohlgesinnt blieb. Er hatte Genie schon einmal das Leben gerettet, und Feliks traute ihm zu, dass er es notfalls wieder tun würde. Büttner hatte sein Leben riskiert, um ihres zu retten; das wäre umsonst gewesen, wenn sie jetzt doch noch umgebracht würde.

Innerlich wand sich Genie, aber sie lächelte, so gut sie konnte. Halina schnaubte.

»Weißt du, du brauchst mir nichts vorzumachen. Du weißt, dass ich nur wegen Feliks zu dir komme. Mir ist ziemlich egal, was mit dir los ist.«

»Wie freundlich von dir.«

»Aber ich liebe nun mal meinen Bruder. Wir haben uns immer nahegestanden, und er hat sich immer um mich gekümmert. Und er liebt dich, warum auch immer, und hat mich gebeten, auf dich aufzupassen. Und das tue ich. Aber bilde dir ja nicht ein, dass ich es aus Zuneigung zu dir tue. Das ist alles nur für meinen Bruder. Verstanden?«

»Ja, mir hätte schon der erste Satz deines Monologs gereicht. Alles klar.« Genie verdrehte die Augen.

Wenigstens waren sie jetzt ehrlich mit ihrer gegenseitigen Abneigung. Doch Halina war noch nicht fertig.

»Das heißt auch, dass du keine Dummheiten mehr machen darfst. Es war völlig idiotisch, dass du zu spät zum Appell gekommen bist.«

»Moment! Das war doch nicht meine Schuld. Dieser blöde Nazi war schuld! Er hat uns absichtlich aufgehalten. Versuch nicht, mich für meine eigenen Prügel verantwortlich zu machen.«

»Wie auch immer. Jedenfalls musst du vorsichtiger sein. An den paar Tagen, als du bewusstlos warst, hast du nicht gesehen, wie Feliks drauf war. Es war … na ja, sagen wir: Es war schlimm, ihn so zu erleben. Dein Zustand hat ihn fast verrückt gemacht. Ich will nicht noch einmal mitansehen müssen, dass er so leidet. Also mach keine Dummheiten.«

»Verstanden«, erklärte Genie knapp.

Seufzend stand Halina auf. Genie sah ihr nach, als sie davonschlich. Da merkte sie, dass Büttner in der Ecke stand und sie ebenfalls beobachtete. Die beiden steckten die Köpfe zusammen und tuschelten wieder.

Genie ließ sich zurücksinken und seufzte. Wie absurd war alles, was sie hier taten. Welche Liebe würde wohl den Krieg überleben – ihre und Feliks' oder die von Halina und Büttner?

Doch vielleicht war allein schon die Existenz dieser Liebe ein Vermächtnis, und ob sie überlebten, wäre am Ende nebensächlich. Denn wenn ein Nazi eine Jüdin lieben konnte, würde die Welt am Ende vielleicht doch wieder ins Lot kommen.

Sie konnte nicht länger im Krankenrevier bleiben, aber Feliks hatte alles darangesetzt, dass sie wieder gesund wurde. Oft stahl sie sich abends in sein Zimmer. In den ersten Nächten versorgte er noch ihre Wunden. Doch die einzige Behandlung, die sie wirklich brauchte, war seine Nähe.

Es war gefährlich. Wenn die Baracken durchgezählt wurden und sie nicht da war – welche Folgen das hätte, durfte sie sich gar nicht vorstellen. Doch ihre Liebe war stärker.

Nacht für Nacht schlief sie bei Feliks im Krankenrevier, und sie fragte sich, ob Büttner vielleicht davon wusste. Sie sah ihn jetzt öfter, manchmal hatte er sogar Aufsicht in der Fabrik. Doch falls er wusste, was sie taten, ließ er sich jedenfalls nichts anmerken. Meistens würdigte er Genie kaum eines Blicks. Doch schon seine stille Gegenwart genügte, dass sie sich ein wenig sicherer fühlte. Manchmal zwinkerte er ihr sogar verstohlen zu, wenn sie vorbeikam.

Später erzählte Feliks ihr, was Büttner für sie getan hatte. Er hatte sie gerettet, hatte sie zum Krankenrevier getragen und sauberes Wasser besorgt. Und Halina rief ihr das so oft wie möglich ins Gedächtnis. Genie sollte sich immer daran erinnern, was Büttner riskiert hatte, und sie sollte alles dafür tun, dass es nicht umsonst gewesen war.

Seit sie wieder auf den Beinen war, ging Genie auch wieder zum Arbeitseinsatz. Sie hatte das Gefühl, dass sie jetzt häufiger Leichen und Holz schleppen musste. Ihr ganzer Körper schmerzte noch von den Prügeln, und bei jeder Bewegung schoss ihr der Schmerz in die Glieder. Jedes Mal, wenn sie sich bücken oder etwas heben musste, verkniff sie sich ein Stöhnen. Mit aller Kraft wehrte sie sich gegen die Erinnerung an dieses schreckliche Erlebnis, doch der Schmerz sorgte dafür, dass sie es nie vergaß.

Mehr als alles andere hasste sie die Arbeit als Leichenträgerin. Feliks versuchte ihr beizubringen, sich innerlich abzuschotten. Den Leichnam von dem Menschen, der er einst gewesen war, zu trennen, sich zu sagen, dass die Seele den Körper längst verlassen hatte. Doch Genie schaffte es nicht. Sie musste immer in die Gesichter sehen, und jede Nacht suchten diese sie heim. Manche hatten noch offene Augen, bei anderen stand der Mund leicht offen, und das war fast noch schlimmer, weil dann Insekten ein und aus flogen. Die meisten Leichen starrten von Blut. Manche waren kaum noch als Menschen zu erkennen, vor allem wenn sie vorher misshandelt worden waren. Feliks beschwor sie, nicht an das frühere Leben der Menschen zu denken. Es waren jetzt nur noch Tote. Doch dass ihr Leben Vergangenheit war, war Genie egal. Sie trug trotzdem schwer an der Wirklichkeit, mit der sie konfrontiert war. Und in dieser Wirklichkeit gab es unzählige Leichen. Sie hasste es, mit diesen schlaffen Gliedern hantieren zu müssen. Mit diesen Körpern, die zu einer toten Masse Fleisch geworden waren und ihr viel zu schwer waren. Mit ein paar Mitgefangenen zog

Genie mit Schubkarren durch das Lager und sammelte herumliegende Leichen ein. Es war nie schwer, welche zu finden. Der Kommandant war bekannt dafür, dass er gern ziellos auf die Gefangenen schoss. Manchmal folgten sie einfach seinem Pferd. Wenn sie Hufe klappern hörten, wussten sie, dass er in der Nähe war. Natürlich blieben sie auf Abstand, aber immer wenn er durchs Lager ritt, wussten sie, dass sie Arbeit bekamen.

Am schlimmsten war es, wenn sie direkt bei den Galgen auf Posten war. Dort überwachten sie noch mehr Aufseher, und sie musste all ihre Kraft aufbringen, um nicht schwächlich zu wirken, wenn sie die Leichen auf den Schubkarren hievte.

Wenn sie Holz schleppte, entzündeten sich ihre Wunden wieder mehr. Die Arbeit zerrte an ihren Muskeln und belastete ihre schmerzenden Knochen. Sie bauten immer neue Baracken; warum, blieb Genie schleierhaft. Tag für Tag wurden mehr Zwangsarbeiter fortgeschickt, und sie konnte sich nicht vorstellen, dass an ihrer Stelle noch andere ankommen sollten. Es konnten in der Welt doch unmöglich noch mehr Juden übrig sein. Doch das Lager wuchs immer weiter.

Eines Abends beklagte sie sich bei Halina. In letzter Zeit sah sie sie so oft im Krankenrevier, dass Genie sich fragte, ob Halina vielleicht auch dort schlief. Gesehen hatte sie das zwar noch nie, hin und wieder sah sie allerdings Büttner vorbeihuschen. Ob er wohl die Nachtaufsicht hatte?

»Hast du vielleicht eine Ahnung, warum wir immer noch neue Baracken bauen müssen?«

»Hör auf, dich zu beklagen. Wenigstens hast du Arbeit.«

»Ja, aber eigentlich sollte ich doch in der Fabrik sein. Ich dachte, Feliks hat dir gesagt, du sollst dafür sorgen.«

»Ja, das hat er. Aber ich bin hier nicht der Kommandant«, ätzte Halina.

Mutlos stützte Genie den Kopf in die Hände. Würde das Leben jemals einfacher werden?

Auch Halina seufzte müde, dann straffte sie sich wieder. »Sie verbessern das Lager ständig, weil man nie wissen kann, wann es vielleicht gebraucht wird. Nur weil es hier einen sogenannten Spielplatz gibt und eine voll ausgerüstete Küche für die Gefangenen, heißt das nicht, dass wir sie auch benutzen.«

»Soll das heißen, die neuen Baracken sollen nur Eindruck machen?!«

»Nicht alle. Aber einige ... ja, wahrscheinlich.« Sinnierend betrachtete Halina ihre Fingernägel.

Sie wirkte so ruhig, aber Genie war entsetzt. Sie schunden sich ab, nur damit das Lager schön aussah? Das war doch absurd. Genie fehlten die Worte. Es war ein fast versöhnlicher Gedanke gewesen, dass das Holz, das sie schleppte, einmal Leuten ein Dach über dem Kopf geben sollte. Doch wenn alles umsonst war ... wozu dann die Plackerei?

Ihre Gedanken begannen sich im Kreis zu drehen, und sie fasste sich in die Haare. Was tat sie überhaupt hier? Wozu das Ganze? Warum musste sie jeden Morgen aufwachen und sich derselben Quälerei stellen? Sie wollte nicht mehr.

»Eugenia. Beruhige dich. Habe ich dir eigentlich schon einmal erzählt, wie Büttner und ich uns kennengelernt haben?«, versuchte Halina Genie aufzumuntern.

Die Frage riss Genie aus ihrer Verzweiflung. Natürlich, Halina versäumte keine Gelegenheit, von Büttner zu sprechen, aber diese Geschichte hatte sie tatsächlich noch nie gehört. Sie schüttelte den Kopf, und Halina sah Genie in die Augen.

»Ich war neu in der Schreibstube. Die meisten dort hatten mitbekommen, dass ich Deutsch kann. Und sie redeten unglaublich dreist daher, das wäre nichts für deine unreifen Ohren gewesen. Aber wenn die Deutschen mal rausgingen, drehte ich den Spieß um und beleidigte sie. Oder ich wünschte sie alle zur Hölle.«

»Oh ja, das kann ich mir vorstellen«, grinste Genie, und Halinas Augen blitzten.

»Jedenfalls kam eines Tages ein Aufseher durch die Hintertür. Ich hatte noch nie gesehen, dass sie benutzt wurde; ich dachte, sie würde nirgendwo hinführen. Doch genau hinter der Tür hatte Büttner seinen Schreibtisch. Und er hat jedes Wort gehört, das ich sagte.«

»Halina! War er wütend?«

»Eigentlich nicht. Er meinte, ich hätte ja ein ziemliches Mundwerk, und dann habe ich einen anzüglichen Witz über Münder gemacht. Du weißt schon.«

»Igitt, hör auf«, winkte Genie ab.

Da fing Halina an zu lachen. »Dann hat er seinen Arbeitsplatz in die große Schreibstube verlegt, wo alle Schreiberinnen sitzen. Alle fanden das erstaunlich, auch die Vorgesetzten, aber Büttner ist ja selbst ziemlich hochrangig. Sie haben ihn nie zur Rede gestellt. Sein Schreibtisch stand jetzt direkt neben meinem, und mit der Zeit wurden wir mutiger. Wir richteten nicht mehr nur ›zufällig‹ das Wort aneinander, sondern unterhielten uns, redeten miteinander. Nicht bloß über die Arbeit, auch über das wirkliche Leben. Er ist so – intelligent. Nachdenklich. Freundlich. Und gut aussehend ...«

»Okay, verstanden«, knurrte Genie.

Sie hob abwehrend die Hände und hoffte, Halina würde sich nicht weiter über Büttners Vorzüge auslassen.

Doch Halina redete weiter, und zu Genies Verwunderung lächelte sie die ganze Zeit. Noch nie hatte sie in Genies Gegenwart so glücklich gewirkt.

»Dieser Krieg ist eine einzige Katastrophe. Aber es gibt immer Hoffnung. Wir dürfen Hitler nicht gewinnen lassen. Schau mal, du hast ausgerechnet im Ghetto Feliks gefunden. Du weißt also, welche Macht die Liebe hat.«

Sie verschränkte die Arme, und Genie nickte zögerlich. Sie verstand nicht ganz, was Halina meinte, aber sie würde darüber nachdenken.

»Schließt ihr beide gerade Freundschaft? Oder soll ich mich lieber raushalten? Tun wir, als wäre nichts gewesen«, rief Feliks. Er steckte den Kopf durch den Vorhang, und Genie lächelte. Mit einem Satz stand er neben ihr, achtete aber darauf, sie nicht zu berühren. Ihre Wunden schmerzten noch immer. Doch dann fing er an, ihr den Kopf zu massieren, und sie seufzte wohlig im Takt seiner Finger. Ja, er hatte wirklich Pianistenhände.

»Na Bruder, sind alle deine Patienten noch am Leben?«, neckte Halina.

»Mehr oder weniger. Für heute ist Feierabend. Aber jetzt entschuldige uns bitte, Halina. Ich möchte ein bisschen mit meiner Frau allein sein«, erklärte Feliks verschmitzt.

Alles andere als begeistert stand Halina auf. Doch im Gehen warf sie ihnen einen versöhnlichen Blick zu. Lächelnd wandte sich Genie zu Feliks. Er küsste sie sanft, und sie hielt ihn fest, dankbar für noch eine Nacht, die sie zusammen verbringen würden.

»Feliks. Feliks! Bist du da?«

Ächzend fuhr Genie mit der Hand über Feliks' Bauch. Seine Liege war wirklich schmal, aber zum Schlafen brauchten sie ja nicht viel Platz. Sie schloss wieder die Augen und ließ ihren Kopf an seine Schulter sinken.

»Feliks, bitte, ich dürfte gar nicht hier sein.«

»Ja, tut mir leid, Liebling. Ich sehe nach, was los ist.«

»Soll ich mich verstecken?«

»Nein, das klingt, als wäre es nur der Arzt. Bleib ruhig da. Du siehst morgens so hübsch aus.«

»Hmm, so würde ich mich auch gerne fühlen.«

Feliks küsste sie auf die Nase und wand sich aus ihren Armen. Er zog sich an und verschwand hinter der Stellwand. Genie hob den Kopf und lauschte.

»Doktor, gut, dass Sie da sind. Sollen wir etwas vorbereiten?«

»Nein, Feliks, mein Junge. Für heute sind keine Injektionen geplant. Jedenfalls nicht, dass ich wüsste. Aber dafür etwas anderes.«

Lange blieb es still, und Genie dachte schon, sie wären gegangen. Dann hörte sie die leise Stimme des Oberarztes, mit dem Feliks zusammenarbeitete.

»Es gibt einen neuen Transport. Die Gerüchte kursieren seit Wochen, aber jetzt ist es bestätigt. Ich habe den Aufseher gefragt, wann die nächste Gruppe Patienten hereinkommt, und er meinte, so bald nicht, weil zuerst ein großer Transport ansteht. Feliks, wir müssen handeln. Unsere Chance nutzen.«

»Unsere Chance? Was sollen wir denn tun? In den Elektrozaun gehen?«, fragte Feliks sarkastisch.

»Nein, wir nehmen eine Operation vor«, erwiderte der Arzt.

»Sollen wir uns selbst aufschneiden? Ich glaube, Sie sind wahnsinnig.«

»Sie verstehen mich nicht. Wir könnten so tun, als würden wir bei Genie und meiner Frau den Blinddarm operieren. Damit kommen unsere Frauen nicht in den Transport.«

»Und Sie glauben, das nehmen sie uns ab?«

»Ja. Mit Ihrem Deutsch und meiner Expertise können wir

das hinbekommen. Wir müssen, Feliks. Ich würde es nicht aushalten, meine Frau zu verlieren.«

»Ich auch nicht.«

Genie sank ins Bett zurück, weil sie nicht mehr zuhören konnte. Der Gedanke, von Feliks getrennt zu werden, war unerträglich. Er beschützte sie. Tat hatte ihr gesagt, sie sollte bei ihm bleiben. Sie musste tun, was Tat gesagt hatte.

Sie zog die Knie an die Brust und legte den Kopf darauf ab. Sie wollte weinen, aber es kamen keine Tränen. Stattdessen wiegte sie sich vor und zurück, bis sich zwei Arme um sie legten und sie sich hineinfallen ließ. Lange blieben sie so, bis zum Morgensignal; dann lösten sie sich voneinander.

★ ★ ★

Es war die Hölle. Die SS prügelte immer brutaler, der Kommandant schoss willkürlich immer mehr Menschen nieder. Die Brotrationen wurden kleiner, und wegen der katastrophalen Hygiene grassierten ansteckende Krankheiten.

Häufig fuhren Lkws vor und luden Menschen auf. Da Genie nicht mehr in der Baracke schlief, bekam sie auch nicht mehr mit, welche Gerüchte kursierten. Sie hatte keine Ahnung, wo diese Menschen hinkamen. Einmal sah sie, wie eine Frau auf einen Lkw gescheucht wurde. Ihr Mann reckte die Hand nach ihr, und sie zog ihn zu sich auf die Ladefläche. Genie ahnte, dass sie beide sterben würden. Sie dachte an Feliks: Nichts war von Bedeutung, solange sie nur zusammen waren. Auch sie hätte ihn auf den Lkw gezogen. Doch für Genie sollte es keinen Lkw geben. Sie würden Plaszow nicht verlassen. Das hatte ihr Feliks gesagt, und sie glaubte ihm. Es gab Gerüchte über einen Todeszug, aber Genie verstand nicht, was das heißen sollte, und sie wollte es auch nicht verstehen.

»Feliks, ich habe solchen Hunger. Meinst du, sie wollen uns verhungern lassen? Ist das ihr Plan?«

»Ich glaube nicht, Liebling. Sie brauchen uns doch zum Arbeiten. Meine unglaublichen Hände und deine Freundlichkeit sind viel zu wertvoll, um sie zu verschwenden.«

Mit seinem verschmitzten Lächeln beugte sich Feliks zu ihr und küsste sie.

»Das mag sein, aber ich habe trotzdem Hunger.«

»Ich weiß. Irgendwann wird es besser.«

Sie sahen einander in die Augen, und Feliks spielte mit den Fingerspitzen eine Melodie auf ihrer Hüfte.

Genie wollte nicht in die Fabrik, aber Feliks schob sie aus der Tür. Er küsste sie erneut, dann ging er zurück ins Krankenrevier. Sie schleppte sich in die Fabrik und sank auf ihren Platz. Eigentlich war sie viel zu hungrig zum Arbeiten, aber sie bewegte sich flink, wie immer seit jenem schrecklichen Tag.

Mit ihrer neuen Kollegin hatte sie kaum mehr als ein paar Worte gewechselt. Wozu sollten sie auch reden? Sie arbeiteten stumm und zügig, und so verging der Tag.

In der Pause lief Genie zurück ins Krankenrevier. Sie drückte die Tür zu ihrem Zimmer auf.

»Feliks, ich … Was hast du denn da?« Genie riss die Augen auf, und ihr Mund wurde schon wässrig.

»Hier, nimm.«

»Ist das ein Traum?«, fragte Genie und sank auf das Feldbett.

Mit einem breiten Lächeln reichte er ihr das Brot. Als sie es nahm, verneigte er sich wie ein Kellner, und sie musste lachen.

»Woher hast du es?«

»Ist doch egal.«

»Nur wenn wir dafür keinen Ärger bekommen. Feliks, ich ...«

»Schon gut. Ich habe meinen Ring eingetauscht. Mach dir keine Sorgen, Liebling. Iss.«

Sie starrte ihn mit großen Augen an. Diesen Ring hatte ihm sein Vater geschenkt, und sie wusste, wie sehr er daran hing. Aber gleich würden sie einen ganzen Laib Brot essen. Sie hätte nicht glücklicher sein können.

Doch die Abschiede von Feliks waren jedes Mal schlimm. Immerhin hatte sie diesmal einen vollen Magen und lächelte. Sie küsste ihn und drückte seine Hände.

»Ich liebe dich.«

»Ich liebe dich noch mehr.«

»Das ist unmöglich.«

Sie stellte sich auf die Zehenspitzen und küsste ihn wieder. Seufzend legte sie die Arme um seinen Nacken. Schließlich löste er sich von ihr und schob sie von sich. Über die Schulter lächelte sie ihm noch einmal zu. Wenn sie ihn das nächste Mal sah, würde sie ihn nicht wieder loslassen.

»Was hast du so lange gemacht? Hast du nicht das Signal zum Sammelappell gehört?«

Genie fuhr herum. Da kam Halina. Sie musste direkt aus der Schreibstube kommen. Neben ihr lief ihre Mutter, die Genie müde zunickte.

»Ich wollte gerade in die Fabrik. Müssen wir wieder zu einer Hinrichtung?«

»Wahrscheinlich. Komm, Mama, wir müssen uns beeilen.«

Halina zog sie vorwärts durch die Menge, die von Aufsehern und Hunden in eine bestimmte Richtung gedrängt wurde.

Eine seltsame Spannung lag in der Luft, und in allen Gesichtern stand die blanke Angst. Was war hier los?

»Hier geht es nicht zu den Galgen.«

»Nein. Ich weiß auch nicht, was los ist«, erwiderte Halina bang.

Sie wurden erbarmungslos weitergetrieben, weg von den Baracken und weg von Feliks. In dieser Richtung war sie noch nie gewesen. Genie nahm Halinas Hand.

»Da ist er.«

Genie starrte die Frau an, die das gesagt hatte, und wechselte einen stummen Blick mit Halina.

»Wer?«, fragte Halina mit gerunzelter Stirn.

»Der Todeszug.«

Genies Atem stockte, sie blickte sich erschrocken um. Das konnte nicht wahr sein.

»Keine Angst, Kinder. Alles wird gut«, versuchte Halinas Mutter, sie zu beruhigen.

Dennoch verunsicherte sie der Anblick des Zugs. Genie zögerte wie fast alle. Doch es gab keinen Ausweg. Überall standen Aufseher mit Stöcken, die sie in eine Reihe drängten. Langsam schoben sie sich vorwärts, bis ein Wachmann Halinas Mutter packte und in die Schlange neben ihnen stieß.

»Mama! Mama, nein!«, schrie Halina.

»Halina, wo bist du?«, kreischte ihre Mutter.

Halina heulte und schrie, doch Genie zog sie weiter.

Jetzt liefen Halina die Tränen über die Wangen, doch rundum herrschte solches Geschrei, dass ihre Rufe einfach untergingen. Als Genie sich umblickte, sah sie eine andere ältere Frau und einen hinkenden Mann in derselben Reihe wie Halinas Mutter. Wurden sie etwa nach Alter sortiert?

»Büttner!«, kreischte Halina.

Sie hatten schon fast den Zug erreicht, und Halina schrie immer noch.

»Büttner!!«

Genie wandte den Kopf und stieß einen erleichterten Schrei aus, als sie Büttner entdeckte, der Menschen in den Waggon hievte. Wenn sie nicht schnell genug waren, half er mit seinem Schlagstock nach, manche fasste er auch unter die Achsel, um ihnen hochzuhelfen.

Jetzt standen Halina und Genie kurz vor dem Waggon, und obwohl sie gegen den Strom ankämpften, wurden sie weitergedrängt, bis sie direkt vor Büttner standen.

»*Büttner, wohin fahren wir?*«, fragte Halina.

Er sah ihr nicht in die Augen.

»*Nach Auschwitz.*«

Genie hob die Schultern. Sie wusste nicht, was Auschwitz bedeutete. Wieder einmal wünschte sie sich, Büttner würde polnisch sprechen.

»*Bitte, hol meine Mama. Such sie, Liebster. Finde sie*«, flehte Halina. Nie hatte Halina so verzweifelt geklungen. Wenn sogar sie Angst hatte, fürchtete Genie das Schlimmste.

Sie sah zu Büttner auf, aber der war auf einmal verschwunden. An seine Stelle trat ein anderer Wachmann und stieß sie in den Waggon. Schon drückten von hinten die Nächsten nach.

Halina klammerte sich an die Waggontür, als hinge ihr Leben davon ab. Immer mehr Menschen drängten herein, aber Halina ließ nicht los. Mit einem Arm hielt sie Genie an ihrer Seite, die andere umklammerte wie ein Schraubstock den Türpfosten. Immer wieder steckte sie den Kopf nach draußen und brüllte Büttners Namen.

Genie fragte sich, ob die anderen von ihrer Verbindung – ihrer Beziehung, wie Halina es nannte – wussten, aber diskret war sie jetzt jedenfalls nicht mehr.

»*Büttner! Finde meine Mutter! Bitte, finde meine Mutter!*«

Doch sosehr Halina auch nach ihm rief, er blieb verschwunden. Weiter vorne wurden die Türen zugeschoben. Mit einem lauten Krachen fielen sie zu, wie um ihr Schicksal zu besiegeln. Da gab Genie die Hoffnung auf: Sie hatten Feliks' und Halinas Mutter verloren. Und gleich würden auch sie eingesperrt werden. Sie schloss die Augen und legte ihren Kopf an Halinas Arm. Obwohl die Tür noch offen stand, bekam man kaum Luft, wie sollte das erst werden, wenn sie geschlossen wurde? Nie hatte sie sich so hilflos gefühlt.

Genie hörte krachend die Nachbartür ins Schloss fallen, während noch einmal Menschen in ihren Waggon geschoben wurden.

»BÜTTNER! *Büttner, bitte ... bitte!*«

Halinas Rufe gingen im allgemeinen Angstgeheul unter. Durch ein halb geschlossenes Auge sah Genie, wie die Tür langsam zuglitt.

Es war so weit. Gleich waren sie eingesperrt; Genie stimmte in das Geschrei ein. Nur noch wenige Zentimeter.

Doch da – kurz bevor sie geschlossen war, wurde noch jemand hereingestoßen.

»Mama!«, krächzte Halina und drängte sich zu ihr. Sie riss ihre Mutter an sich und umarmte sie.

Genie spähte verwirrt nach draußen. Und da stand Büttner; wortlos sah er zu, wie zwischen ihnen die Tür zufiel.

Völlige Dunkelheit umgab sie, und das Angstgeheul wurde noch lauter.

A26460

1943

Es gab nichts zu essen. Kein Wasser. Kein Dach über dem Kopf. Es war grässliches Wetter, fast durchgehend Regen, der zwar ihren Zungen ein bisschen Feuchtigkeit schenkte, sie aber bis auf die Knochen durchnässte. Der Herbst schien voranzuschreiten, in der Luft lag grausame Kälte.

Genie drückte sich an Halina und deren Mutter.

Ihr schlimmster Albtraum war wahr geworden. Sie war von Feliks getrennt worden, und das Einzige, was ihr von ihm blieb, war seine Familie. Die ganze Fahrt über hatten sie einander nicht losgelassen; selbst Halina nicht, in ihrem Schreck, dass sie beinahe ihre Mutter verloren hatte. Zum Glück hatte Büttner noch dafür gesorgt, dass sie gemeinsam im Todeszug saßen.

»Werden wir sterben?«, fragte Genie zögerlich.

»Natürlich werden wir das. Frag doch nicht so dumm.«

Genie zuckte zusammen, und Halina schien beinahe froh über die Direktheit ihrer Mutter.

»Mama, wir werden nicht sterben. Büttner hat mir gesagt, die Wachleute passen auf uns auf, weil sie sonst an die Front müssen. Keine Häftlinge, keine Arbeit. Wir kommen schon durch.«

Achselzuckend fuhr Halinas Mutter fort: »Hitler ist wahnsinnig, aber er weiß, was er tut. Am Ende werden wir doch alle sterben.«

Plötzlich bremste der Zug. Die Türen wurden aufgerissen, und Befehle wurden gebrüllt.

»*Los, Bewegung! Raus mit euch!*«

Es war dunkel und verregnet. SS-Leute zerrten alle aus dem Zug und teilten sie in zwei Gruppen. Genie hielt den Blick gesenkt, doch dann erkannte sie im Scheinwerferlicht Gestalten, die auf dem Boden lagen. Hunde zerfleischten die Körper von Menschen, die im Zug gestorben waren. Sie rissen ihnen das Fleisch vom Leib wie bei einer Raubtierfütterung. Der Hund, der ihr am nächsten stand, machte sich an einem kleinen Leichnam zu schaffen, der halb so groß war wie Genie. Seine Zähne blitzten, und ihr stockte der Atem.

Als sie aufblickte, fiel Genies Blick auf himmelhohe Schornsteine.

»Dann stimmt es also? Hier verbrennen sie Menschen?«

Genie fuhr herum und starrte Halina an. Wie konnte sie so etwas sagen? Allerdings lag tatsächlich ein übler Gestank in der Luft, und Genie musste würgen.

»Schau nicht hin. Schaut auf eure Füße, damit ihr nicht stolpert«, befahl Halinas Mutter.

Genie und Halina gehorchten, und Genie starrte beim Weitergehen auf ihre Stiefel, die sie an ihren geliebten Tat erinnerten.

Im Regen kamen sie nur mühsam vorwärts, aber sie wurden durch einen Birkenwald weitergetrieben. Es waren hübsche Bäume. Sie erinnerten Genie an die Skiferien; in wenigen Monaten läge statt all dieses Schlamms hier weißer Schnee.

Kurz darauf wurden sie in einen kleinen Raum mit gestampftem Boden gepfercht. Stundenlang hockten sie alle drei eng umschlungen auf diesem Boden. Die ganze Nacht über warteten sie. Angeblich sollten hier Menschen durch Gas getötet werden, aber das konnten sie einfach nicht glauben. Halinas Mutter ermahnte sie wieder und wieder, nicht daran zu denken. Es herrschte eisige Kälte, aber im Lauf der Nacht wärmten die vielen Körper den Raum auf.

Endlich gingen die Türen auf, und Sonnenlicht flutete herein.

»*Rechts. Rechts. Links.*«

Gleich waren sie an der Reihe, und Genie drängte sich verzweifelt an Halina. Sie durften nicht getrennt werden.

»*Links. Links. Rechts.*«

Aufseher schoben sie weiter in ein Gebäude. Genie holte tief Luft, dankbar, dass sie endlich nicht mehr im Kalten standen.

»Wo ist Mama?« Erschrocken schaute Halina sich um.

»Was?«

»Mama! Hat sie sich nicht bei dir untergehakt?«, schrie Halina.

Genie drehte sich um, aber sie konnte Halinas Mutter nicht entdecken. Panisch packte sie Halinas Arm.

»Ich weiß nicht. Es ist alles so schnell gegangen. Wo ist sie nur?«

»Ich gehe nachsehen«, erklärte Halina entschlossen und stapfte an Genie vorbei zur Tür.

»Nein, Halina!«

Sie blieb an der Tür stehen und sah zu, wie Halina geradewegs zu einem Aufseher ging und auf Deutsch mit ihm sprach.

»Nein ... nein ... nein ... Was tut sie bloß?«, murmelte Genie.

Der Aufseher sagte etwas und wandte sich ab. Halina blieb kurz stehen und sah sich um. Genie winkte sie auffordernd heran, aber sie lächelte nur und schüttelte den Kopf. Sie ging um die Ecke des Gebäudes und verschwand.

»Nein, Halina! Lass mich nicht allein. Bitte ... bitte nicht.«

Genie reckte den Hals, so weit sie konnte, und suchte Halina. Immer mehr Menschen strömten herein, aber sie blieb unbeirrt an der Tür stehen. Es vergingen Sekunden, dann Minuten. Nach einer Zeit, die sich anfühlte wie eine Ewigkeit, begann Genie leise zu weinen. Doch genau in diesem Moment kam Halina angelaufen – mit ihrer Mutter im Schlepptau.

»Wie hast du ...«

Gleich an der Tür zog Genie die beiden zur Seite. Halina küsste ihre Mutter und legte ihr seufzend den Arm um die Schulter.

»Ich habe dem Aufseher gesagt, dass meine Mutter eine großartige Sekretärin ist und in die falsche Reihe sortiert wurde. Er meinte, ich soll dem Appellmacher ihre Nummer nennen, aber ich bin nicht so blöd wie er. Wir sind hier in Auschwitz-Birkenau. Jeder weiß, was hier los ist.«

»Schon gut, und was dann? Wo warst du dann?« Genie wischte sich die Tränen weg.

»Ich wollte nicht warten, also bin ich in das andere Gebäude gerannt und habe sie geholt.«

»Und keiner hat dich aufgehalten?«

Halina schüttelte den Kopf, und Genies Schultern entspannten sich.

»Ich bin so froh. Wie gut, dass wir ...«

»*SCHNELL, IHR JUDENSCHWEINE!*«

Genie hielt sich an Halina und ihrer Mutter fest, als sie durch eine Tür in der Rückwand des Raums getrieben wurden. Ein anderer, großer Bau befand sich nun vor ihnen, vor dem sich erneut eine lange Schlange bildete.

»Sag besser nicht, dass du meine Schwiegertochter bist. Du bist meine Tochter und trägst meinen Namen; damit wir zusammenbleiben«, erklärte Halinas Mutter bestimmt.

Genie und Halina sahen sie fragend an, aber sie nickte nur bekräftigend. Beim Weitergehen erkannten sie hinter einem Fenster kleine Schuhe und Koffer. Was es damit wohl auf sich hatte?

»Los, weiter mit euch, weitergehen.«

»Ihr kriecht langsamer als meine Oma. Und die ist längst tot.«

Genie glotzte die Männer an, die auf der Seite standen und dieselben Schlagstöcke zückten wie die Aufseher.

»Sind das Juden?«, staunte Genie.

»Ja, aber nur dem Namen nach. Ihre Vorfahren würden sich im Grab umdrehen«, zischte Halinas Mutter.

»Mama. Sei nicht ungerecht. Sie tun das, um zu überleben. Wahrscheinlich sind sie durch ihre Arbeit so verroht.«

»Wenn sie so weitermachen, verrohe gleich ich, sobald sie noch einen Kommentar zu einem der Mädchen machen.«

Sie kamen in einen anderen Raum, in dem sie sich ausziehen mussten. Genie legte sorgfältig ihre Kleider ab, aber ihre Stiefel behielt sie in der Hand und versuchte, damit ihre Blöße zu bedecken. Sie genierte sich und zuckte, sobald ein nackter Körper sie streifte.

Sie versuchte so verzweifelt, sich zu schützen und ihre Stiefel festzuhalten, dass sie Halina und ihre Mutter aus den Augen verlor. Die Menge schob sich weiter, und sie waren einfach verschwunden. Panisch drehte sie sich um sich selbst. Auf Zehenspitzen spähte sie über die Köpfe hinweg, aber sie konnte sie nirgends entdecken.

Und schon ging es weiter. Sie wusste nicht, wohin. Schließlich landeten sie in einem Raum mit mehreren kleinen Kanonenöfen, in die Männer Kohle schaufelten. Nackt, wie sie war, versuchte Genie, sich irgendwo zu verstecken, doch es gab keine Möglichkeit. Sie konnte nur tun, was ihr gesagt wurde.

Einige Frauen setzten sich schließlich auf den kalten Boden, während andere sich aneinanderschmiegten. Ihre Angst vor dem, was bevorstehen mochte, übertraf noch die Scham über ihre Nacktheit. Hinter einem weiteren Grüppchen entdeckte Genie schließlich eine gut aussehende Frau, die splitternackt auf einer Bank saß und mit den Männern in Häftlingskleidung redete.

Irgendwie kam sie ihr bekannt vor ... Argwöhnisch näherte sich Genie ihr. Und dann erkannte sie sie. Erleichtert seufzte sie auf.

»Halina«, flüsterte sie.

Schnell lief sie an den anderen Frauen vorbei zu Halina, die neben ihrer Mutter saß. Schockiert nahm Genie wahr, wie ungeniert Halina sich diesen Männern gegenüber gab.

»Halina, hast du vergessen, dass du splitternackt bist?«, wisperte Genie.

Amüsiert funkelte ihre Schwägerin sie an: »Dann stell dir einfach vor, ich würde ein Abendkleid tragen.«

Sie kreuzte die Beine und hob die Hand, als würde sie ihr zuprosten. Die Männer lachten.

Halinas Mutter zog die Schultern hoch. »Diese Rohlinge könnte ich ...«

Halina lehnte sich zurück und tat nun so, als paffte sie eine Zigarette, während Genie sich mit verschränkten Armen zusammenkauerte. Ihr Blick wanderte wieder zu Halina, deren hingebungsvolles Schauspiel sie mehr faszinierte, als sie zugeben mochte.

Genie war erleichtert, als sie aus diesem Raum getrieben wurden. Wieder mussten sie sich in Reihen anstellen, und diesmal klammerte sich Genie eisern an Halinas Mutter. Vorne hörte sie ein merkwürdiges Klappern, und sie versuchte, um die anderen herumzuspähen. Es ging nur langsam vorwärts, weil die Mädchen in zwei Schlangen aufgeteilt wurden. Als Genie endlich etwas sehen konnte, erschrak sie. Ihnen wurden die Haare abgeschnitten.

»Halina, das geht doch nicht!«

»Keine Sorge, Eugenia. Vielleicht steht eine Glatze dir ganz gut.«

»Stimmt. Man kann nie wissen ...«, ergänzte Halinas Mutter.

Genie schluckte eine Widerrede herunter, als Halina sie weiterschob. Schließlich stand Genie zitternd vor einem Mann. Ohne sie eines Blickes zu würdigen, legte er los. Ein Schauer lief ihr den Rücken hinunter, als ihre Haare zu Boden fielen, aber dann hielt der Mann inne. »Arme hoch.«

Sie hob ihre Stiefel über den Kopf und sah zu, wie sie rasiert wurde, und zwar überall. Fassungslos besah sie ihren ungewohnten Körper, als sie etwas Nasses spürte, das obendrein merkwürdig roch.

»Zur Entlausung.«

»Wie bitte? Ich habe doch keine ...«

»Das kommt schon noch.«

Genie verzog das Gesicht, aber sie ließ sich widerstandslos von oben bis unten einsprühen.

Als sie nach vollendeter Prozedur zur Seite gedrängt wurde, tastete sie nach ihren Haaren. Sie endeten dicht über ihren Ohren, und Genie stieß ein stilles Dankgebet aus.

Sie trug ihre Stiefel in den nächsten Raum, wo sie auf einen Stuhl gestoßen wurde. Wütend blitzte sie den Mann, der sie gestoßen hatte, an, bis sie merkte, dass er von der SS war und nicht einer der jüdischen Funktionshäftlinge.

Sie schluckte, und ihr Blick fiel auf die Hand, die ihren Arm festhielt. Ein merkwürdiges Gerät wurde auf ihren Unterarm gedrückt, und sie schrie auf. Mit ihrer freien Hand versuchte sie ihn aufzuhalten, aber da trat der Aufseher einen Schritt auf sie zu. Sie sah ihn aus dem Augenwinkel, und das genügte.

Als der Tätowierer fertig war, packte der Aufseher sie an der Schulter und riss sie vom Stuhl. Sie stolperte, aber sie fiel nicht. Sie hob ihren Arm und las: A26460.

»Halina, sie haben ...«

»Ich weiß. Welche Nummer hast du?« Grob griff Halina nach ihrem Arm.

Genie ächzte. Halina schien sich ein Lachen zu verkneifen.

»Ich habe A26462. Schau mal, wir sind fast Nachbarn.«

Halina legte ihr eine Hand an den Rücken und schob sie weiter. Dann stand Genie vor einer stattlichen blonden Aufseherin in SS-Uniform.

»*Wie alt bist du?*«, fragte die Aufseherin, und ihre Zähne blitzten.

Genie umklammerte ihre Stiefel. Bestimmt wollte sie sich über sie lustig machen.

»Wie alt bist du, Kleine?«, fragte eine Frau neben der Aufseherin. Genie war der Dolmetscherin dankbar.

»Neunzehn«, erwiderte sie.

Die lächelnde Aufseherin kritzelte etwas auf ihren Block, und die Dolmetscherin sah zu ihr auf.

»Geh weiter.«

Genie holte tief Luft und ging mit ihren Stiefeln weiter. Sie war die Einzige, die etwas in der Hand hatte. Alle anderen hatten nichts als ihren eigenen Körper. Alles, was sie besaßen, war ihnen genommen worden, bis hin zum letzten Haarband. Wie dankbar sie der Aufseherin war, dass sie Tats Stiefel behalten durfte. Über die Schulter sah sie, wie die nächste Frau an die Reihe kam.

Wieder hatte sie Halina und ihre Mutter verloren, und Genie hatte das Gefühl, als würde sie nun auch sich selbst verlieren. Sie kamen in einen kleineren Raum. Zögerlich hob sie den Blick und sah die Rohre an der Decke. Mit einem Schlag herrschte Stille. Nur eine Stimme überschlug sich vor Panik.

»Das ist es. Jetzt tun sie es. Es stimmt also. Gott helfe uns.«

Genie starrte auf ihre schluchzende Nachbarin. Gleich fingen noch andere zu schreien an, und Genie verzweifelte. Sie war so damit beschäftigt, nach Halina zu suchen, dass alles andere nebensächlich wurde. Doch das panische Schreien und Heulen der anderen steckte sie an.

»Halina! Wo bist du?«, rief Genie.

Sie steckte zwischen zwei Frauen fest und konnte sich nicht mehr rühren. Es wurde immer enger, und dann fiel mit einem lauten Quietschen die Tür zu. Die Lampen flackerten, und das Geschrei wurde noch lauter. Genie schloss die Augen.

Als sie etwas Nasses auf der Schulter spürte, sah sie auf.

»Nein, das ist Wasser!«

»Wasser?«

»Wasser! Ja, Wasser.«

Es war ein einziger Aufschrei, und Genie reckte die Arme, als das Wasser ihr kühl über die Haut floss. Sie schrubbte sich den Schmutz unter den Fingernägeln weg und fuhr sich mit den Fingern durchs kurze Haar. Sie hielt den offenen Mund nach oben und genoss den Wasserstrahl in der Kehle.

Es dauerte nicht lange, und Genie hatte noch längst nicht genug, als sie schon wieder weitergetrieben wurden.

»*Schnell! Weiter, weiter!*«

Sie liefen nach draußen und kamen an einen langen Tisch. Frauen reichten ihnen Kleider, und Genie riss die Augen auf, als sie sah, was sie erwischt hatte. Sie versuchte, nicht zu laut zu protestieren. Die Unterwäsche war voller Blut.

»*Schnell, ihr Judenschweine!*«

Genie zögerte, vielleicht sollte sie umdrehen, aber ihre Gruppe rannte schon wieder. Vorbei an Männern, die sie lachend begafften. Einige zeigten mit den Fingern auf sie, andere riefen ihnen zotige Sprüche nach.

Mit tief gebeugtem Kopf lief Genie an vier Backsteinhäusern vorbei. Danach betrat sie die erste Baracke und sah sich um. Halina und ihre Mutter waren nicht in Sicht. Sie hatte sie tatsächlich verloren.

Als sie sich in dem Raum umsah, bemerkte sie, dass es kaum Betten gab. Wo sollten sie schlafen? Während die anderen sich anzuziehen begannen, betrachtete sie ihr Kleiderbündel. Noch einmal hielt sie die Unterwäsche hoch und runzelte die Stirn. Auf keinen Fall würde sie das hier anziehen.

★ ★ ★

Einige Tage später war Genie immer noch nicht an sauberere Unterwäsche gekommen. Ungefähr zum hundertsten Mal beklagte sie sich durch die Ritzen in den Latrinenwänden darüber bei Halina. Hier war der einzige Ort, an dem sie ein paar Worte wechseln konnten, ohne dass die Aufseher es mitbekamen.

»Lass mich endlich mit deiner Unterwäsche in Ruhe. Wie ist das ganze Blut überhaupt da hingekommen? Ich kenne keine, die noch ihre Periode hat, und das seit Jahren«, bemerkte Halina.

»Egal, es ist trotzdem eklig.«

»Trag sie einfach. Sei nicht so kindisch.«

»Ich bin nicht ...«

»Ich meine ja bloß. Bei der Arbeit wirst du über Unterwäsche froh sein«, kommentierte Halina.

Sie löste sich vom Bretterspalt. Seufzend blickte Genie nach unten. Der Gestank aus dem Loch stieg ihr in die Nase, und sie schüttelte sich. Vielleicht hatte Halina recht.

»Und, wie ist eure Baracke?«, lenkte sie ab.

»Bestimmt nicht besser als deine. Es gibt sechsunddreißig Pritschen, und darin schlafen wir jeweils zu fünft oder sechst. Völlig absurd.«

»Bei uns steht ein Ehebett. In dem schlafen fünfzehn. Ich bin auf der Pritsche gelandet«, erklärte Genie.

»Ich denke mal, das ist auch besser so. Na dann, ich hoffe, wir sehen uns morgen.«

»Ja, das hoffe ich auch.«

Genie erhob sich von der Latrine und zog ihre Hose hoch. Sie war schon fast draußen, als hinter dem Schlitz noch einmal Halinas Auge erschien.

»Hör zu, ich weiß, dass du deine Arbeit hasst, aber lass dich bloß nicht in die Kommandantur verlegen.«

»Denkst du, ich kann mir das aussuchen?«, fauchte Genie.

Halina sah sie nachdenklich an.

»Wahrscheinlich nicht. Oder aber, doch. Mach deinen Job gut, dann versetzen sie dich nicht. In der Kommandantur wird zum Beispiel die Häftlingskartei geführt, und wenn die Schreiberinnen in der Registratur zu viel wissen, werden sie umgebracht und durch die nächsten ersetzt.«

»Es wundert mich, dass du dort nicht arbeiten willst. Das würde doch zu dir passen. Vielleicht könntest du sie mit deinem Charme sogar überzeugen, dich am Ende nicht umzubringen.«

»Ich bin zwar charmant, aber ...« Halina zwinkerte.

»Ich meinte ja nur ...«, fuhr Genie auf, aber Halina redete weiter.

»Noch etwas. Halt dich von Block 10 fern.«

»Dem mit dem Elektrozaun?«

»Ja. Da führen sie medizinische Menschenversuche durch. Wer da reingeht, kommt nie mehr raus. Immer auf Abstand bleiben, verstanden?«

»Verstanden«, murmelte Genie.

Sie hatte schon oft Gefangene dort hineingehen sehen, aber tatsächlich niemanden, der herauskam. Es war ein niederschmetterndes Gefühl, und Genie stellte sich vor, was Feliks wohl sagen würde. Vielleicht dass sie sich vorstellen sollte, dort wäre der Lagerzirkus, wo die Nazis im Geheimen ihre Vorstellungen veranstalteten. Mit Feliks' Stimme im Ohr musste Genie lächeln. Doch dann kam wieder dieses Gefühl, als würde sie ertrinken. Würde sie seine Stimme je wieder hören? Schnell dachte Genie an etwas anderes.

»Wie geht es deiner Mutter?«

»Es ... geht. Ich habe ihr eine Arbeit in den Baracken beschafft, Latrinen putzen. Ideal ist es nicht, aber immer noch besser als dein Job.«

»Herzlichen Dank.«

»Ja, also veranstalte hier keine Explosionen. Das müsste Mama aufwischen.«

»Dann sag am besten den Mädchen im Kanada, sie sollen uns kein verdorbenes Essen eintauschen!«, zischte Genie zurück.

»Psst, leise. Komm, wir gehen. Die Nächsten wollen auch plaudern«, beschwichtigte Halina.

Mutlos trat Genie aus der Kabine. Sie winkte Halina zum Abschied und machte sich auf den Weg zu ihrer Baracke.

Sie hatten kaum Zeit für die Toilette, aber wenn, versuchten sie es auszunutzen. Es war praktisch Genies einzige Chance, mit Halina sprechen zu können. Als sie ihre Baracke erreichte, standen die anderen für den Abmarsch zum Arbeitseinsatz bereit.

Es war ein langer Weg dorthin, und als sie am Kanada vorbeikamen, beneidete sie die Mädchen, die dort arbeiteten. Sie sortierten die Kleider und Habseligkeiten, die den Ankömmlingen abgenommen und für die Weiterverwertung vorbereitet wurden; wichtiger für die Lagerinsassen war aber, dass sie unter der Hand Tauschgeschäfte um Essbares abwickelten. Genie hatte versucht, ihre Unterwäsche einzutauschen, aber sie hatten nur verdutzt geschaut und ihr dann ins Gesicht gelacht.

Hinter dem Lager ging es sanft bergauf. Das einzig Gute war, dass dort am Tor ein Orchester die schönste Musik machte. Hoffentlich konnte sie es bis zur Fabrik hin hören.

Den Wachleuten mussten ihre Skistiefel aufgefallen sein, denn sie musste am längsten marschieren, mehrere Kilometer weit, und sie wollte sich nicht vorstellen, wie das im Winter werden würde. Sie betete, dass es so weit nicht kommen würde.

Als sie an den riesigen Buna-Werken hinter dem Lager Monowitz vorbeilief, starrte sie auf die mächtigen Schornsteine. Wenigstens stanken sie nicht so entsetzlich wie die im Lager. Die meisten von ihnen arbeiteten dort, sie aber ging noch weiter bis zum nächsten Verladebahnhof.

»Bereit für den nächsten Tag?«

»Unbedingt. Ich liebe Kautschuk.« Genie brummte leise, als der Mann ihr die Arme volllud.

Sie drehte sich um und folgte den anderen zurück zur Fabrik. Keuchend lud sie den Kautschuk in die Container.

Die Arbeiter nickten ihr zu, und sie machte kehrt und trottete zurück. So ging es den ganzen Tag. Sie lud Synthesekautschuk und manchmal größere Ersatzteile für die Anlagen vom Zug und brachte sie zur Fabrik. Und sie verfluchte jede Form von Gummi, obwohl ihre Arme und Beine sich jeden Abend genauso anfühlten.

»Das hier ist riesig, Mädel. Überlass das den Jungs.«

Genie nickte und trat zur Seite. Die Gefangenen hinter ihr hoben ein großes Rohr herunter. Wieder ging sie zum Güterwagen und erschrak beim Anblick einer großen Kiste.

»Ja, die ist wirklich groß. Hier, Mädel, komm rüber und pack mit an.«

Ein Mädchen in Genies Alter trat von hinten hinzu. Gemeinsam konnten sie die Holzkiste vom Güterwagen heben und stolperten zurück Richtung Fabrik.

»Seit wann bist du schon hier?«, fragte das Mädchen, und es klang, als würde es sie wirklich interessieren.

Ächzend spähte Genie über den Rand der Kiste. Das Mädchen war hübsch, schwarze Haarstoppeln über hellblauen Augen. Sie hatte breite Schultern, und auch ohne ihre Beine zu sehen, ahnte Genie, dass sie kräftig sein mussten. Sie besah ihren eigenen kleinen Körper und verzog das Gesicht.

»Redest du … immer, wenn du … schwere Sachen schleppst?«, keuchte Genie.

»Ja, das macht es ein bisschen interessanter. Warum?«

»Ich … wundere mich bloß. Nichts weiter.«

»Du klingst ziemlich außer Atem.«

»Was du nicht … sagst.«

Genie griff um und blinzelte wieder über die Kiste. Das Mädchen lächelte sie an.

»Ich heiße Regina. Und du?«

Verdattert starrte Genie das Mädchen an, das genauso hieß wie ihre Mutter. Wie es wohl ihrer Familie ging? Wahrscheinlich schufteten sie immer noch in der Fabrik. Wenn sie ihnen doch nur mitteilen könnte, dass sie lebte, und wenn sie wüsste, ob Jurek und die kleine Halinka sich sehr verändert hatten. Mit einem Kloß im Hals schüttelte sie den Kopf. Sie durfte nicht an ihre Familie denken. Das tat zu sehr weh.

»Eugenia«, murmelte sie.

Den Blick auf ihre Füße geheftet, bogen sie am Tor ab und kamen an die Entladestelle. Vorsichtig setzten sie ihre Last ab, während um sie herum getuschelt wurde. Ohne innezuhalten, machte Genie auf dem Absatz kehrt.

»He, warte! Wenn du nur willst, läufst du wirklich schnell.«

Verdutzt blieb Genie stehen und musterte Regina. Sie hatte immer noch dieses Lächeln im Gesicht, und Genie ging verbissen weiter.

»Weißt du, ich arbeite nicht so gern mit anderen. Beim letzten Mal ist es nicht besonders gut ausgegangen.«

»Schon gut. Ich auch nicht. Lass uns gemeinsam nicht mit anderen arbeiten!«

»Was? Nein, ich ...«

»Keine Angst, Eugenia. Du wirst sehen, ich bin eine gute Trägerin. Meine Beine sind stark. In Krakau war ich Skiläuferin. Das ist zwar lange her, aber ich habe das Rennen noch in den Beinen.«

»Was, du bist aus Krakau, und du bist Ski gefahren? Ich auch.« Jetzt wurde Genie doch neugierig.

Regina klopfte ihr auf den Rücken und lachte.

»Wirklich? Wo denn?«

Den ganzen Rückweg über redeten sie und unterbrachen sich erst, als sie wieder am Bahnhof anstanden und die nächsten

Güter abluden. Genie ertappte sich dabei, dass sie zum ersten Mal seit ihrer Trennung von Feliks lächelte.

Am Abend kam Genie zurück in ihre Baracke. Natürlich hatte sie vorher wie so oft noch eine Hinrichtung mitansehen müssen. Doch seit Plaszow war sie das schon gewohnt. Und auch hier konnte sie zuschauen, ohne etwas zu sehen.

Genie stürzte sich auf ihre Brotration, und ihre Nachbarinnen musterten sie mitleidig. Unbeirrt aß sie weiter. Wahrscheinlich waren die beiden weniger erschöpft als sie. Einige Mädchen, die sogenannten Prominenten, konnten sich die besten Arbeitsstellen aussuchen. Nicht weil sie am besten arbeiteten, sondern weil sie am hübschesten waren, Deutsch sprachen oder, noch besser, am eifrigsten flirteten. Jedenfalls hatten diese Mädchen das Sagen. Sie waren die mit den besseren Jobs und häufig mit Privilegien. Genie wusste, dass es nur eine Frage der Zeit war, bis Halina zu ihnen zählen würde.

»Hat irgendjemand von dem hübschen Mädchen aus der anderen Baracke gehört?«, fragte eine Frau. Aus der Pritsche über Genie kam eine Antwort.

»Nein, warum? Bei denen, die heute hingerichtet wurden, war sie nicht.«

»Sie arbeitet jetzt in der Registratur.«

Die Frauen atmeten hörbar ein, aber Genie schüttelte den Kopf.

»Das war doch klar«, murmelte Genie.

Sie war schneller mit ihrem Kanten Brot fertig, als ihr lieb war, kroch auf ihre Pritsche und schloss die Augen.

»Die Ärmste. Sie wird nicht lange durchhalten, oder?«

»Hübsch, wie sie ist, lassen sie sie vielleicht ein bisschen länger bleiben. Als sie sie hinbrachten, hat sie geweint.«

»Immer noch besser als Block 10. Das wäre der sichere Tod.«
»Das sind sie beide. Früher oder später sind wir alle dran.«
Genie hielt sich die Ohren zu. Die anderen waren noch nicht im Bett, und sie versuchte ein bisschen zu schlafen, bevor sie kamen. Leider vergeblich: Halinas Rat, vor allen anderen zu schlafen, funktionierte nicht.
In der Baracke war es immer laut. Gespräche und leises Tratschen waren auf allen Pritschen gut zu hören. Wie es aussah, würde sie auch in dieser Nacht kaum ein Auge zutun.

Wie sich zeigte, war Genies Baracke nicht sehr weit weg von Reginas, und nach dem Morgenappell trafen sie in der Kolonne aufeinander und marschierten gemeinsam die lange Strecke bis an die Gleise. Wenigstens hatten sie so ausgiebig Zeit zum Reden.
»Der Typ gestern war ja süß. Ich glaube, er hat ein Auge auf dich geworfen«, meinte Regina mit einem vielsagenden Zwinkern.
»Wie bitte? Wer?«
»Der, der ganz zufällig immer zur Stelle war, wenn du zum Abladen in die Fabrik kamst.«
»Regina, da arbeitet er nun mal.«
»Meine Sachen hat er nie angenommen. Er war immer viel zu sehr mit deinen beschäftigt.«
Genie überlegte. Wenn Halina das mitbekommen hätte, hätte sie ihren großen Tag.
»Das ist mir egal. Ich bin verheiratet.«
»Du bist ...? Moment mal, wie alt bist du denn? Ich dachte, so ungefähr zwölf.«
»Sehr witzig. Nein, ich bin alt genug. Feliks und ich haben im Ghetto geheiratet.«

»Ist er …« Regina verstummte, als Genie ihr einen messerscharfen Blick zuwarf.

»Nein! Er lebt. Wir wurden getrennt. Er ist noch in Plaszow. Er ist Arzt und Musiker, die Nazis können ihn gebrauchen. Es geht ihm gut. Wir sind nur nicht beieinander, aber wir werden es schaffen. Bald sehe ich ihn wieder, ganz bestimmt. Außerdem ist er …«

»Schon gut, Eugenia. Bestimmt hast du recht. Es geht ihm sicherlich gut.«

Genie sah Regina an und lächelte hilflos.

»Wenigstens weiß ich Bescheid, falls jemand wegen dir fragt. Ich halte dir den Rücken frei«, rief Regina. Genie zog die Augenbrauen hoch und trat hinter ihr in die Schlange vor dem neuesten Güterzug.

»Der ist aber ziemlich beladen«, seufzte Regina.

»Wieder ein spaßiger Tag.«

»Jetzt übertreib mal nicht. Aber eigentlich hast du recht, das ist die richtige Einstellung. Vielleicht solltest du öfter von deinem Mann erzählen.« Regina schnappte sich eine Kiste.

Genie lachte, und der Häftling, der ihr mehrere Ladungen Gummi auflud, musterte sie fragend. Während sie in Richtung Fabrik losstapfte, dachte sie über Reginas Bemerkung nach.

Sie fand es einfacher, Gedanken an ihre Familie oder an Feliks gar nicht erst zuzulassen. Sie durfte nicht zu viel an sie denken, sonst trug sie schwerer daran als an jeder Prügelstrafe und jeder Hinrichtung.

Sie hoffte, dass es ihnen gut ging, aber es war eben das erste Mal, dass sie getrennt waren. Bisher hatte sich ihr ganzes Leben um ihre Familie gedreht, und alles, was sie erlebte, hörte oder zu essen bekam, hatte sie mit ihnen geteilt. Und doch war das

Leben weitergegangen. Sie war jetzt eine verheiratete Frau, und das änderte die Lage.

Natürlich wollte sie am liebsten wieder mit Jurek und Halinka spielen, aber ihre Kindheit konnte sie nicht zurückholen. Ob Krieg oder nicht, die Zeit schritt unaufhörlich voran, egal, wie sehr sie sie auch zurückdrehen wollte.

Das hieß aber nicht, dass sie ihre Erinnerungen vollständig auslöschen musste. Vielleicht sollte sie sie nicht ignorieren, sondern sie benutzen, um sich von ihnen durch den Tag tragen zu lassen. Und so erinnerte sich Genie eines Nachmittags, wie sie als Kind mit ihrem Tat beim Eislaufen war. Wie sie lachte, als er Pirouetten drehte, und sich konzentrierte, als er es ihr beibrachte. Sie erinnerte sich so lebhaft, dass es ihr schien, als glitte sie eben jetzt an seiner Seite über die Eisbahn.

Der Tag verflog, und tatsächlich lächelte Genie dem Arbeiter zu, als sie sich wieder am Bahnhof meldeten. Sie schob Regina den Arm unter, und sie wollten gerade gehen, als sie jemanden laut husten hörten. Dahinten standen die Arbeiter, zündeten sich Zigaretten an und winkten sie zu sich.

»Wenn ihr wollt, könnt ihr noch ein bisschen hierbleiben.«

»Aber es ist doch Feierabend«, wandte Regina ein.

»Ich weiß, aber ihr solltet trotzdem bleiben.«

Irgendetwas an seinem Tonfall ließ Regina und Genie aufmerken. Wollte er sie in Schwierigkeiten bringen? Nein, er war immer nett zu ihnen. Unter den wohlwollenden Blicken der Männer setzte sie sich auf die nächste Kiste und zog Regina neben sich.

»Na gut, ein kleines bisschen«, lenkte sie ein.

»Gut so. Eigentlich sind wir eine ganz unterhaltsame Gesellschaft.«

»Ich nehme euch beim Wort«, erwiderte Genie. Regina lächelte verstohlen.

Sie warteten, bis allmählich die Sonne unterging, dann wurden sie unruhig. Wenn sie nach der Sperrstunde oder dem Appell zurückkamen, bekamen sie Ärger.

»Es war nett bei euch, aber wir sollten jetzt wirklich los«, erklärte Genie und nickte Regina zu. Sie standen gleichzeitig auf. Doch als sie die heisere Stimme des Mannes hörten, stockten sie.

»Heute gibt es eine Selektion.«

Erschrocken sah Genie zu Regina. Dann drehte sie sich um.

»Wie bitte? Woher weißt du das?«

»Ich weiß es eben. Drüben ist es gefährlich, ihr beide solltet noch ein bisschen hierbleiben. Es wird niemandem auffallen, und wenn sie fragen, sagen wir, hier war noch Arbeit.«

»Wenn ihr meint ...«

Nervös rieb Genie sich die Hände. Sie hatte nicht gewusst, dass heute eine Selektion stattfand, aber seinem Tonfall nach war es sehr ernst. In diesem Fall konnte sie um ihre Arbeit wirklich froh sein.

Sie musterte den Mann und überlegte, was ihn dazu bewogen hatte, so nett zu ihnen zu sein. Er spielte weiter mit den anderen Karten und zündete sich eine neue Zigarette an. Dann aber kreuzten sich ihre Blicke.

»Danke«, flüsterte sie.

Er nickte und blies den Rauch aus. Genie fasste nach Reginas Hand und seufzte. Sie sahen den Männern beim Kartenspielen zu, bis er meinte, sie könnten jetzt gehen. Auf dem Rückweg ins Lager blickten sie erst zurück, als der Bahnhof fast außer Sicht war.

»Komischer Kerl. Er muss einen Grund haben, uns zu beschützen. Oder, Eugenia?«

»Ich weiß nicht. Vielleicht gibt es einfach noch gute Menschen. Er ist eine Nadel im Heuhaufen«, vermutete Genie.
»Eher ein Heuhalm in einem Nadelhaufen. Aber ja, er ist erstaunlich nett.«
Sie wechselten einen Blick und lachten.

Alles wurde Routine. Ein typischer Tag in Auschwitz sah genauso aus wie der Vortag. Die Wachleute weckten sie mit dem Morgengong. Und wenn der ertönte, mussten sie schnellstens vor ihrer Baracke antreten. Wer einen zu tiefen Schlaf hatte, erntete für das Zuspätkommen Hiebe oder den Tod.

Zum Glück hatte Genie einen leichten Schlaf, und ihre Blockführerin sorgte immer dafür, dass alle aufstanden. Nach dem Appell gingen sie zur Arbeit, und beim Abmarsch spielte am Lagertor ein Orchester. Sosehr sie auch den Fußmarsch hasste, die Orchestermusik war der schönste Moment ihres Tages.

Gern stellte sie sich vor, dass da Feliks spielte. Dass seine Hände über die Tasten flogen und sogar die Nazis davon beeindruckt waren.

Ihr größter Wunsch war es, bei ihm zu sein, aber das war illusorisch. Rund um das Lager verlief ein Elektrozaun, und auf dem Weg zum Güterbahnhof wurden sie von SS-Trupps bewacht. Es gab häufig Zählappelle, und wenn man nicht zur Stelle war, büßte man das mit dem Tod.

Abends kamen sie erst spät zurück. Da sie den ganzen Tag nichts zu essen bekamen, waren sie bei Sonnenuntergang völlig ausgehungert. Wenn sie endlich in ihren Baracken waren, konnten sie sich zu dritt ihren Laib Brot teilen und die widerliche Suppe schlürfen, die wie Schlamm schmeckte.

Mehr und mehr hasste Genie die »Prominenten«. Irgendwie

schafften sie es immer, einen Zuschlag bei der Suppe zu bekommen, um den sie dann mit den anderen Gefangenen feilschten. Genie aber verabscheute das Gebräu, das sie Suppe nannten, und bat lieber um eine etwas größere Brotration. Erfolg hatte sie damit selten. Brot war extrem begehrt. Also begnügte sie sich mit ihrem Drittel und so viel Schlammsuppe, wie sie herunterwürgen konnte, und kroch so früh wie möglich ins Bett. Sie ignorierte die Gespräche und schloss die Augen; und dann erwachte sie an einem neuen Tag, für den sie nie wirklich bereit war.

Ständig wurden sie gezählt und angebrüllt. Beim Schlafengehen murmelte Genie jetzt das immer gleiche Gebet: »Lass mich nicht mehr aufwachen.« Doch ihre Gebete wurden nicht erhört.

Der Grundgedanke des Konzentrationslagers war der einer einzigen langsamen Folter. Die Nazis beherrschten ihn vollkommen. Einige Gefangene hatten nur zur Aufgabe, auf der Straße strammzustehen. Genies Gebete wurden dringlicher.

Eines Tages wurden sie unter der Beschallung mit Musik zum dritten Mal an einem Abend zum Appell gerufen. Halina und ihre Mutter wohnten nur fünf Baracken weiter; schnell fanden sie Genie und rannten gemeinsam zum Appellplatz.

»Was ist los? Irgendetwas ist heute besonders«, raunte Genie.

Es stimmte. Es war viel mehr SS da als sonst, und die Gefangenen tuschelten aufgeregt. Schließlich wurden zwei junge Mädchen vorgeführt. Umgeben von Wachleuten mit Hunden wurden sie auf das Podest gestoßen. Als sie an ihr vorbeigeführt wurden, erhaschte Genie einen Blick auf ihre Gesichter, und sie erschrak. Die beiden mochten dreizehn Jahre alt sein, wirkten aber jünger.

Unwillkürlich entfuhr Genie ein bitteres Lachen. Halina warf ihr einen vernichtenden Blick zu.

»Das sind zwei kleine Mädchen. Von ungefähr zwanzig Wachleuten mit Hunden umgeben, das ist doch verrückt.«

Wortlos drehte Halina sich zurück und sah wie alle anderen zu, wie ein besonders großer Hocker gebracht wurde. Die Wachleute hoben die Mädchen hinauf, und einer von ihnen trat vor. Er begann zu sprechen, und Genie tippte Halina in den Rücken. Murrend übersetzte sie.

»Anscheinend sollte es einen Aufstand geben«, flüsterte Halina.

»Wie bitte? Hier?«

»Sie wollten das Krematorium sprengen. Und die Mädchen haben geholfen. Sie haben Sprengstoff transportiert.«

Genie betrachtete die Mädchen. Neben den Aufsehern wirkten sie wie Kinder.

»Das kann nicht sein. Diese Mädchen können doch gar nichts Schweres tragen«, erwiderte Genie.

Halina zuckte mit den Schultern und drehte sich wieder nach vorne.

In dem Moment, als die Mädchen erhängt wurden, schrien sie: »RACHE!«

Ein Tuscheln und Flüstern ging durch die Reihen, als die beiden vom Podest gestoßen wurden. Ihr Genick knackte, und sie waren sofort tot. Genie war froh darum, dass sie wenigstens nicht lange leiden mussten.

Diese Mädchen verdienten etwas Besseres, und sie freute sich für sie. Sie starben mit dem Ruf nach Rache auf den Lippen.

Jetzt mussten die Reihen der Gefangenen näher an das Podium heranrücken. Missmutig stiegen sie in den Keller hinunter. Nach Hinrichtungen mussten sie immer hinunter und die Toten aus der Nähe betrachten. Auch das ließ Genie wie abwesend über sich ergehen.

Auf dem Rückweg zur Baracke flüsterte Halina mit Genie.

»Ich glaube, als Nächstes sind Alma und Elie an der Reihe. Sie haben ziemlich viel mitbekommen. Ich sitze ja bloß vorne in der Schreibstube, aber sie arbeiten hinten bei den hochrangigeren Offizieren der Registratur.«

»Es muss schön sein, Prominente zu sein und alles zu wissen.«

»Oh ja, Eugenia, und außerdem lassen sie sich liebend gerne willkürlich beseitigen. Ganz ehrlich.«

»Wenigstens haben sie etwas davon. Du und deine Mama, ihr habt bestimmt mehr Privilegien.«

»Mama putzt Latrinen.«

»Ja! Mit einem Dach über dem Kopf und der ersten Suppe des Tages.«

»Sie ist auch schon ein bisschen älter; das ist gut für sie. Und wie oft hast du die Suppe gegessen, die Mama für dich aufgehoben hat? Da habe ich von dir keine Beschwerden gehört.«

Genie schwieg, denn Halina hatte recht. Oft hatte ihre Mutter ihr Suppe gebracht, und für jeden Löffel davon war Genie dankbar. Halina gegenüber würde sie das aber nicht zugeben.

»Weißt du, in letzter Zeit ist es schwer«, beschwichtigte Halina. »Alle scheinen hier durchzudrehen. Sogar die Wachmannschaften. Weißt du was: Komm doch mal mit ins Konzert. Die Kommandantur veranstaltet Vorführungen, und heute Abend ist wieder eine. Mein Chef ist nicht da, du kannst auf seinem Platz sitzen. Komm doch mit«, lockte Halina.

»Wie bitte? Ich darf da nicht rein. Ich habe doch keine Sonderstellung wie du.«

»Bitte, Genie, komm.«

»Nein, Halina!«

Genie kreischte, als Halina sie am Arm packte und mit ihr

losrannte. Genie wollte nicht in irgendein dummes Konzert, und außerdem war das bestimmt verboten – aber Halina ließ sich nicht aufhalten.

Sie betraten den Konzertsaal, und Halina nickte dem Wachmann am Eingang zu. Genie senkte den Blick und versuchte, sich hinter Halina zu verstecken. Die beiden wechselten ein paar Worte auf Deutsch, dann zog Halina sie weiter.

»Sie spielen heute Schubert. Komm, schau nicht so. Es ist alles gut.«

»Hier sind nur SS-Leute und Prominente«, flüsterte Genie verängstigt.

»Ja, ist das nicht witzig? Du darfst einen Abend deines Lebens genießen. Es wird dir gefallen. Ich weiß doch, wie sehr du Musik liebst. Kein Wunder, dass du dich in Feliks verliebt hast. Mein Bruder dagegen – keine Ahnung, was er an dir findet.« Halina warf ihr einen prüfenden Blick zu. Genies Augen verengten sich.

»Willst du mich ...«

»Psst, es geht los!« Halina legte einen Finger auf die Lippen.

Murrend lehnte Genie sich zurück, als die Musiker zu spielen begannen. Es klang wunderbar, und seit Langem hatte sie zum ersten Mal wieder eine echte Empfindung. Mit geschlossenen Augen konzentrierte sie sich ganz auf das Klavier.

Die Pianistin spielte großartig, und sie sah Feliks an den Tasten sitzen. Er wiegte sich im Auf- und Abschwellen der Musik, und Genie lauschte lächelnd seiner Virtuosität. Doch als sie die Augen aufschlug, sah sie am Klavier eine Fremde sitzen. So gut sie auch spielte, Genie konnte nur an Feliks denken. Der Zauberbann, mit dem er sie monatelang belegt hatte, war zurück, und sie verfiel ihm völlig.

Es war ein wunderbares Stück, und Genie klammerte sich an

ihren Stuhl. Sie dachte an ihr altes Leben, das, in dem sie sich auf ein Musikstudium vorbereitet hatte ... Wie lange hatte sie daran nicht mehr gedacht? Eine Ewigkeit. Schüchtern schielte Genie in den Raum, ohne dabei den Kopf zu bewegen. Sie musterte die Offiziere. Manche von ihnen schlugen mit dem Fuß den Takt, einer wiegte sich sogar mit. Fast kam es ihr vor, als wären sie echte Menschen, und sie saßen alle zusammen in einem Konzert – Juden und Nazis gemeinsam.

Feliks wäre stolz gewesen. Er sagte immer, Musik bringt die Menschen zusammen. Leider würde das Konzert irgendwann enden. Und während die Gefangenen dann halb verhungert und überarbeitet in ihre Baracken huschten, trugen die Wachleute schneidige, saubere Uniformen und gingen nie hungrig ins Bett.

Da begriff Genie. Die »Prominenten« saßen im Konzertpublikum, aber war das wirklich ein Vorteil? Sie blieben dennoch Gefangene. Der einzige Unterschied war, dass ihr Käfig etwas heller glitzerte. Und für die meisten war das Schicksal längst besiegelt; wenn sie in der Registratur arbeiteten, hatten sie nicht mehr lange zu leben.

Genie fragte sich, ob es das wert war. Vielleicht dachten sie wie so viele und gingen davon aus, dass sie sowieso alle sterben würden. Dann war es besser, kurz vor dem Tod noch etwas Trost zu finden. Ihr Blick fiel sorgenvoll auf Halina. Würden sie auch sie eines Tages aus dem Weg räumen? Jetzt, wo Büttner sie nicht mehr beschützen konnte ...

Genie mochte Halina nicht, aber ohne sie, das wusste sie, würde sie nicht überleben. Ihr Deutsch und ihre Unerschrockenheit hoben sie von der Menge ab. Solange sie Genie mit durchbrachte, konnte sie ihretwegen mit so vielen Aufsehern flirten, wie sie wollte. Sie hielt sie beide am Leben.

Sie näherten sich dem Höhepunkt des Konzerts, und sie

war unendlich ergriffen. Das Orchester spielte wunderbar. Sie atmete tief durch und konzentrierte sich auf einen Aufseher vor ihr, der mit den Fingern auf sein Bein trommelte. Das Talent dieser Musikerinnen war so unbestreitbar – wie konnten die Nazis sie bloß für »Untermenschen« halten? Wie konnten sie ihrer zauberhaften Musik lauschen und sie wie Vieh behandeln, sobald sie die Instrumente weglegten?

Genie dachte darüber nach, wie das möglich war. Trennten sie den Musiker vom Juden und sahen in ihnen dann etwas anderes als die namenlosen Gefangenen, auf die sie draußen blindlings einschlugen?

Auch Genie selbst unterlag genau diesem Fluch. Sie fühlte sich wie irgendeine beliebige Gefangene. In der Monotonie des Tages vergaß sie oft, wer sie eigentlich war. Dennoch erklärte das nicht, was die Nazis sahen, wenn sie diesen Musikerinnen lauschten. Waren sie immer noch jüdisches Ungeziefer? Wie aber konnte Ungeziefer solch harmonischen Wohlklang erzeugen? Halina hatte erzählt, dass es oft Konzerte gab; welch entsetzlicher Zynismus.

Musik war das exakte Gegenteil zur alltäglichen Betätigung der SS. Während sie Zerstörung und Hass anrichteten, erschuf die Musik ständig Neues und schenkte Liebe. Sie berührte Geist und Seele, und diese Empfindungen ließen sich nicht in Worte fassen. Musik überstieg die blanke Vernunft und wollte nur ehrlich empfunden werden. Sie war von solcher Reinheit, dass nicht einmal die Nazis sie besudeln konnten.

Genie wünschte sich, sie wäre eine Note in einer Partitur; Teil eines großen Meisterwerks, in dem sie eine so kleine Rolle spielte, dass es sie keine Mühe kostete. Und wenn sie zum Klingen gebracht wurde, dann mit einem einzigen Atemzug oder dem Anschlag eines einzigen Fingers.

Aber ihre Existenz wäre dann nicht bedeutungslos. Mochte sie auch ein kleiner Ton sein, der nur einen Schlag lang dauerte; aber mit ihrem Erklingen war sie Teil des Ganzen. Schließlich klang sie nicht allein. Auch Klavier, Geige und Akkordeon spielten Töne, und gemeinsam schufen sie den glückseligen Moment, der den eigentlichen Sinn des Stücks verkörperte. Es war eine Herausforderung oder eine Antwort. Es klang wie ein Aufstreben, der stille Anfang eines großartigen Crescendos. Der einzelne Ton musste nicht viel tun, aber er war Teil eines ehrgeizigen Ganzen. Genie sehnte sich nach einem solchen Ziel.

Die Pianistin fesselte sie mit einer komplizierten Kadenz, und Genie war überwältigt. Plötzlich sah sie wieder Feliks vor sich, wie er ihr vom Klavier aus zuzwinkerte.

Ihr Herz fing an zu rasen, und sie sah sich hektisch um. Überall waren Nazis, die lauschten oder sich leise unterhielten. Sie konnte sich von ihnen nicht einen Moment der Freude geben lassen. Nein, solange sie da waren, gab es keine einzige gute Erinnerung. Sie waren böse, und sie waren der Grund, weshalb sie von Feliks getrennt war.

Sie stellte sich vor, dass er hier war, aber sie spürte es nicht – wegen all der Nazis hier. Und sie saß mitten zwischen ihnen. Genie hielt das keinen Moment länger aus.

Sie machte Anstalten, aufzustehen, aber Halina legte ihr die Hand auf den Arm.

»Untersteh dich.«

»Ich kann nicht mehr«, flüsterte Genie verzweifelt.

Sie schüttelte heftig den Kopf und wich Halinas Blick aus. Wieder rutschte sie auf ihrem Stuhl vor und wollte aufstehen. Halina packte fester zu.

»Bleib sitzen, oder wir müssen beide dran glauben.«

Genie lehnte sich zurück, und die ersten Tränen fielen ihr in den Schoß. Ihre Brust hob und senkte sich schnell, und sie bemühte sich, nicht laut aufzuschluchzen.

»Was ist los mit dir? Reiß dich zusammen«, raunte Halina eindringlich.

Die Musik schwoll an, und es war, als säßen die Musiker direkt vor ihr. Genie musterte die Pianistin, und eine Sekunde lang sah sie wieder Feliks. Doch dann war er weg. Genie dachte nichts mehr. Sie überlegte nicht, welche Folgen ihr Handeln hatte. Ihr Fluchtinstinkt überwältigte sie.

Jetzt kam sie nicht mehr dagegen an. Sie wusste nur, dass sie wegmusste. Dass sie das vielleicht mit dem Leben bezahlen würde, kam ihr gar nicht in den Sinn. Sie dachte nicht an Bestrafung, folgte nur ihrem Instinkt. Atemlos schnellte sie hoch – und rannte hinaus. Um keinen Aufseher ansehen zu müssen, hielt sie den tränennassen Blick gesenkt. Sie wagte nicht, das Gebäude zu verlassen, und sah sich nach einem Schlupfwinkel um. Es gab weder eine dunkle Ecke noch irgendjemanden, der sie in den Arm genommen hätte. Sie schlug sich die Hände vors Gesicht und weinte. Langsam sank sie zu Boden und brach auf den kalten Fliesen zusammen.

Nach mehreren Minuten hob sie den Kopf. Niemand war ihr gefolgt. Zumindest heute würden die Nazis sie nicht umbringen. Sie weinte, bis ihr Schluchzen abebbte.

»Ich könnte ja fragen, aber ich habe wirklich keine Lust dazu«, fauchte Halina.

Genie wischte sich die Nase und blickte auf. Schnaubend wandte sie sich ab.

Halina ging neben ihr in die Hocke und legte ihr einen Arm um die Schultern. Schweigend saßen sie eine Weile so da. Keine von beiden wagte zu sprechen.

Nach einiger Zeit stand Halina auf und streckte Genie die Hand entgegen.

»Komm, wir gehen wieder rein.«

»Halina, ich ... ich kann nicht. Ich will nicht. Wenn ich nur daran denke ...« Wieder fing Genie zu schluchzen an. Kopfschüttelnd packte Halina grob Genies Hand.

»Mein Gott, du bist so ein Baby«, keifte sie.

Wie ein ertapptes Kind ließ Genie sich nach draußen führen. Halina setzte sie vor ihrer Baracke ab und ging dann weiter zu ihrer. Ohne die Gespräche der Frauen zu beachten, schleppte Genie sich zu ihrer Pritsche. Sie redeten über die beiden erhängten Mädchen. Eine deutete etwas von einem neuen versuchten Aufstand an.

Genie kroch in ihr Bett und rollte sich zusammen. Wenn die anderen Frauen kamen, würde sie so nicht mehr liegen können. Sie versuchte, das Konzert zu vergessen und sich zu erinnern, wo sie waren. Wenn sie sich einer Träumerei überließ, in der sie in Konzerte gehen und ihrer geliebten Musik lauschen konnte, wäre es um sie geschehen.

Sie durfte sich nicht einmal vorstellen, dass solcher Trost existierte. Wenn sie Erinnerungen daran zuließ, wie es sich anfühlte, sich ganz dieser belebenden Musik hinzugeben, dann gäbe es in ihrer Trauer kein Zurück mehr. Dann wäre sie verloren, sich selbst entfremdet und gefährlich von der grausamen Wirklichkeit abgekoppelt.

Am nächsten Morgen war Genie, wenn das überhaupt denkbar war, noch schlechter gestimmt als sonst. Trotzdem stapfte sie zu den Latrinen, denn sie war gespannt, wie Halina sich heute ihr gegenüber verhalten würde.

Doch Halina erwähnte den Vorfall mit keinem Wort. Stattdessen versuchte sie Genie zu überzeugen, ihren ehemaligen Posten in der Nähfabrik zu übernehmen. Eine Zeit lang hatte Halina dort in der Nachtschicht gearbeitet. Sie stellte ihr in Aussicht, dass sie damit tagsüber Privilegien erhielte. Genie fiel es schwer, ihr zu glauben.

»Ich sage es dir, das ist besser als deine jetzige Arbeit. Ich kann dich dorthin versetzen«, versicherte Halina.

»Nein. Mir geht es gut.«

»Du sagst immer, du kannst nachts kaum schlafen und musst dazu noch kilometerweit zur Arbeit marschieren. Für mich klingt das nicht gut. Komm schon, wenn du in der Nachtschicht arbeitest, bekommst du vielleicht tagsüber mehr zu essen ab. Mama hat jetzt Beziehungen und konnte schon ein paarmal mehr Suppe abzweigen.«

»Wunderbar. Ach, so geht das also bei euch«, schnappte Genie.

Halina schnaubte, und Genie ärgerte sich. Seit Halina in der Registratur arbeitete, verhielt sie sich, als hätte sie alles unter Kontrolle. Tatsächlich hatte sie mit der Registrierung der Häftlinge und ihrer Zuweisung an Arbeitskommandos zu tun. Auch Listen mit den Namen derer, die vergast worden waren, wurden in der Registratur geführt.

»Versuch es doch. Wenn es dir nicht gefällt, kannst du ja zurück zu den Jungs und Kautschuk schleppen.«

»Mal sehen.«

»Aber entscheide dich schnell. Ich muss den Posten bald besetzen. Seit Büttner hier ist, kann ich da etwas mehr machen«, erklärte Halina.

In letzter Zeit gerierte sie sich oft so selbstbewusst. Allmählich hatte Genie zu ahnen begonnen, warum. Doch bei Halinas letzten Worten wurde ihr alles klar.

»Moment mal, Büttner? Aus Plaszow?«, fragte Genie ungläubig.

»Nein, aus Honolulu. Natürlich mein Büttner! Er hat mich in der Registratur ausfindig gemacht. Er ist noch in Plaszow stationiert, aber er nutzt jeden Vorwand, um mich zu besuchen. Und er hat mir in Aussicht gestellt, dass er bald mein direkter Vorgesetzter wird.«

»Das heißt, du hast ihn schon öfter getroffen? Warum hast du mir nichts davon erzählt?«

»Er kommt ja nicht deinetwegen. Aber er ist nun mal bei der SS, Eugenia. Er kann einiges einfädeln. Ich bin mir fast sicher, dass wir ihm unser Leben verdanken.«

»Du machst dir Illusionen, Halina. Büttner hat uns nicht vor der Gaskammer gerettet; das war reines Glück. Aber wie dem auch sei – stell dir mal vor: Vielleicht weiß er ja etwas von Feliks. Ist er noch in Plaszow?«

»Ja, Genie, er lebt. Tut mir leid, das wollte ich dir noch ausrichten«, flüsterte sie.

Sie klang nicht, als täte es ihr besonders leid, und Genie wäre fast in die Grube gefallen. Feliks. Er lebte. Sie hatte es immer gewusst.

»Bitte, sag Büttner, er soll Feliks ausrichten, dass ich ihn liebe.«

»Das mache ich«, erwiderte Halina.

Genie fühlte sich, als könnte sie fliegen. Sie nickte zum Dank und stand auf. Auf dem Weg von der Latrine bis zu ihrer Arbeitskolonne fühlte sie sich, als würde sie auf Wolken schweben. Feliks war noch in Plaszow, und sie würde einen neuen Arbeitsplatz bekommen. Das musste sie unbedingt Regina erzählen.

Es war, als spräche das Schicksal zu ihr, denn die Lieferung bestand heute aus schwereren Lasten als sonst. Mehrere Männer mussten gemeinsam anpacken, und die Mädchen trugen gemeinsam die etwas weniger schweren Ladungen. Zeit mit Regina alleine hatte Genie kaum.

Als sie gemeinsam mit zwei anderen Mädchen eine große Kiste bei der Fabrik abgestellt hatten, winkte Genie sie schließlich zu sich.

»Warte mal, ich brauche deinen Rat«, flüsterte sie.

»Geht es um deine neue Frisur?«

»Bitte? Ich habe doch keine neue Frisur!«, fuhr Genie auf.

Sie fasste sich mit der Hand in die kurzen Kringel, die ihr neuerdings wuchsen. Sie reichten ihr bis an die Ohrläppchen, und darüber war sie froh. Die meisten Frauen hatten immer noch Glatzen.

»Ach, Genie, das war doch nur ein Witz. Was ist los?«

»Meine Schwester ... das heißt, meine Schwägerin arbeitet jetzt in der Registratur.«

»Oh nein, die Ärmste!«

»Sie kriegt das schon hin. Aber sie sagt, ich soll ihre Nachtschicht in der Nähfabrik übernehmen. Was hältst du davon?«

»Das ist bestimmt gut, weil du wahrscheinlich besser nähen als schleppen kannst, ohne dir zu nahe zu treten. Andererseits ist es schlecht, weil wir dann nicht mehr gemeinsam arbeiten.«

»Eben ...«, zögerte Genie, aber Regina drückte ihre Hand.

»Probier es. Das ist was anderes. Vielleicht können wir uns in der Latrine sehen. Dann erzähle ich dir von deinem Lieblingsfreund und wie er den Verlust wegsteckt.«

Genie lachte und musterte Regina. Sie war ein guter Mensch, und sie hoffte, die Arbeiter würden sie auch weiterhin warnen, wenn Gefahr drohte.

»Regina? Nenn mich doch Genie. So nennen mich all meine

Freundinnen – oder eben die, die mich besser kennen«, schloss Genie schüchtern und lächelte ihr dankbar zu.

Als Genie sich gemeinsam mit den anderen in der Nähfabrik meldete, versuchte sie ihre gute Laune zu verbergen. Sie hatte heute Morgen Halinas Mutter getroffen, die ihr eine Extraportion Schlammsuppe zugesteckt hatte. Sie war weniger widerlich, weil es die erste Charge des Tages war. Sie glich schon eher einer echten Suppe – und damit startete Genie besser gelaunt in den Tag als sonst.

Sie studierte die anderen Gefangenen und versuchte, ihren Zustand einzuschätzen. Alle ließen Kopf und Schultern hängen, und Genie machte es ihnen nach.

»*Schnell, schnell!*«

Erschrocken lief Genie mit den anderen zu den Nähtischen. Während sie mit der Arbeit begann, fiel ihr Blick auf die Kapo, die für die SS die Arbeit ihrer Mitgefangenen beaufsichtigte: ein grimmig aussehendes tschechisches Mädchen mit dem Blick eines Geiers für sein nächstes Opfer. Neben Genies Maschine lag ein Stapel Uniformen; sie nahm die erste und fing an.

»*Schneller! Schneller!*«

Aus dem Augenwinkel beobachtete Genie, wie die Kapo von einer Nähmaschine zur nächsten sprang und die Mädchen mit einer Peitsche zur Eile trieb. Erschrocken und mit zitternden Händen legte sie die Uniform auf den Tisch. Es war schrecklich, und Genie fragte sich, wie Halina es all diese Wochen hier ausgehalten hatte.

Das einzige Wort, das die Aufseherin zu kennen schien, war »*schnell*«, und während der gesamten Schicht schrie sie es ihnen ins Gesicht. Sie stolzierte zwischen den Maschinen umher und stieß willkürlich mit dem Peitschenschaft auf sie ein.

Genie musterte die anderen Frauen. Mit gesenkten Köpfen flickten sie eine Uniform nach der anderen. Sie arbeiteten so schnell, dass Genie sich fragte, ob sie die Löcher auch tatsächlich zunähten. So schnell konnten die Maschinen doch gar nicht arbeiten.

Sie beschloss, es auszuprobieren, und nahm eine Jacke von ihrem Stapel. Mit dem Fuß trieb sie die Maschine an und legte den Ärmel auf den Tisch. Schnell zog sie den Stoff unter die Nadel. Sie versuchte, so schwungvoll zu arbeiten wie die anderen Frauen, aber dann hielt sie inne. Sie hatte vollständig am Loch vorbeigenäht und stattdessen den Stoff daneben erwischt. Genie erschrak.

»Schnell!«

Sie hörte Schritte näher kommen. Bei jedem Knallen der Absätze zog sie den Kopf tiefer ein. Hoffentlich kam die Kapo nicht zu ihr. Doch zu spät. Entweder hatte sie Ohren wie ein Luchs und hatte gehört, wie sie kurz innegehalten hatte, oder sie hatte Adleraugen und hatte die verhunzte Uniform gesehen.

Eine Hand packte Genie am Kragen, und sie taumelte vom Stuhl. Die Kapo zerrte sie von den Tischen weg. Genie sah flehentlich zu den anderen Frauen. Würden sie ihr helfen?

Doch nicht eine schien sie auch nur zu bemerken. Als wäre sie gerade mal ein Lufthauch und nicht das Mädchen, das eben noch mit ihnen gearbeitet hatte. Würde sie jetzt sterben? Wie das wohl sein würde? Manchmal, wenn das Tageslicht vergangen und sie mit ihren Gedanken allein war, stellte sie sich vor, wie der Tod wäre. Würde er sie nach einem Gewehrschuss umarmen, vom Galgen knüpfen oder ihren von Prügeln zerschundenen Körper aufheben?

Sie standen ständig am Rande des Todes, nur einen Schritt

vom Abgrund entfernt. Sie war nicht mal sicher, ob sie es merken würde. Fühlte es sich so an? Sicher, sie hatte versagt, und andere Gefangene waren schon für weit weniger umgebracht worden. Es war schwer zu sagen, aber vielleicht fühlten sich vor dem Tod alle so. Nie wirklich überzeugt, dass sie jetzt an der Reihe waren. Dass mit einem einzigen Schlag alles zu Ende wäre. Vielleicht begriffen sie es erst in der Millisekunde, in der der Abzug gedrückt wurde. Ihr Augenblick war gekommen. Und sie konnten ihn mit nichts aufhalten. Genie wusste, dass es um sie genauso stand. Sie stolperte über ihre eigenen Füße, während sie davongerissen wurde.

Sie wurde an eine Wand gestoßen und kauerte sich auf den Boden. Die Kapo schrie sie an. Wahrscheinlich sprach sie tschechisch, aber in ihren Augen glänzte der Wahnsinn, und sie redete so schnell, dass ihre sprudelnden Worte nicht einmal für sie selbst Sinn ergeben konnten.

Plötzlich wurde es still, und Genie wagte einen Blick nach oben. Die Kapo beugte sich über sie, die Hände hielt sie hinter ihrem Rücken verborgen. Genie bemühte sich um ein schüchternes Lächeln, doch offenbar vergeblich. Eine Hand wurde sichtbar, darin lag eine Lederpeitsche.

Genie wandte sich ab und legte die Hände vors Gesicht. Es war, als würden tausend Messer auf sie niedergehen. Beim ersten Hieb schrie sie auf. Der Schmerz blendete sie und ließ sie noch weiter zu Boden sacken. Der Peitschenriemen fuhr auf sie herunter wie eine Drachenzunge. Aus allen Richtungen kamen die Hiebe, sie spürte die Schnitte am Arm, am Nacken, am Bein und am Rücken. Jetzt traf einer ihre Hand, und sie umklammerte noch fester ihr Gesicht. Sie wollte kein Auge verlieren.

Sie biss die Zähne zusammen, und ihre Schmerzensschreie

verstummten. Es tat so weh, dass sie wie benommen war. Am schlimmsten war aber, dass sie nicht wusste, wo der nächste Hieb sie treffen würde. Sie rechnete mit dem Rücken und spannte dort die Muskeln an. Doch die Peitsche schlug zu, wo sie wollte.

Und dann – plötzlich Ruhe. Die Schläge hörten auf, und Genie hörte, wie sich knallende Absätze entfernten. Vorsichtig öffnete sie ein Auge und sah die Kapo davoneilen. Durch all ihren Schmerz hindurch seufzte Genie erleichtert auf. Sie lebte.

Doch ihre Wunden brannten und trieben ihr die Tränen in die Augen. Genie versuchte aufzustehen, aber ihre Beine versagten ihr den Dienst. Weinend sank sie zurück auf den Boden und rollte sich ein wie ein kleines Kind.

Sie fühlte sich elend und hilflos. Wenn Halina sie jetzt sehen könnte, würde sie sicher sagen, sie solle sich nicht wie ein Baby benehmen. Dieser Gedanke machte Genie so wütend, dass sie die Kraft hatte, sich auf ihre Hände hochzustützen. Sie starrte auf den Rücken der Kapo, bis selbst die Wut ihrem geschundenen Körper zu anstrengend wurde. Sie fiel wieder zu Boden und schloss die Augen unter dem pochenden Schmerz.

»Ist sie tot?«

»Ein Wunder wäre es nicht. Ich habe mich schon gewundert, dass sie überhaupt so lange überlebt hat.«

»Bestimmt war sie in ihrem früheren Leben ziemlich verwöhnt.«

»Schluss jetzt. Seid ein bisschen nett. Schaut, sie atmet noch.«

»Vielleicht sind es nur die letzten Zuckungen.«

»Sei nicht so derb. Kommt, helft mir.«

Genie bewegte sich, als ein paar Arme sie hochhoben. Sie wimmerte, und ihre Lider flatterten.

»Wusste ich's doch ...«

Als Genie das helle Stimmchen hörte, schlug sie die Augen auf. Ein elf- oder zwölfjähriges Mädchen schaute ihr direkt ins Gesicht. Ihre Augen waren groß und rund.

Leicht verwirrt stöhnte Genie auf. Das Mädchen zog sich zurück, und zwei ältere Frauen neigten sich über sie. Genie war umringt von ungefähr sieben Frauen, die sie betrachteten, als hätten sie etwas wie sie noch nie gesehen.

Sie mussten sie mit vereinten Kräften auf einen Stuhl gehoben haben. Dann fiel Genie ein, wo sie sich befand, und sie sah sich erschrocken nach der Kapo um.

»Was ist passiert?«, krächzte sie.

»Offenbar kannst du nicht nähen. Damit wirst du hier nicht lange überleben. Wer kam denn auf die Idee, dich hier unterzubringen?«, fragte eine der älteren Frauen.

Kraftlos schüttelte Genie den Kopf. Sie konnte jetzt nicht erklären, dass das ein Vorschlag ihrer Schwägerin gewesen war.

»Gleich kommt die Kapo zurück. Kommt, Mädels, wir versorgen ihre Wunden und setzen sie wieder an die Arbeit.«

Mit tränennassen Augen sah Genie sie an. Sie hatten keinen Anlass, ihr zu helfen, und wenn sie erwischt wurden, war ihnen eine harte Strafe sicher. Trotzdem taten sie es.

Die Mädchen liefen von Tisch zu Tisch und holten einzelne Stofffetzen, vor Eifer rempelten sie einander sogar an. Sie brachten alles Mögliche: Stoffstreifen, Schnittreste und Schnurenden, mit denen sie Genies größere Schnittwunden verbanden. Einige waren so tief, dass sie stark bluteten, besonders schlimm war eine im Nacken direkt unter dem Haaransatz. Als die Frauen versuchten, das Blut abzutupfen, schrie Genie auf und warf den Kopf in den Nacken – es tat einfach zu sehr weh. Doch sie musste durchhalten. Eine Frau ging vor Genie in die Hocke und nahm ihre Hände. Langsam nickte sie, bis sie Genies Blick auffing. Ihre Botschaft war klar: Sie musste da jetzt durch.

Mit zusammengebissenen Zähnen ließ Genie zu, dass sie die Wunde noch einmal säuberten. Im stärksten Schmerz flohen ihre Gedanken zu Feliks. Wären es doch seine Hände, die sie versorgten. Wahrscheinlich würde er sie gleichzeitig mit ein paar dummen Witzen ablenken und sie dann auf den Verband küssen.

Trotz der Schmerzen entspannten sich ihre Gesichtszüge, als die Frauen, die sich um sie kümmerten, vor ihren Augen zu Feliks wurden. Sie würde ihn alles tun lassen, was nötig war, damit sie gesund wurde.

»Wir müssen sie hier herausholen. Kennt ihr keine Prominente?«

Feliks' Erscheinung verschwand, und Genie erschrak. Plötzlich war sie zurück in der Nähfabrik.

»Ich kann mal herumfragen. Vielleicht findet sich in ein paar Monaten irgendeine andere Arbeit.«

»Ich kann das selbst regeln! Ihr braucht euch für mich nicht den Kopf zu zerbrechen, meine Schwägerin arbeitet in der Registratur«, beruhigte sie Genie.

Sie musterte die Frauen, die vor ihr knieten. Sie halfen ihr, und sie ließ sich so gehen. Sie vergrub das Gesicht in den Händen.

»Ach, Kindchen. Unser Leben ist grausam. Wir verstehen dich schon.«

Eine Hand legte sich auf ihre Schulter, und mit Tränen in den Augen sah sie zu den Frauen auf. Sie lächelten milde.

Sie setzten Genie an ihre Nähmaschine und legten einen Stapel mit mehreren fertigen Uniformen daneben. So konnte sie so tun, als würde sie nähen und tatsächlich etwas zu Ende bringen. Als die Kapo wiederkam, saßen sie alle mit gebeugten Köpfen bei der Arbeit wie die Maschinen, die sie in ihnen sah.

Aufs Neue schritt die Kapo durch die Reihen und verteilte willkürliche Peitschenhiebe. Genie konnte die Tränen kaum noch zurückhalten. An diesem Abend kaute sie stirnrunzelnd ihr Brot. Jede Bewegung tat weh, ihr ganzer Körper brannte. Warum hatte Halina ihr das angetan? Es war Folter, und Genie war überzeugt, dass sie die Nähfabrik nicht lange überleben würde.

Natürlich war es schrecklich gewesen, in Plaszow Leichen zu schleppen, aber die Näharbeit schien auf bestem Wege, Genies persönlicher Albtraum zu werden. Ständig fürchtete sie um ihr Leben, und sie bekam die Peitsche der Kapo noch oft zu spüren. Sie vergaß, wie es war, ohne Schmerzen schlafen zu gehen und ohne Tränen aufzuwachen.

Nach ihrem ersten Tag hatte sie gedacht, die Nähfabrik würde der Ort ihres Todes werden. Doch dazu ließen die Frauen es nicht kommen. Wann immer es möglich war, brachten sie Genie Tricks und Kniffe bei. Wenn die Kapo aufs Klo verschwand oder sich mit einem Aufseher hinter eine Wand verzog, versuchten sie, Genie alles Erdenkliche beizubringen. Sie zeigten ihr, wie sie die Fußbewegung an die Maschine anpassen musste, damit sie genau dann nähte, wenn sie es wollte. Manche Maschinen eierten, sodass das Pedal hängen blieb, aber sie lernte, es rechtzeitig laufen zu lassen. Sie zeigten ihr, wie das Loch oder der Riss in der Uniform sich schnell finden ließ, wenn man Hose oder Hemd faltete und den Stoff abtastete.

Genie würde nie nähen können wie sie, aber sie versuchte es. Und obwohl es ihr schwerfiel, machte sie Tag für Tag Fortschritte. Mittlerweile konnte sie ein Hemd von ihrem Stapel nehmen und es glatt über den Nähfuß ziehen. Perfekt war ihre Arbeit nicht, aber für die Kapo reichte es.

Außerdem lernte Genie, zu arbeiten, ohne irgendein Lebenszeichen von sich zu geben. Die Frauen sagten ihr, sie hätten schnell begriffen, dass die Kapo sie so wenig lebendig wie möglich haben wollte. Wenn eine von ihnen zu laut atmete oder sich zu viel bewegte, merkte sie, dass sie lebendige Wesen vor sich hatte, und aus lauter Wut darüber peitschte sie sie aus, bis sie so arbeiteten, wie sie es wünschte.

Genie lernte, vor der Schicht ihre Muskeln schlaff werden zu lassen, damit sie weniger zuckten, und flach durch die Nase zu atmen, damit die Brust sich weniger hob und senkte. Doch nach einigen Wochen bei dieser Arbeit fing sie an, selbst zu glauben, dass sie eine Maschine war. Ihr Körper bewegte sich nur noch automatenhaft, und ihre Gedanken tröpfelten sinnentleert dahin. Mit jedem Tag, der verging, verlor sie mehr Hoffnung. Die Peitsche der Kapo auf ihrem Rücken trieb die wenigen Lebensgeister aus, die noch in ihr waren. Sie fing an, sich an den Gedanken zu gewöhnen, dass sie Feliks nie wiedersehen würde. Sie würde ihre Liebe mit ins Grab nehmen.

Und doch war sie dankbar. In den Jahren im Ghetto hatte sie eine Liebe erfahren, die vielen ihr Leben lang verwehrt blieb. Sie hatte eine verwandte Seele gefunden. Sie würde Feliks immer lieben, auch wenn das offenbar nicht zum Überleben reichte.

Wenige Wochen später wartete sie in den Latrinen auf Halina. Die Minuten verstrichen, doch von Halina keine Spur. Sie wollte schon gehen, als sie Schritte hörte. Erleichtert erkannte sie die vertraute Gestalt ihrer Schwägerin.

»Halina!«

»Normalerweise sagen die Leute als Erstes ›Guten Morgen‹. In deinem Fall würde ich aber mindestens ein Dankeschön erwarten.«

»Ich soll dir danken? Wofür denn? Dass du versuchst, mich umzubringen?«, zischte Genie durch den Spalt. Als sie Halina seufzen hörte, wollte sie am liebsten laut losschreien.

»Wovon sprichst du eigentlich?«, fragte Halina.

»Diese Kapo bringt uns noch alle um.«

»Oh, bitte. Erledige deine Arbeit, dann ist alles gut. Sie peitscht nur die, die zu langsam sind.«

»Das stimmt nicht! Sie peitscht mich auch, wenn ich schnell arbeite. Ich weiß nicht, wie ich meine Hände noch schneller bewegen soll.«

»Dann finde es raus.«

Genie legte den Kopf in die Hände und spürte Tränen auf ihren Wangen. Es war einfach alles zu viel.

»Hör zu. Ich dachte, ich tue dir einen Gefallen. Aber wenn du es so furchtbar findest, kannst du auch zurück zu deinem geliebten Kautschuk. Du musst nur diese Woche fertig machen, dann kann ich dich wieder versetzen.«

Mit einem Ruck hob Genie den Kopf.

»Wirklich?«

»Ja, aber sei nicht mehr so ein Baby, verstanden?«

Genie holte tief Luft und verließ die Latrine etwas froheren Mutes. Ein paar Tage würde sie noch durchhalten. Und dann konnte sie Regina wiedersehen und ihr ihr ganzes Leid klagen.

Am Ende der Woche verkündete Halina, sie habe eine Überraschung für Genie. Büttner hätte ihr etwas mitgebracht. Sie reichte Genie ein kleines Päckchen durch den Bretterschlitz und sagte trocken: »Das ist von Feliks.«

»Was?«, schrie Genie auf.

Sie konnte es nicht fassen. Mit zitternden Händen drehte sie ein kleines Lederherz in ihren Händen. Sie wischte sich eine Träne von der Wange und klappte es auf.

Im Inneren lag ein kleiner Liebesbrief und ein Bild von ihnen beiden im Ghetto. Es war ihr Verlobungsbild. Eine Träne fiel auf das Bild, und erschrocken wischte sie es mit einem Hemdzipfel trocken.

»Das hat Feliks aus seinem Schuh herausgeschnitten. Er hat sich endlich entschieden, Büttner zu akzeptieren, und es ihm anvertraut. Ist das nicht ein Wunder? Dieses Ding hat einen weiten Weg hinter sich.«

Genie brachte kein Wort über die Lippen und drückte sich das Herz an die Brust. Das hier war das größte erdenkliche Geschenk. Ein Geschenk, das ihr für die nächsten Jahre so viel unverzichtbare Hoffnung geben würde. Ein Zeichen Gottes, ein Wunder im KZ.

»Büttner hat mir erzählt, dass Feliks ziemlich erstaunt war, dass du noch lebst. Weil du damals im Ghetto immer dieses kleine, verwöhnte Mädchen warst. Aber Büttner hat ihm gesagt, dass du gesund bist. Feliks war überglücklich. Er hat gerade Klavier gespielt, als Büttner ihm von dir erzählte, und ist dabei ganz aus dem Takt geraten.«

»Wie bitte? Feliks verspielt sich nie«, entgegnete Genie und konnte ein Strahlen nicht verbergen.

»Ich weiß. Wahrscheinlich war er einfach überwältigt. Gute Nachrichten sind in letzter Zeit ja eher Mangelware«, erklärte Halina.

Lächelnd las Genie noch einmal den Brief. Immer wieder kehrten ihre Augen zum Ende zurück, wo stand:

Bald sind wir wieder zusammen. Dann lege ich dir deinen Garten an. Bleib stark, meine Liebste. Am Tage denke ich an dich, und in der Nacht träume ich von dir.

Es war ein Geschenk Gottes, das ihr sagte, dass irgendwann alles gut werden würde. Sie küsste das Herz und steckte es sich entschlossen in den Stiefel. Sollten sie sie doch zu Tode prügeln. Dieses Lederherz würde sie für immer behalten. Es sollte ihre einzige Hoffnung in Auschwitz werden, während sie ums Überleben kämpfte.

★★★

Wieder einmal wurde zum Appell gerufen, und Genie fluchte laut. Jemand tippte ihr auf die Schulter, aber sie reagierte nicht. Auch als Halina sie überholte, blickte sie nicht auf. Doch dann nahm Halina ihr Handgelenk und rüttelte daran.

Genie erschrak. Sie versuchte, Halina abzuschütteln, aber sie war zu stark. Natürlich, schließlich war sie eine verwöhnte »Prominente«, die nicht so schwer arbeiten musste. Alle anderen waren inzwischen Skelette, deren Muskeln und Energie nicht einmal reichten, um während der Appelle strammzustehen.

Genie verdrehte die Augen, wie sie es jetzt häufig tat, aber Halina ließ ihr das nicht durchgehen. Sie stemmte die Hände in die Hüften und blitzte Genie an.

»Hör auf, so zu fluchen. So gibst du den Deutschen noch recht. Sie versuchen uns und allen anderen einzureden, dass wir nur dreckige Schweine sind«, schärfte sie ihr ein.

Genie wollte sie wegschubsen, aber schließlich war sie Feliks'

Schwester, also ließ sie es. Stattdessen schlug sie einen sarkastischen Ton an.

»Das hat dir bestimmt dein Freund Büttner beigebracht.«

Halina blieb ruhig an ihrer Seite.

»Nein, eine Freundin im Ghetto. Ich habe auch eine Weile gebraucht, bis ich es verstanden habe. Aber klar, dein Hirn ist noch kleiner, lass dir ruhig Zeit.«

Genie funkelte sie wütend an, aber dann spürte sie Feliks' Herz in ihrem Stiefel, und seine Liebe beruhigte sie. Sie wandte sich von Halina ab, als sie wieder zu einer Hinrichtung gerufen wurden. Diesmal mit dem Fallbeil, was immerhin besser als der Galgen war. So waren die Verurteilten schnell tot.

Immer wieder gingen Gefangene aus freien Stücken in den Elektrozaun, weil sie nicht mehr konnten. Der Tod war ein Segen für sie. Jeden Tag, wenn Genie Block 10 passierte, machte sie sich klar, wie viel besser der Tod war. Bei einigen Gefangenen experimentierten sie an den Beinen herum, andere verloren ein Auge. Ihnen wurden alle möglichen Substanzen gespritzt. Wenn zu viele von ihnen starben, wurde Häftlingsnachschub gebraucht.

Genie war froh, dass sie nicht mehr in der Nachtschicht arbeitete, weil man nie wusste, was morgens dort passierte. Nach Belieben sammelten sie dort neue Gefangene für Block 10 ein oder führten Hinrichtungen durch. Wenn sie das Lager verließ und zum Bahnhof ging, fühlte sie sich sicherer.

Nach der Hinrichtung wurden sie entlassen, und Genie reihte sich bei ihrem Arbeitskommando ein. Da legte sich eine Hand auf ihr Handgelenk. Sie blieb stehen und merkte auf, wendete aber nicht den Kopf. Diesen Griff kannte sie.

»Hör zu, Eugenia. Ich weiß, dass es in letzter Zeit hart war, und ich ...«

»In letzter Zeit? Ich bitte dich ...«, unterbrach Genie. Sie musterte Halina, der der Frust nur allzu deutlich anzusehen war: Als würde sie still um Geduld bitten, schloss sie die Augen. Genie fragte sich nur, von wem genau sie da Geduld erbat.

»... und ich glaube, du brauchst Hilfe. Hörst du nicht bei den Abendgebeten zu?«, fragte Halina ungeduldig.

Genie presste die Lippen aufeinander. Sie wollte Halinas Meinung darüber, was sie tat oder brauchte, nicht hören. Und was ging es sie schon an, wie Genie ihre Abende verbrachte? Sie schützte sich doch nur. Würde sie jeden Abend den Frauen in ihrer Baracke zuhören – sie würde durchdrehen. Sie sprachen ständig über den »Stand« des Krieges und tratschten über andere Häftlinge. Genie hörte nie zu. Es war naiv, zu glauben, dass der Krieg bald enden würde. Eine Wirklichkeit jenseits ihrer eigenen kam Genie gar nicht erst in den Sinn. Schon lange hielt sie solche Gedanken tunlichst von sich fern.

Seit ein paar Wochen redeten die Gefangenen vom Vormarsch der Alliierten. Offenbar glaubten sie an etwas so Abwegiges wie ihre baldige Befreiung. Doch die Deutschen würden sie eher alle umbringen, als sie freizulassen, das wusste sie.

Ein grobes Rütteln an ihrem Arm riss sie aus ihren Gedanken. Brummend schüttelte sie Halina ab.

»Kannst du mich nicht einfach in Ruhe lassen? Weißt du nicht, wohin mit dir? Zum Beispiel, was weiß ich, mit den anderen Prominenten zur Kaffeerunde mit Milch und Keksen?«

»Du bist so kindisch. Falls du dich entscheidest, erwachsen zu werden, dann hör doch mal bei den Gebeten zu. Sie könnten für dich der Beginn einer Heilung sein«, sagte Halina.

Sie sprach ohne einen Anflug von Sarkasmus, und Genie horchte auf.

»Heilung? Und warum sollte ich die ausgerechnet hier finden?«

»Eugenia, vielleicht wäre es gut, sich vorzubereiten. Auf die Zeit, wenn der Krieg endlich vorbei ist.«

»Du liebe Güte. Nicht du auch noch«, seufzte Genie.

Frustriert wandte Halina sich ab und stapfte davon. Genie marschierte kopfschüttelnd weiter in Richtung Bahnhof. Als sie bei ihrem Zug ankam, war Regina schon da. Sie trug eine schwere Kiste, stützte sie aber auf dem Knie ab, um mit einer Hand Genie zuzuwinken.

Genie befürchtete, gleich würde die Kiste kippen und Regina dafür eine Strafe kassieren. Doch sie konnte sie halten und sie weiter in Richtung Fabrik schleppen. Jetzt bekam Genie ihre Last aufgeladen und machte sich wortlos auf den Weg.

Der Tag verging im gewohnten Stumpfsinn. Regina und Genie begegneten sich zwar, aber sie fanden keine Gelegenheit für ein Gespräch. Ohnehin gab es nach Monaten in Auschwitz nicht mehr viel, worüber man reden konnte. Die einzigen Neuigkeiten waren der Tod noch einer Gefährtin oder eine außergewöhnliche Bestrafung. Und solche Gespräche waren nicht gerade erbaulich.

Beim Marschieren war Genies Kopf wie leer gefegt. Sie fasste kaum noch richtige Gedanken. Ihr Körper schien sich automatisch zu bewegen. Er wusste, was er täglich zu tun hatte, und erledigte das möglichst fehlerfrei. Ihr Verstand hingegen war wie ein kaputtes Zahnrad in einem Getriebe. Eigentlich funktionierte er nicht mehr, nur manchmal, wenn ein Gedanke aufblitzte, zeigte er, dass er noch existierte.

Irgendwann später lag Genie auf ihrer Pritsche. Sie kaute an einem Stück Brot, das kaum größer war als ihr Daumen. Es war ihre erste Nahrung heute. Das Geplapper der Frauen rauschte an ihr vorbei. Trotzdem erinnerte sie sich an Halinas Rat. Vielleicht würde es heute nicht wehtun, wirklich zuzuhören. Wenigstens wäre es einmal etwas Neues.

Jemand forderte die Versammelten auf, den Kopf zu neigen, und eine Frau begann zu beten. Ihre Stimme klang für Genie wie ein Wiegenlied. In einem sanften Singsang rezitierte sie:

Gott, höre mein Gebet
Und verbirg dich nicht vor meinem Flehen.

Genie richtete sich auf und kroch vor, bis sie auf dem Rand der Pritsche saß. Ihre Beine baumelten, während sie zuhörte. Offenbar ignorierte Gott auch das Flehen der anderen Frauen. Genie war nicht allein damit.

Wasche mich rein von meiner Missetat
und reinige mich von meiner Sünde;
denn ich erkenne meine Missetat,
und meine Sünde ist immer vor mir.
Nimm hin mein Leid und Elend als Buße
und tilge alle meine Missetat.
An dir allein habe ich gesündigt
und übel vor dir getan;
Dein Wille sei es, Gott meiner Väter,
dass ich nicht mehr sündige.

Die ganze Baracke war erfüllt von Dutzenden Stimmen. Jung und Alt beteten gemeinsam, und Genie war zutiefst berührt.

*Wasche mich rein von meinen Sünden in deiner Barmherzigkeit,
doch nicht durch Leiden und Krankheit.
Sende vollkommenes Heil, mir und allen Elenden.
Mein Gott, Gott meiner Väter,
ich bekenne, mein Leib und Heil
liegen in deinen Händen.
Nach deinem Willen mögest du mich heilen.
Doch wenn es dir gefällt, dass ich sterbe in dieser Not, so lasse
 meinen Tod alle Missetat büßen, die ich vor dir begangen habe.
Birg mich im Schutz deiner Flügel; nimm mich auf in die
 kommende Welt.
In deine Hand lege ich meine Seele.
Du erlösest mich, Gott der Wahrheit.*

Den nächsten Teil erkannte Genie, und sie stimmte mit ein:

*Schma Jisrael,
Adonai Eloheinu,
Adonai Echad!
Höre, Israel!
Der Ewige, unser Gott,
ist ein einiges, ewiges Wesen!
Adonai Hu Ha Elohim
Der Herr ist Gott.
Gott der Richter ist Gott der Barmherzige.*

Lächelnd sahen die Frauen einander an. Genie hätte am liebsten losgelacht, doch ganz schnell legte sie sich die Hand vor den Mund. Unglaublich, dass sie so fröhlich war.

Sie wünschten einander eine gute Nacht, und ohne nachzudenken, stimmte Genie ein. Die Frauen, die ihre Pritsche teilten, merkten freudig auf. Sie krochen ins Bett, und als Genie sich ausstreckte, lächelte sie immer noch. Sie zog Feliks' Herz aus dem Stiefel und drückte es sich wie jeden Abend an die Brust.

Sie war stolz, Jüdin zu sein. Bisher hatte Gott sie beschützt. Wenn sie so lange überlebt hatte, warum sollte sie dann nicht alles überstehen? Es waren immer noch Juden übrig, und das war gut so. Nie würden die Nazis gewinnen, und dafür war sie ihren Mitgefangenen dankbar.

Am nächsten Tag ging Genie auf dem Heimweg ganz vorne in der Kolonne. Regina fragte nicht nach, aber sie kam auch nicht mit, sondern blieb auf ihrem gewohnten Platz weiter hinten. Genie freute sich auf die Gespräche in ihrer Baracke. Auf dem Appellplatz entdeckte sie ein vertrautes Gesicht. Seufzend raffte sie sich auf, mit ihrer Schwägerin zu reden.

Als Halina sie sah, blieb sie stehen und kam widerstrebend auf sie zu.

»Was gibt's?«, fragte sie.

»Ich wollte bloß – ich glaube, ich bin dir etwas schuldig.«

»Das ist eine ziemlich lange Liste. Wo willst du anfangen?«, neckte Halina.

Genie ignorierte ihren Tonfall und holte tief Luft. Wenn sie sich schon aufraffte, musste sie es richtig machen.

»Ich möchte mich entschuldigen. Für alles. Es tut mir leid. Du hast mich am Leben gehalten, und ich weiß, dass mein Verhalten oder meine Worte manchmal ungeschickt sind. Ich ... ich weiß nicht. Manchmal bin ich so wütend und traurig, und ich reagiere so, weil ich nicht verstehe ...«

»Eugenia. Schon gut. Du machst mit deinem Gefasel noch diesen Moment kaputt. Aber ich will mich eine Zeit lang an ihn erinnern. Du versuchst dich zu entschuldigen – darüber werde ich eine Weile lachen können!«

»Halina, ich meine es ernst. Wirklich.«

»Ich weiß. Deswegen ist es ja auch so lustig. Na, komm schon. Ich gehe einen Film ansehen. Kommst du mit?«, fragte Halina.

Ihre Miene wirkte entschlossen, und Genie wusste, was das bedeutete. Nichts würde sie von ihrer Idee abbringen. Genie zuckte mit den Schultern, und Halina zog sie mit sich. Sie drängten sich durch die Kolonnen von Gefangenen, die von einem langen Arbeitseinsatz zurückkamen. Sie passierten mehrere Wachleute, und jedes Mal duckte Genie sich hinter Halina.

Und tatsächlich reagierte niemand. Niemand hielt sie auf, obwohl sie als Einzige gegen den Strom gingen. Genie starrte versonnen auf Halinas Rücken. Kannten die Aufseher sie? Wenn sie einfach so durchs Lager spazieren konnte, was hielt sie dann davon ab, ganz wegzulaufen? War das denkbar? Vielleicht nahm Halina sie ja genau jetzt mit auf die Flucht?

Genies Herz raste, und ein Teil ihrer selbst, der seit Langem verborgen gewesen war, öffnete sich. Der kalte, harte Stein, der in ihrer Brust lag, bekam einen Sprung, und Genie riss die Augen auf. Sie hatte dieses Gefühl vergessen, hatte es mit ihrem früheren Leben vergraben.

Freiheit.

Langsam bahnte die Empfindung sich einen Weg nach draußen. Aber sie war tief begraben, und es war schwer, durch den rissigen Stein ans Licht zu finden. Denn Genie hatte sie vor so langer Zeit verloren, und allein der Gedanke daran versetzte sie in Aufruhr. Sie hatte vergessen, wie Freiheit sich anfühlte, weil sie sie nie bewusst genossen hatte.

Doch Halina plante heute keine Flucht. Als Genie dies begriff, gefroren ihr Herz und Seele wieder zu Eis.

Stattdessen zog Halina ihre Schwägerin bis zu einem Gebäude am anderen Ende des Lagers. Als sie näher kamen, wurde Genies Schritt zögerlicher. Sie zog ihr Handgelenk aus Halinas Griff, als sie am Eingang einen SS-Mann stehen sah. Er hatte die Hände hinter dem Rücken verschränkt, und selbst von so weit weg wirkte er einschüchternd. Es sah aus, als würde er sie erwarten. Was hatte Halina vor?

»Was ist? Komm schon, wir sind spät dran«, drängte Halina.

Sie zog fester an Genies Handgelenk, aber die sträubte sich heftig. In die Nähe dieses Gebäudes würde sie keinen Fuß setzen.

»Halina, ich lasse nicht mit mir experimentieren. Du weißt, was sie uns dort antun.«

»Bist du völlig verrückt geworden? Wir gehen einen Film anschauen ...« Halina schüttelte den Kopf.

Genie überlegte, doch dann spürte sie in ihrem Stiefel Feliks' Lederherz. Es rieb an ihrer Ferse, als würde Feliks selbst sie vorwärtsdrängen. Seufzend ließ sie sich von Halina weiterziehen. Und dann entspannte sie sich.

Sie hatte das Gesicht des SS-Mannes erkannt: Es war Büttner, der ihnen entgegensah. Als sie an ihm vorbeigingen, nickte er knapp.

Genie war so erleichtert, dass sie gar nicht realisierte, was Büttners Anwesenheit für sie bedeutete. Hatte er womöglich in letzter Zeit Feliks gesehen? Lebte er immer noch? Die Fragen brannten Genie auf den Lippen, aber Halina rannte jetzt fast. Über die Schulter sah Genie, dass Büttner ihnen folgte. Halina hatte ihn gar nicht weiter beachtet. Genie wusste nicht recht, was sie erwartet hatte. Eine Umarmung oder gar ein

Kuss wären natürlich nicht möglich gewesen. Dennoch fragte sie sich unwillkürlich, ob zwischen den beiden alles in Ordnung war.

Stumm ließ Genie sich von Halina in eine Ecke führen, wo Büttner sie endlich einholte. Jetzt ging er voraus, und Halina hakte sich bei Genie unter. Mit der anderen Hand fuhr sie durch Genies Haar und klopfte ihre Kleider ab.

»Schon gut, schon gut, es reicht«, murrte Genie.

Der erste Aufseher, dem sie begegneten, stand an einer großen Tür. Leise sprach Büttner mit ihm. Dann richtete auch Halina ein paar Worte an ihn, in einem süßlichen Tonfall, den Genie nicht von ihr kannte. Der Wachmann nickte ihnen beiden knapp zu und öffnete die Tür.

Drinnen musste Genie blinzeln. Ihre Augen versuchten sich an die Dämmerung zu gewöhnen, dann blendete sie von vorne ein helles Licht. Sie waren in einer Art Kinosaal, und Genie staunte, als sie die große Leinwand sah. Seit Ewigkeiten hatte sie das nicht mehr erlebt. Unwillkürlich überkam sie ein Gefühl der Freude.

Sie fanden einen Platz ziemlich weit hinten. Genie sah, wie Büttner sich neben Halina schob, und das Lächeln verging ihr wieder. Das Kino war voll, fast alle Stühle waren besetzt. Alles war voller SS. Nervös rieb sie sich die Beine und warf Halina einen ängstlichen Blick zu.

»Ist es wirklich gut, dass ihr beide nebeneinandersitzt?«, flüsterte Genie.

»Ich bin seine Prominente. Und fang gar nicht erst an. Du wirst nie verstehen, wie komplex die Dinge hier sind. Also schau nicht so. Sei froh, dass ich dich heute mitnehme«, raunte Halina zurück.

In stiller Wut drehte sich Genie wieder nach vorne.

Der Film lief bereits. Es war ein Stummfilm, aber er war nicht schwer zu verstehen. Auf der Leinwand sah man eine schöne Familie. Nichts Besonderes, keine Zaubertricks oder spektakulären Effekte.

In ihrem früheren Leben hätte Genie das wahrscheinlich langweilig gefunden und Tat gebeten, früher zu gehen. So hätten sie noch Zeit für etwas Lustiges gehabt, die Bibliothek oder die Eisbahn, statt ihre Zeit mit einem so ereignislosen Film zu verplempern.

Heute aber starrte Genie mit offenem Mund auf die Leinwand und sah der Familie beim Abendessen zu. Sie reichten Dinge wie Zucker und Butter herum. Die Kinder lachten und machten Faxen, während die Eltern sie unbeschwert zur Ordnung riefen.

Und alle lächelten dauernd. Es war ein so heiteres Lächeln, dass sie fast verblödet wirkten. Dabei taten sie nichts, außer zu essen. Zwischen den Bissen unterhielten sie sich, und wenn sie den Mund voll hatten, nickten sie einander höflich zu. Der Film hatte absolut nichts Besonderes, aber am Ende klatschten die Wachleute und die Prominenten laut Beifall. Als sei es beste Unterhaltung, einer Familie beim Abendessen zuzusehen. Genie konnte nur staunen.

Die Zeit hatte sie verändert, und einer Familie beim Abendessen zuzuschauen, glich jetzt einem Märchenfilm mit Zauberdingen wie Zucker und lächelnden Gesichtern. Kleinigkeiten, die inzwischen so fern waren, dass sie ihr wie reine Fantasiegebilde vorkamen.

Später am Abend musterte Genie die Baracken. Zurück in ihrer eigenen Wirklichkeit, wusste sie, dass sie weiterhin um Tröpfchen von Schlammsuppe kämpfen würden. Sie wollte in dieser Hölle keine weiteren Filme sehen. Es war, als hätte sie sich freiwillig einer besonders boshaften Form der Folter ausgesetzt.

Zu sehen, wie das Leben eigentlich sein sollte, sich einen Funken Trost zu holen, brachte mehr Leid als denkbaren Nutzen. Sollte Halina doch in ihre Konzerte und Filmvorführungen gehen, Genie würde das nicht noch einmal aushalten. Unter Tränen flehte sie an diesem Abend im Gebet, am nächsten Morgen nicht mehr aufzuwachen. Wie schlimm stand es um sie, dass sie meinte, eine Familie beim Abendessen sei eine Wirklichkeit, die sie nie wieder erleben würde? Abend für Abend wiederholte sie ihr Gebet, bis sie glaubte, es könne erhört werden.

Die Kugel und der Stiefel

1945

Auf dem Appellplatz fielen Genie beinahe die Augen zu. Halina stupste sie an, und sie fuhr zusammen. Letzte Nacht hatte sie kaum geschlafen, weil die Frauen in ihrer Baracke die ganze Zeit geredet hatten. Offenbar stand irgendetwas Großes bevor. Genie war zu schwach, um sich dafür zu interessieren. Die Kälte des unerbittlichen Winters hatte sie so ausgelaugt, dass sie nur noch eine leere Hülle ihrer selbst war.

Während der Aufseher sie wieder einmal in unverständlichem Deutsch anbrüllte, unterdrückte sie ein Gähnen.

»O mein Gott«, flüsterte Halina.

Jetzt erwachte Genies Neugier doch, und sie schielte zu ihr hinüber. In Halinas Gesicht stand blanke Angst, und das riss Genie endgültig aus ihrer Lähmung.

»Was ist?«

»Sie verlegen uns. Wir kommen in ein anderes Lager.«

»Hurra«, erwiderte Genie zynisch.

Halina stieß sie mit dem Arm an.

»Hör auf, Eugenia. Das hier ist eine ernste Sache!«

»Na und? Wir müssen weg. Wir haben nichts zu packen, also gehen wir.«

Halina und ihre Mutter musterten sie bestürzt. Aber als

ihre Reihe losgetrieben wurde, nahmen sie sie beide an der Hand.

»Du bleibst bei uns«, befahl Halina.

Genie schielte auf ihre Hände und nickte. Diesmal würden sie um jeden Preis zusammenbleiben. Auf den Befehl der Aufseher rannte die Kolonne aus dem Lager, dann mussten sie plötzlich stehen bleiben. Sie fingen an zu marschieren, drehten um und liefen in die andere Richtung.

»Das ist doch Wahnsinn. Sie wissen nicht, wohin mit uns«, seufzte Halinas Mutter.

Offensichtlich stimmte das. Es herrschte Chaos und Verwirrung, überall marschierten einzelne Kolonnen los. Obwohl sie von SS mit Gewehren und Hunden bewacht wurden, liefen etliche Häftlinge davon. Sie rannten in den Wald, und verblüfft beobachtete Genie, dass einige tatsächlich dort ankamen. Sie verschwanden im Dickicht und waren frei wie die Vögel. Auf die wenigen, die es schafften, kamen aber viel mehr, die für ihren Fluchtversuch auf der Stelle erschossen wurden, und für die Mitgefangenen aus derselben Kolonne gab es Prügel.

Die Märsche schienen unendlich. Zitternd vor Kälte arbeiteten sie sich durch Eis und Schnee und mussten aufpassen, dass sie nicht stolperten, denn wer einmal gestürzt war, wurde erschossen oder blieb zurück und erfror. Genie war heilfroh um ihre Stiefel, die wenigstens ihre Füße schützten, während die Kälte ihr in allen Knochen saß. Es gab nichts zu essen, und statt Wasser konnten sie höchstens Schnee zu sich nehmen. Genie nahm an, dass sie ein letztes Mal einen Todeszug besteigen sollten, aber wie es aussah, würden sie den nicht einmal lebendig erreichen. Immer wieder begegneten sie anderen Gruppen, aber schon wenn sie nur Blickkontakt zu den anderen Gefangenen aufbauten, setzte es Schläge. Am schlimmsten aber waren weder der Hunger noch die Prügel, sondern die unerbittliche Kälte, die die geschwächten Körper der Gefangenen fest im Griff hatte.

»Es ist so weit. Sie holen alle aus den Lagern. Vielleicht ist der Krieg zu Ende«, flüsterte Genie mit wiederkehrender Hoffnung.

»Ich bitte dich. Selbst wenn der Krieg vorbei ist, lassen sie uns nicht überleben. Wir sind doch lebende Beweise. Es wäre dumm, wenn sie uns am Leben ließen.«

»Warum haben sie uns dann nicht längst erschossen, Mama?«, fragte Halina stirnrunzelnd.

»Wahrscheinlich geht der Krieg zu Ende, aber noch ist es nicht so weit. Kommt, Kinder: Von Auschwitz sind es vielleicht zwei Stunden nach Krakau. Wir fliehen! Andere haben es auch geschafft.«

»Ja, aber andere sind nicht über fünfzig.«

»Pass auf, was du sagst, Halina. Ich bin vielleicht schon älter, aber immerhin haben wir bis hierher durchgehalten. Wir müssen fliehen.«

Genie musterte sie fragend. Nicht ein einziges Mal hatte sie an Flucht gedacht, aber vielleicht war das hier tatsächlich ihre Chance? Konnten sie auch in den Wald und in die Freiheit laufen? Sie spürte das Reiben von Feliks' Herz in ihrem Stiefel, als wollte er sie zur Vorsicht mahnen.

»Stehen bleiben!«

Wieder ein Halt, diesmal, um sich zu erleichtern, und Halina zog sie wie immer in einen Graben. Genie verstand nicht, warum sie als Einzige in einem Graben hockten, aber Halina bestand darauf. Nach ein paar Tropfen stand Genie als Erste wieder auf.

»Bewegung, weiter, schnell!«

Eilig bildeten sie wieder ihre Kolonne und marschierten weiter. Es war eine Qual.

»Wir sollten es während einer Klopause versuchen. Das ist unsere einzige Chance.«

»Mama!«

»Ich meine das ernst. Wir schlagen uns bis Krakau durch, und niemand wird uns vermissen.«

»Bis auf die zig bewaffneten SS-Leute, die auf uns aufpassen«, wandte Halina ein.

Halinas Mutter wurde immer aufgeregter, und Genie konnte es ihr nicht verdenken. Seufzend nahm sie ihre Hand.

»Geht. Ganz ehrlich. Schau mich nicht so an, Halina. Du und deine Mutter, ihr solltet versuchen, euch zu verstecken. Aber ich gehe nicht, bis ich Feliks gefunden habe. Ich liebe ihn so sehr, er ist mein Leben, und ich laufe nicht weg, bis er bei mir ist«, erklärte Genie.

Sie sah Halina den Kopf schütteln, aber es war ihr egal. Sollten sie doch in ihr Verderben rennen. Ihr einziger Gedanke galt ihm. Sie spürte nach seinem Lederherz in ihrem Stiefel und lächelte.

Es war dunkel geworden, und nach einem Tagesmarsch ohne Essen waren sie völlig erschöpft.

»*Halt, ihr Schlampen. Hier wird geschlafen.*«

Vor einer kleinen Scheune blieben sie stehen und wechselten argwöhnische Blicke. Jetzt ging es darum, den besten Schlafplatz zu ergattern. Alle liefen los. Genie wollte nicht drängeln und landete gemeinsam mit Halina im angrenzenden Pferdestall.

Vielleicht lag es daran, dass es im Stall fast behaglich warm war, oder am Schnaufen der Pferde. Jedenfalls schlief Genie so gut wie seit Monaten nicht mehr, und als sie vom Gebrüll der

Aufseher geweckt wurden, staunte sie, dass die Sonne schon hoch am Himmel stand.

»*AUFSTEHEN!*«

Genie und Halina sahen einander an, dann sprangen sie auf. Verschlafen stellten sie sich mit den anderen in die Kolonne. Auch die Wachleute wirkten unkonzentriert. Wenigstens riefen sie ihnen nicht wie sonst ununterbrochen Schimpfwörter zu.

»*Bewegung, schnell!*«

Gähnend stapfte Genie los.

»Eugenia.«

Hätten sie doch bei den Pferden bleiben können. Wenn sie mutiger wäre, hätte sie eines gestohlen und wäre zu allen Lagern geritten, um Feliks zu suchen.

»Genie!«

Sie fuhr aus ihrem Tagtraum auf, ihr Lächeln versiegte. Fragend sah sie Halina an.

»Was ist denn? Ich versuche einfach nur, einen Fuß vor den anderen zu setzen.«

»Mama ist nicht da.«

Mit aufgerissenen Augen blickte Genie sich um. Sie wusste, dass sie mit den anderen auf der Suche nach einem Schlafplatz in die Scheune gegangen war. Aber heute Morgen hatte sie sie nicht gesehen. Sie reckte den Hals und musterte die Spitze der Kolonne.

»Hör auf, lass das«, zischte Halina.

»Aber wir müssen sie finden! Wo kann sie nur sein?«

»Vielleicht ist sie weggelaufen.«

»Deine Mama, weggelaufen? Ich wusste nicht, dass sie noch rennen kann«, erwiderte Genie matt.

»Vielleicht ist sie wirklich in die andere Richtung gelaufen, nach Krakau. Dann werden wir sie dort wieder treffen.«

»Das hoffe ich ...« Nervös betrachtete Genie ihre Schwägerin.

Ihre Mutter war die ganze Zeit bei ihr gewesen. Ausgerechnet jetzt, am Ende, kam sie doch noch ums Leben. Und Halina wollte es nicht wahrhaben.

Oder redete Halina nur so, um sie zu beruhigen? Genie wusste nicht, was sie davon halten sollte. Sie selbst war entschlossener denn je, Feliks zu finden. Er würde ihr wieder Lebensmut geben. Sie musste ihn finden; sie musste einfach.

Sie hob die Augen und streckte die Hand aus: Es hatte erneut zu schneien begonnen.

Nach einem weiteren Tagesmarsch erreichten sie Gleise. Eine weiße Decke überzog den wartenden Güterzug.

Halina und Genie wurden in einen Waggon gestoßen, zusammen mit zwei Aufseherinnen und ihren Schäferhunden. Genie hatte oft gesehen, wie die Hunde Tote fraßen, und sie drängte sich dicht an Halina.

Es waren offene Güterwagen, sie waren Kälte und Schnee völlig schutzlos ausgesetzt. Sie hatten nichts zu essen und keine warmen Kleider. Genie zitterte, aber sie war froh über ihre Stiefel; andere hatten nur zerfledderte Halbschuhe.

»Halina, mir ist so kalt«, flüsterte Genie mit klappernden Zähnen.

»Beruhige dich, von deinem Zittern rasseln mir die Knochen. Komm, rutsch zu mir.«

»Was glaubst du, wohin ...«

Genie unterbrach sich, als einer der Schäferhunde auf sie zuschlich. Er setzte sich direkt vor Halinas Gesicht, und sie lachte nervös.

Genie erstarrte vor Angst. Sie hatte gesehen, wie diese Schnauzen Menschen töteten. Dieser Hund aber kletterte über ihre Beine und ließ sich auf ihren Füßen nieder. Sein schwerer Körper bedeckte fast ihre ganzen Beine.

»Um Himmels willen«, flüsterte Genie.

»Halt ... still.«

Auf diese Mahnung hätte Halina verzichten können. Entsetzt starrte Genie auf den Hund, der ihnen Füße und Beine wärmte.

Unterwegs hielten sie an mehreren Lagern, und jedes schien überfüllt. Einige Gefangene wurden in den Zug gepfercht, andere marschierten in traurigen Kolonnen in verschiedene Richtungen.

Wieder ein Halt, und die Aufseherinnen stiegen aus. Der Hund stand auf und folgte ihnen.

»*Los, Bewegung! Schnell!*«

Sie sprangen nach draußen und mussten als Erstes die gefrorenen Leichen ausladen. Viele Gefangene waren unterwegs gestorben, die gefrorenen Kadaver stanken nach faulen Eiern. Zum Glück konnte Genie sich hinter der groß gewachsenen Halina verstecken, die einen leblosen Körper nach dem anderen aus dem Waggon hievte. Eigentlich hätte Genie helfen müssen, aber da Halina kein Wort darüber verlor, schien es in Ordnung zu sein, dass sie sich drückte. Es dauerte bestimmt eine Stunde, bis alle Leichen auf dem Bahndamm lagen.

Als der Zug leer war, marschierten sie zum nächsten Lager; wie sie später erfuhren, hieß es Ravensbrück. Genie hegte die schwache Hoffnung, dass Feliks womöglich hier war, aber sie sah überall nur weibliche Häftlinge.

Plötzlich baute sich ein brüllender Wachmann vor ihnen auf: »*Ihr starrt alle vor Dreck. Ihr müsst erst mal in Quarantäne.*«

Sie kamen in eine große Halle.

»*In einer Reihe antreten!*«

Sie stellten sich auf, und jede erhielt ein Stück Brot. Genie lief das Wasser im Mund zusammen: In ihrer Hand lag ein Stück Himmel. Gerade wollte sie hineinbeißen – da wurde sie hart angerempelt und stürzte zu Boden. Sie schrie auf.

Eine andere Gefangene hatte sie gestoßen und versuchte, ihr das Brot aus den Händen zu winden. Genie trat heulend um sich, aber vergeblich. Die Frau rannte davon, während Halina Genie aufhalf.

»Diese Hündin. Wie kann sie es wagen ...«

»Schon gut. Mir ist ja nichts passiert.«

»Hier, wir teilen meines. Jetzt fehlt nur noch Mama, dann wären wir wieder zu dritt.«

Genie verschlang wortlos ihr Stück Brot. Dieses würde sie sich nicht mehr stehlen lassen.

Sie wurden nach draußen gebracht, ringsum standen Aufseher. Es war eiskalt, und Genie fühlte sich unerträglich schmutzig. Offenbar wurden sie hier nicht einmal entlaust. Also trat sie zur Seite und zog sich aus. Sie wusch sich im Schnee, die Blicke der Aufseher waren ihr längst egal geworden.

In einem Gebäude erhielten sie eine neue Nummer. Zu ihrer Verwunderung kamen Genie und Halina nicht in den Judenblock. Anscheinend wussten die Aufseher nicht, was sie mit ihnen anfangen sollten. Es hieß, hier hätten zuvor Kriminelle eingesessen, die jetzt selbst das Sagen hatten. Genie war inzwischen ohnehin alles egal.

Frühmorgens kämpften sich Genie und Halina zu den wenigen Wasserhähnen durch, um sich zu waschen. Seit Halina die vielen Leichen hatte anfassen müssen, war sie sehr auf Sauberkeit aus, und sie bestand auf dieser Gewohnheit – zumal ihr das ihre Mutter eingeschärft hatte.

Genie beklagte sich nicht. Sie wollte nicht streiten; auch so gab es schon genug zu kämpfen. Jeden Tag teilten sich zehn Gefangene einen Laib Brot. Manchmal war er steinhart. Ein paar Häftlinge gingen sogar auf die Knie und aßen Erde. Genie konnte es ihnen nicht verübeln, zumal ihr Essen kaum besser war. Der »Kaffee«, den sie ausgeschenkt bekamen, war einfach nur braunes Wasser.

Sie schliefen auf Pritschen, und Genie schmiegte sich eng an Halina.

»Was passiert wohl mit uns? Mit all den Frauen? Lange halten wir das nicht mehr durch«, seufzte Genie.

»Das fragst du mich jeden Abend. Ich danke Gott, dass wir in Auschwitz nicht in derselben Baracke waren.«

»Ich meine es ernst, Halina. Ich kann nicht sterben, ohne Feliks gefunden zu haben.«

»Und dann könnt ihr zusammen sterben?«

»Ja«, antwortete Genie nachdenklich.

Halina starrte schweigend auf die Pritsche über ihnen. Dann legte sie sich eine Hand auf die Augen.

»Hier sind nicht nur Frauen.«

»Nicht?«

»Es gibt auch Männer. In einem anderen Lagerteil.«

»Gut ... aber trotzdem. Wie sollen wir das hier überleben?«

»Genie«, flüsterte Halina und schloss die Augen. »Gute Nacht.«

Genie drehte sich um, aber ihre Augen blieben noch lange offen.

Lange blieben sie nicht in Ravensbrück. Sie wurden in einen Zug gepfercht und in ein weiteres Lager gebracht, das aus nur wenigen Baracken bestand. Der Ort hieß Malchow, aber das spielte keine Rolle.

Sie konnten kaum gehen und erst recht nicht mehr arbeiten. Sie hatten das Gefühl, die Deutschen hätten beschlossen, sie einfach verrecken zu lassen. Sie taten kaum irgendetwas, und jeder Tag fühlte sich an wie eine Woche. Genie wusste nicht, wie lange sie an diesem Ort blieben, aber es fühlte sich an wie eine Ewigkeit. Drei bis vier Mal am Tag mussten sie sich aufstellen und wurden durchgezählt. Während des Appells brachen regelmäßig Gefangene zusammen, weil sie sich nicht einmal mehr auf den Beinen halten konnten.

Nach etlichen Wochen wurde auch dieses Lager evakuiert, und in einem neuen Fußmarsch wurden sie in eine größere Stadt geführt. Unterwegs sahen sie amerikanische Flugzeuge am Himmel. Sie fragten sich, was das bedeuten mochte. War der Krieg etwa vorüber? Schwer zu sagen. Halina witzelte, sie sollten weiße Fahnen schwenken, und ein paar Frauen hielten tatsächlich Ausschau nach etwas, was sie hissen könnten.

Sie gingen und gingen, meistens über unendlich weite Felder, auf denen das erste Frühlingsgrün keimte. Eines Abends landeten sie in einer Munitionsfabrik mit vielen Baracken. Genie legte sich oben in den fünften Stock einer Pritsche. Doch auch hier blieben sie nicht lange, nach ein paar Tagen ging es weiter.

★★★

Tage um Tage marschierten sie. Wenn sie an Bauernhöfen vorbeikamen, versuchten sie, die ersten Halme des beginnenden Frühlings auszureißen und zu essen. Die Leute am Straßenrand sahen ihnen stumm nach, und Genie wusste, dass sie alle zum Fürchten aussahen. Mehrmals kamen sie in die Nähe amerikanischer Truppen, dann sahen sie wieder russische Verbände, aber weder die einen noch die anderen reagierten.

Man meinte, sie drehten sich im Kreis; mehrmals überquerten sie die Elbe. Einmal nahmen sie eine Fähre, und Genie dachte schon, die Aufseher wollten sie ertränken. Die Wachmannschaften wussten nicht, was sie mit ihnen anfangen sollten; sie übergaben sie nicht an die heranrückenden Alliierten, aber sie töteten sie auch nicht. Wenn der Krieg wirklich vorbei war, warum waren ihre Retter dann nicht gekommen und hatten die Deutschen festgenommen?

Als sie die Elbe ein drittes Mal überquerten, nahmen sie eine Brücke. Plötzlich sprangen ein paar Frauen über die Brüstung, und Genie schreckte aus ihrer Lähmung auf. Die Aufseher fingen an zu schießen, überall herrschte lautes Geschrei.

»Komm!«, schrie Halina.

Sie rannte los, und Genie folgte ihr, bis sie einen schneidenden Schmerz in der Ferse spürte. Sie stürzte, aber Halina zog sie ans Ende der Brücke, wo sie warteten, bis das Chaos sich beruhigte.

»Ich glaube, ich wurde angeschossen«, bemerkte Genie.

Gedankenlos pulte sie die Kugel aus ihrem Absatz und warf sie beiseite. Hätte sie geahnt, dass sie überleben würde, hätte sie sie behalten. Doch sie war überzeugt, dass sie ohnehin alle sterben würden. Seit Jahren bekam sie das zu hören, und jetzt am bitteren Ende glaubte sie es.

»Halina, ich kann nicht mehr weiter. Ich kann nicht mehr.«

»Du musst.«

»Ich kann nicht – das hier muss das Ende sein«, flüsterte sie gegen das Poltern der Stiefel und der stürzenden Körper, die auf dem kalten, harten Boden aufschlugen.

Mit tränenverhangenem Blick sah sie zur Schwester ihres Liebsten auf, als sie wieder die Wachleute brüllen hörte.

»*Marsch! Marsch, weiter!*«, schallte es von der Brücke zu ihnen.

»Ach, Kleine. Ich fürchte, es ist noch nicht vorbei.«

Die Aufseher schossen immer noch wie wild um sich, aber es gab nichts mehr zu erschießen. Alle waren entweder tot oder versteckten sich, bis es endlich vorüber war. Die Wachleute warfen die übrigen Leichen über den Brückenrand, und Halina zog Genie auf die Beine.

Sie formierten sich wieder zu einer Kolonne und liefen weiter, während ihr Fuß schmerzte und blutete. Immer wieder beklagte sich Genie bei Halina, sie könne nicht mehr gehen, aber die tat, als hörte sie sie nicht.

»*Stehen bleiben!*«

Halina zog Genie zur Seite in einen Graben. Sie duckten sich, und Halina half Genie, den Stiefel auszuziehen, um ihre Wunde zu inspizieren. Aus dem anderen Stiefel zog sie Feliks' Herz und schloss fest die Finger darum.

Ein entsetzliches Quietschen und Klirren drang von der Straße zu ihnen herüber. Gellende Schreie. Ein Lkw hatte eine Mutter und ihre beiden Töchter überfahren. Genie schloss die Augen, bestimmt waren die Mädchen und ihre Mutter tot. Doch eine der Töchter heulte vor Schmerz. Sie hatte nur noch ein Bein.

Die Deutschen im Lkw waren in heller Aufregung. Ganz offenbar handelte es sich um einen Unfall. Wie merkwürdig, Menschen zu sehen, die jemandem Schmerz zufügten und denen das leidtat. Genie hatte fast vergessen, dass es solche menschlichen Reaktionen überhaupt gab.

Ein paar Menschen sprangen aus dem Wagen. Sie sahen nach den Toten, dann hoben sie das verletzte Mädchen hoch und trugen es in ihren Lkw.

»Ich wäre zu gern an ihrer Stelle. Sieht aus, als würden sie sich um sie kümmern. Entschuldigen Sie«, zögernd grüßte Halina einen der Deutschen, der auf sie zukam.

Er trug eine Wehrmachtsuniform und beugte sich zu ihnen in den Graben. Genie hoffte, dass auch sie mit dem Lkw mitgenommen würden. Sie wollte nicht mehr weiterlaufen.

Er griff in seine Tasche, und Halina und sie zuckten zusammen. Als seine Hand wieder zum Vorschein kam, hielt er darin zehn Mark, die er Halina reichte.

Plötzlich tauchte ein kleines Mädchen auf und ließ einen Laib Brot in ihren Schoß fallen, Genie konnte ihr Glück kaum fassen.

»Danke ... *Danke.*«

Der Soldat und das Mädchen blickten sie merkwürdig an. Genie konnte ihren Gesichtsausdruck nicht recht einordnen, aber wenn sie sich nicht täuschte, wirkten sie beinahe traurig.

Da sprang der Motor ihres Lkws an, und der Mann sah zu, dass er mit den anderen davonkam.

»Komm, schnell!«, drängte Halina.

Mit vor Erwartung zitternden Händen zerbrach Genie das Brot und gab die eine Hälfte Halina. Sie seufzten vor Glück bei dem Gefühl von Essen im Bauch. Darauf hatten sie lange gewartet.

Der Himmel zog zu, und bald regnete es. Durchnässt und frierend stellten sie sich wieder zur Kolonne auf. Sie kamen durch mehrere Dörfer, und Genie spürte die neue Energie nach dem Essen. Sie zupfte Halina am Ärmel.

»Halina, ich kann nicht mehr laufen. Lass uns versuchen zu fliehen. Komm, wir lassen uns ans Ende der Kolonne zurückfallen.«

Halina nickte, und nach der nächsten Klopause bildeten sie die Nachhut der Kolonne. Genie besah die Aufseher rundum. Der, der am nächsten bei ihnen ging, sah ein wenig vertrauenswürdig aus.

»Wir warten ein bisschen, und dann sagen wir, wir müssen noch einmal pinkeln. Versuch, dich ein bisschen mit dem SS-Mann zu unterhalten. Frag, was sie mit uns vorhaben.«

Seufzend legte Halina einen Schritt zu und schloss zu ihm auf.

»*Schicke Uniform, aber sie ist ganz schön durchnässt.*«

Der Aufseher warf ihr einen kurzen Blick zu. Halina lief jetzt direkt neben ihm, und Genie spitzte die Ohren. Sie stolperte. Ihr Fuß schmerzte höllisch, und im Regen kam sie noch schwerer vorwärts. Sie mussten sich einfach absetzen.

»*Was habt ihr vor, was macht ihr mit uns?*«

»*Das wissen wir nicht*«, erwiderte er knapp.

Genie zog die Brauen hoch. Sie verstand kein Wort, aber es klang, als sei es ihm eigentlich egal.

»*Wir müssen kurz auf die Toilette*«, sagte Halina.

Ohne noch mehr Zeit zu verschwenden, packte sie Genie und zog sie mit sich. Genie humpelte, so schnell sie konnte.

Es schüttete, als wolle die Natur selbst sie von ihrer wahnsinnigen Idee abbringen. Der Regen rann ihnen über die Gesichter, sodass sie kaum mehr etwas sahen, und ihre Füße versanken im Matsch.

Ein Stück weiter ging es eine steile Böschung hinunter, und Genie ächzte. Die Rettung war so nah. Doch der Regen übertönte alle Warnsignale. Sie würden die Rufe oder Warnschüsse der SS viel zu spät hören. Nur noch ein paar Schritte ...

Halina zog sie in den Graben, und Genie ließ sich fallen und schlitterte durch den Matsch. Keuchend duckten sie sich hinter die Böschung, die ihnen wie ein Geschenk des Himmels erschien.

Halina umklammerte immer noch Genies Arm und presste einen Finger auf ihre Lippen. Doch Genie hätte sowieso keinen Ton herausgebracht.

Allmählich begriff sie, was dieser Augenblick für sie beide bedeutete. Mit weit aufgerissenen Augen zählte sie die Sekunden. Dann vergingen Minuten. Keine Gewehrschüsse in ihre Richtung. Zumindest bisher nicht. Atemlos blickten sie sich an; sie konnten es nicht glauben.

Da spürte Genie neben sich eine Berührung, sie fuhr herum. Da war noch eine Frau, in mittlerem Alter. Ihre Blicke schossen panisch in alle Richtungen.

Schweigend saßen sie da und warteten. Die Landschaft wirkte geradezu malerisch, trotz des Regens. Das Gras leuchtete, und die Bäume wogten im Wind. Es war so ... friedlich. Ein Zustand, den Genie längst vergessen hatte.

»Halina ... heißt das, der Krieg ist zu Ende? Sind wir frei?«, hauchte Genie.

»Vielleicht ist der Krieg zu Ende. Aber frei sind wir noch nicht. Es ist immer noch ziemlich gefährlich für uns.«

Genie betrachtete Halinas regennasses Gesicht, und sie lächelte. Keine SS-Männer weit und breit. Und bald war die ganze Kolonne nur noch ein dunkler Schatten hinter einem Vorhang von Regen, der seinem ungewissen Schicksal entgegenging. Doch dieses Schicksal würden Halina und Genie nicht mehr teilen.

In der Ferne konnten sie ein Bauernhaus ausmachen, mit letzter Kraft schleppte Genie sich an Halinas Arm die Straße hinauf. Die Frau, die ihnen die Böschung hinunter gefolgt war, wich ihnen nicht von der Seite, doch sie sprach kein Wort. Sie lief einfach stumm hinter ihnen her.

Auf einmal zischte Halina, sie sollten still sein – obwohl niemand etwas sagte –, und spähte auf die Straße hinaus.

»Da kommt jemand. Los, wir gehen hin«, flüsterte Halina.

Genie konnte sich kaum aufrecht halten, aber die Frau half

ihr, und zu dritt traten sie zu einem kleinen Mann auf der Straße.

»Hallo? Guten Abend. *Wir sind Wanderarbeiter und brauchen einen Ort zum Übernachten.*«

Der Mann zögerte und sah sich ängstlich um. Genie konnte ihm nicht verdenken, dass er nervös war. Halina legte ihm eine Hand auf den Arm und beugte sich vor. Seufzend sagte er:

»*Nun ja, ich kann für euch nicht viel tun. Aber da hinten gibt es einen Hufschmied. Das letzte Haus am Fluss.*«

Sie bedankten sich, und Halina half Genie eilig die Straße hinunter. Ihre neue Freundin folgte.

Als sie das Haus erreichten und anklopften, kam eine junge Frau an die Tür und versuchte zunächst, sie abzuweisen.

»Wisst ihr, wir haben einen Sohn, den wollen wir nicht in Gefahr bringen. Der Krieg ist endlich zu Ende. Lasst uns in Frieden. Wir wollen keinen Ärger.«

»Wir bringen Ihnen bestimmt keinen Ärger. Bitte, wir wissen nicht, wo wir hinkönnen. Wir müssen nur ein bisschen ausruhen und herausfinden, wie es mit uns weitergehen soll«, erklärte Halina.

Im Türrahmen erschien jetzt der Kopf des Hausherrn.

»Hilfe auf dem Hof könnten wir schon gebrauchen. Aber unsere Vermieterin darf nichts davon mitbekommen. Sie würde euch sofort rauswerfen.«

»Wenn nötig, schlafen wir auch auf dem Dach«, erklärte Genie.

Halina sah sie belustigt an, aber sie zuckte nur mit den Schultern. Sie hatten schon an schlimmeren Orten geschlafen. Außerdem hatte die Familie endlich bestätigt, was hoffentlich stimmte: Der Krieg war zu Ende.

Wie sich herausstellte, stammte die Familie, die ihnen so

hilfsbereit Obdach gewährte, aus der Ukraine, sie waren zum Arbeitsdienst nach Deutschland geschickt worden. Offenbar mussten im Krieg auch Christen Zwangsarbeit leisten. Obwohl sie nominell frei waren, waren auch sie Sklaven der Deutschen.

»Wir haben zu essen und frische Kleidung für euch. Aber haltet eure Unterarme bedeckt. Bald kommen die Russen, und es gibt schreckliche Gerüchte darüber, wie sie bei ihrem Vormarsch durch Deutschland wüten ...«

Genie, Halina und ihre Mitstreiterin konnten ihr Glück kaum fassen, als sie ein eigenes Zimmer zugewiesen bekamen. Es war klein, mit einem echten Bett und einer Steppdecke, in der Ecke stand ein hölzerner Stuhl.

»Wie hübsch es hier ist«, flüsterte Genie.

Am nächsten Morgen war einiges los. Die Familie hatte sich plötzlich verdoppelt, und die neuen Gäste stürzten sich hungrig auf das Frühstück. Der kleine Sohn ließ sie die ganze Zeit nicht aus den Augen.

Das junge Paar war sehr freundlich. Sie brachten ihnen neue Kleider und einen Zuber zum Baden. Genie badete als Letzte und daher am längsten. Sie saß in der Wanne, bis ihre Zehen schrumpelig wurden. Ihre Wunde schmerzte nicht mehr, seit sie sie ordentlich gesäubert hatte und es nicht mehr so kalt war. Sie musste ständig daran denken, wie viel schlimmer es gewesen wäre, wenn Tat ihr nicht eingeschärft hätte, ihre Stiefel nicht herzugeben. Die dicken Skistiefel hatten die Wucht der Kugel abgebremst. Ihr Vater hatte ihr das Leben gerettet, und Genie hoffte nur, dass sie ihm irgendwann dafür würde danken können.

Am nächsten Tag bekam jede von ihnen eine Aufgabe. Genie sollte dem Vater auf dem Feld dabei helfen, Heu zu machen. Natürlich konnte sie nicht mit der Sense umgehen, aber sie begleitete ihn stumm. Er bedeutete ihr, einen Korb zu nehmen, führte sie über das Feld und zeigte ihr, was zu tun war. Das Mähen erledigte er selbst, aber sie sammelte den Grasschnitt in den Korb. Als er voll war, lächelte er sie an.

»Jetzt lauf zum Stall und bring das rein. Und wenn du fertig bist, kommst du zurück.«

Genie nickte und lief los. Plötzlich fühlte sich alles leicht an und so, als könnte ihr gleich das Herz zerspringen.

Fast jede Nacht gab es im Dorf Fliegeralarm. Und schließlich kamen die Russen. Sie überrannten die Gegend, plünderten, was ihnen zwischen die Finger kam. Es kursierten immer mehr Schauergeschichten darüber, was die Russen vor allem den Frauen antaten, niemand war mehr in Sicherheit. Halina hatte recht gehabt. Es war immer noch ziemlich gefährlich für sie.

Es vergingen weitere zwei Wochen, und die Familie war und blieb geduldig und freundlich. Und als dann endlich die Nachricht kam, dass der Krieg nun wirklich zu Ende war, wurde ihr Verhältnis nur noch herzlicher.

Doch sie konnten ja nicht für immer bleiben – zumal sie jetzt Hoffnung hatten, sich wieder frei bewegen zu können. Schweren Herzens verabschiedeten sie sich von der Familie und machten sich auf den Weg zum nächsten Bahnhof. Sie wollten versuchen, nach Hause zu kommen.

Mit ihrem kleinen Bündel neuer Habseligkeiten brachen sie auf. Tatsächlich kamen sie ohne weitere Probleme am Bahnhof an. Sie lehnten sich an eine Backsteinmauer, und Halina versuchte herauszufinden, wann der nächste Zug nach Polen ging. Ein paar lachende russische Soldaten schlenderten vorbei, und ihre Blicke blieben an den drei Mädchen hängen. Einer der Soldaten hob die Hand, und seine Freunde blieben stehen.

»Na, was treiben denn diese drei hübschen Damen hier?«

Genie fasste Halina am Arm und blickte sich auf dem Bahnsteig nach einer Fluchtmöglichkeit um.

»Wir sind auf dem Weg nach Polen. Schönen Tag noch«, Halina schüttelte den Kopf.

»Keine Angst. Ich brauche gar nicht lang, und meine Freunde sind sogar noch schneller.«

Halina warf Genie einen nervösen Blick zu, aber die wusste auch keinen Ausweg. Sie hatten alle gehört, was die Russen Frauen antaten.

»Lasst euch flachlegen, und wir sorgen dafür, dass ihr nach Polen kommt.«

»Sie mögen es ja ziemlich direkt, oder?«, witzelte Halina mit gerunzelter Stirn.

»Wenn ihr es eilig habt, will ich nicht eure Zeit verplempern. Dann verplempert unsere auch nicht. Los geht's.«

Er zog Halina an sich, und die anderen Soldaten umringten sie von hinten. Genie bekam es mit der Angst. Sie sah sich nach Rettung um, aber keiner der Wartenden würdigte sie auch nur eines Blickes. Niemand würde ihnen helfen. Alles war wie immer.

Genie dachte an Feliks und das Lederherz, das er ihr geschenkt hatte. Seine Liebe hatte sie durch Auschwitz und die furchtbaren Wintermärsche getragen. Und jetzt, als die Freiheit zum Greifen nahe war, spürte sie fast körperlich seine warme Umarmung. Er schenkte ihr sein Herz, damit sie niemals aufgab.

Da gab Genie sich einen Ruck. Sie griff nach Halina und zog sie zu sich. Der Soldat sah sich verblüfft um, dann wurde er zornig. Doch bevor er etwas sagen konnte, fiel ihm Genie ins Wort.

»Ich bin eine verheiratete Frau. Wir haben den Horror des Konzentrationslagers überlebt, und wir sind überglücklich, dass ihr uns befreit habt. Die Nazis waren Bestien. Wirklich grausam. Ihr habt uns befreit, aber ich lasse mich lieber erschießen, als mit euch ins Bett zu gehen«, erklärte sie mit aller Entschiedenheit, die sie aufbringen konnte.

Die Soldaten wechselten stumme Blicke, während Genie sich bei Halina und der anderen Frau unterhakte. Der Anführer der Soldaten musterte Genie von oben bis unten. Er zwirbelte sich den Bart, dann schien er sich zu entschließen.

»Kommt.«

Er sagte etwas auf Russisch zu seinen Leuten, und sie stapften los und verschwanden hinter einer Häuserecke. Genie stieß einen Seufzer aus und blickte zu Boden.

Inzwischen war ein Zug eingefahren, und die Leute sprangen auf. Es war das reinste Chaos, weil so viele Menschen mitwollten, die einen mit Gepäck, andere nur mit dem, was sie am Leib trugen. Die russischen Soldaten versuchten, für Ordnung zu sorgen, aber es waren einfach zu viele Menschen da.

Plötzlich trat der russische Soldat erneut zu ihnen, hinter ihm erkannte Genie seine Kameraden.

»Das ist euer Zug. Es tut mir leid. Mehr haben wir nicht, aber bitte nehmt das als Freundschaftsbeweis.« Er zwinkerte und drückte ihnen einen Korb voller Essen in die Arme. Er war so schwer, dass Halina und Genie fast ins Taumeln gerieten. Sie wussten nicht, was sie sagen sollten. Aber offenbar brauchten sie das auch nicht, denn die Soldaten halfen ihnen ohne weitere Umschweife in den Zug.

»Ist das wirklich wahr?«, flüsterte Genie Halina ins Ohr, als sie in den Wagen stiegen.

Sie konnte ihr Glück kaum fassen. Ausgehungert stürzten sie sich auf den Proviant.

Der Zug fuhr ruckend an, und die Russen winkten ihnen nach, bis der Bahnhof im Qualm verschwand. Es war wie im Traum. Sie verzehrten ein Festmahl aus Brot und Marmelade, leckten alle Behälter sauber und sammelten sämtliche Krümel vom Boden auf. Erleichtert lächelten sie einander an: Endlich begriffen sie, dass der Krieg wirklich zu Ende war.

Die Suche

1945

Halina war verzweifelt. Sie hatte gedacht, ihre Mutter wäre geflohen und in Sicherheit. Doch als sie nach Krakau kamen, war sie nicht aufzufinden.

Die letzten Tage hatten sie beim Roten Kreuz verbracht, das ihnen zu helfen versuchte, zumindest bis die Alliierten alles andere klären würden. Die Mitarbeiter waren sehr freundlich, versorgten sie mit Essen und gaben ihnen ein hübsches Zimmer in einer Wohnung. Die stumme Frau blieb beim Roten Kreuz, und sie verloren sich aus den Augen.

Tage vergingen, ohne ein Lebenszeichen von Halinas Mutter. Dass ihr Vater in der Gaskammer in Auschwitz umgekommen war, wusste Halina, umso hektischer suchte sie nach ihrer Mutter. Und sie suchte nach Büttner, von dem sie steif und fest behauptete, dass er kein echter Nazi gewesen sei. Genie fand diese Suche aussichtslos, aber Halina war fest entschlossen. In ihrem gemeinsamen Zimmer war sie nur selten, sie kam nur vorbei, um zu essen und sich gleich wieder auf die Suche zu machen.

Aber auch Genie trug sich mit großer Hoffnung. Und eines Tages raffte sie sich auf und ging zum Roten Kreuz. Die Angst vor der Wahrheit hatte sie bis jetzt von Nachforschungen abgehalten. Sie wiegte sich noch in dem Glauben, dass ihre Familie in einem anderen Lager gelandet war, weil die Wahrheit zu unerträglich war. Doch jetzt war es an der Zeit.

Es war um die Mittagszeit, und lange Warteschlangen zogen sich am Flussufer entlang, weil Hunderte Flüchtlinge und Heimatlose auf eine Mahlzeit warteten. Genie war froh, dass sie sich heute nicht in diese Schlange stellen musste. Stattdessen ging sie in einen anderen Bereich des Zeltes, aus dem man mal Schluchzen und mal Freudenrufe hörte. Genie hoffte zaghaft auf freudige Nachricht. Hinter einer weißen Zeltwand stellte sie sich an eine kurze Schlange vor einem der Tische.

Es ging nur langsam vorwärts. Eine junge Frau brach in Tränen aus und wurde an einen anderen Tisch begleitet. Dort kümmerte sich ein anderer Mitarbeiter um sie, der jetzt neben ihr saß und eine Hand auf ihre Schulter gelegt hatte. Der nächste Mann war um die vierzig und überflog mit seligem Lächeln einen Zettel, den man ihm in die Hand gedrückt hatte. Mit zitternden Händen wartete Genie darauf, etwas über ihre Familie zu erfahren.

»Die Nächste bitte. Bitte nennen Sie mir die Namen der Personen, nach denen Sie suchen, meine Liebe.«

Genie trat heran und lächelte zögernd. Sie nannte die Namen ihrer Eltern und Geschwister. Ihr ganzer Körper begann zu zittern. Es schien eine Ewigkeit zu dauern, während der Mitarbeiter vom Roten Kreuz das Register auf seinem Tisch durchging. Mit dem Finger glitt er über die Namensliste.

Mit jeder Seite, die er umblätterte, wuchs Genies Hoffnung. Vielleicht standen hinten die Überlebenden. Sie stellte sich vor, wie es wäre, Tat und Mama wiederzusehen. Zuerst würde sie in Tats Arme fallen und ihn nicht mehr loslassen. Dann käme Mama dazu, Jurek und Halinka würden sich in ihre Mitte drängen, und alle würden sich in den Armen liegen. Nach allem, was ihnen zugestoßen war, würden sie gemeinsam wieder ins Leben zurückfinden.

Genie hatte über das Leben viel erzählt bekommen. Wie sie es leben sollte. Wie man überlebte und vorankam. Das Leben war schön, hieß es. Ein Vergnügen. Ein Geschenk. Eine Chance, etwas zu bewirken. Aber sie wusste nun auch, dass man existieren konnte, ohne zu leben. Und was unterschied beides? Das eine hatte einen Sinn, das andere nicht.

Genies Lebensziel war immer etwas sehr Abstraktes gewesen. Etwas, was das Schicksal außer Reichweite hielt. Eine Bestimmung, die sie nie erreichen konnte. Doch sollte sie etwa nach dem Sinn des Lebens suchen, als würde er sich hinter einem Strauch verstecken und darauf warten, gefunden zu werden?

Der Sinn kam von innen – aber genau das war das Problem. Sie hatte ihren Sinn immer aus diesem einen gezogen: ihrer Familie.

»Es tut mir leid. Offenbar sind Jurek Wein, 14 Jahre, und Halinka Wein, 7 Jahre, in der Kanalisation des Ghettos erschossen worden. Im März 1943. Und Herr Henryk Wein und Frau Regina Wein wurden in einer Fabrik erschossen. Alle am selben Tag. Sie haben auch nach Lilli und Helga Schlanger gefragt. Lilli wurde ebenfalls in der Kanalisation erschossen, und Helga ist beim Untergang eines NS-Schiffs in der Ostsee ertrunken. Sonst noch jemand, meine Liebe?« In den Augen des Mannes lag großes Mitleid.

Genie bekam keine Luft mehr. Sie trat einen Schritt zurück und fasste sich ans Herz.

Natürlich war das Rote Kreuz eine Hilfe, aber sie fühlte sich trotzdem, als hätte sie gerade einen Todesstoß versetzt bekommen. Der Mann hinter Genie legte ihr eine Hand auf die Schulter.

»Kann ich Ihnen helfen?«

Sie rappelte sich auf und befreite sich aus seinen Armen. Hastig lief sie vor einer Rotkreuz-Mitarbeiterin davon, die auf sie zukam. Sie wollte nur noch nach draußen.

Alles, was ihrem Leben Sinn gegeben hatte, war verschwunden. Zu erfahren, dass ihre Familie tot war, ließ sie schwindlig werden. Ungehindert rasten Bilder durch ihren Kopf. Hatten sie ihnen einen Kopfschuss verpasst? Oder sie irgendwo anders getroffen, sodass sie langsam verbluteten? Hatten sie Schmerzen gelitten? Wo waren ihre Körper geblieben? Waren sie verbrannt worden, oder hatte man sie in ein Massengrab geworfen? Wer hatte den tödlichen Schuss abgegeben? War es ihre, Genies Schuld?

Wie im Rausch stolperte sie zurück in ihr Zimmer. Als sie die Tür öffnete, stand dort Halina. Es sah aus, als hätte sie schon länger auf Genie gewartet.

»Wo warst ...«, entfuhr es ihr.

Genie sank in ihre Arme. Halina sagte nichts, während Genies Schluchzen ihre beiden Körper durchschüttelte. Halina unterbrach ihre Suche für ein paar Tage und blieb bei Genie, sorgte dafür, dass sie aß und schlief.

Die Trauer war wie die Fangarme einer Krake, die sie auf den Meeresgrund zogen. Wie konnte sie von da unten nur irgendeinen neuen Sinn schöpfen? Wochenlang weinte sie Tag für Tag.

★ ★ ★

Benommenheit. Schmerz. Seelenqual. Schuldgefühle. Dunkelheit. Nichts anderes kannte Genie mehr. Wie viel Zeit war vergangen? Sie wusste es nicht. Was war überhaupt Zeit? In ihrem abgrundtiefen Schmerz, in jedem wachen Moment wurde der Begriff von Zeit ohnehin bedeutungslos. Sie litt unendliche Qualen. Es fühlte sich an, als würde sie unwiederbringlich in ein tiefes schwarzes Loch gesaugt. Den Rand hatte sie längst hinter sich gelassen, jetzt hatte sie keinen Halt mehr. Tief in der Mitte saß sie gefangen in ihrer und nur ihrer Trauer, von der es kein Entrinnen gab.

Wenn ihre Tränen einmal versiegten, drangen verhaltene Stimmen zu ihr durch. Sie hörte Halinas Zureden. Die Aufmunterungen fremder Besucher. Mitleidsbekundungen anderer. Nach der zweiten Woche hatte Halina genug. Sie hatte Menschen in die Wohnung eingeladen, weil sie hoffte, das würde Genie aufheitern. Andere Überlebende quälten sich mit denselben Gefühlen von Trauer und Schuld.

Genie wusste Halinas Bemühungen zwar zu schätzen, aber sie schienen nichts zu bewirken. Sie weinte so viel, dass sie staunte, dass überhaupt noch Tränen kamen. Außerdem war sie so dehydriert, dass ihr ständig alles wehtat. Ihre Glieder schmerzten. Ihre Muskeln blieben schlaff. Und unter dem Gewicht auf ihrer Brust bekam sie kaum Luft.

Halina meinte, Schlaf würde ihr guttun, aber er half nicht. Genie fürchtete sich vor den Träumen, die der Schlaf ihr jede Nacht brachte. Es gab zwei Sorten davon: Entweder lebten Genie und ihre Familie ein ganz normales Leben; in ihrem Traum spielten Tat und Mama Klavier und sangen im Wohnzimmer. Sie sahen ihren Kindern beim Skifahren zu und wie sie zu Chanukka die Geschenke auspackten. Jurek und Halina spielten mit ihr im Park, und gemeinsam rannten sie durch die Stadt.

Am häufigsten träumte sie von Tat, weil sie mit ihm in ihrer Kindheit die schönste Zeit verbracht hatte. Tat lächelte immer. Selbst wenn er im Traum mit ihr schimpfte, weil sie im Haus nicht mithalf, stand dabei ein Lächeln in seinem Gesicht.

Genie hasste diese Träume, denn wenn sie aufwachte, folgte unweigerlich die schreckliche Erkenntnis, dass es eben nur Träume waren. Nie wieder würden sie Wirklichkeit sein.

Noch schlimmer war jedoch die Sorte von Träumen, die schon im Schlaf schmerzten. Wieder und wieder sah sie sich selbst sterben. Noch nie zuvor war sie in ihren Träumen ums Leben gekommen. Jetzt aber gab es kaum einen Traum, in dem sie nicht von den Nazis gejagt und getötet wurde.

Am schlimmsten war, dass es immer derselbe Tod war. Sie wusste gar nicht mehr, wie oft ihr im Traum in die Brust geschossen wurde. Sie spielte gerade mit Halinka, als ein Soldat die Tür aufbrach und sie erschoss. Sie lief durch die Schulkorridore und wurde hinter einer Ecke von einem gesichtslosen Unbekannten erschossen. Sie sah mit Mietek einen Film, als ein Nazi vom Nebensitz aufsprang und Genie in die Brust schoss. Es gab unzählige Varianten. Sie konnte auf sich selbst herabschauen und ihr eigenes Entsetzen sehen. Ihren aufgerissenen Mund und den Schmerz in ihren sich verschleiernden Augen. Immer hörte Genie, wie ihr eigener Körper dumpf auf dem harten Boden aufschlug, und sah, wie ihre Brust sich zum letzten Mal hob und senkte. Und jedes Mal, wenn Genie starb, fuhr sie danach aus dem Schlaf hoch und spürte förmlich ein schmerzendes Loch in ihrer Brust. Es war grässlich, und Genie bekam allmählich Angst. Die Albträume laugten sie aus wie eine Krankheit. Eines Tages erzählte sie schließlich Halina davon.

Genie war dankbar, dass Halina ihr zuhörte. Sie ließ Genie

ausreden, gab keinen Kommentar ab und nickte. Und dann entschied sie, dass Genie mit einem Rabbi sprechen musste.

Es war ein weiterer heißer Nachmittag, und Genie lag wie meistens zusammengerollt auf dem Bett. Heute aber wurde die gewohnte Ruhe unterbrochen, als die Tür aufging.

»Eugenia! Er ist da«, rief Halina ungeduldig.

Seufzend schlug sie die Laken zurück. In Zeitlupe schob sie ein Bein nach dem anderen aus dem Bett. Sie schleppte sich in die Küche und fiel auf einen Stuhl. Halina und der Rabbi standen immer noch an der Tür.

»Es tut mir leid, Rabbi Kohler. Bitte entschuldigen Sie meine Schwägerin. Sie ist nicht gerade die Höflichste«, stichelte Halina.

Genie fixierte unbeirrt die Tischplatte.

»Das ist in Ordnung, Kind. Bitte, wenn Sie uns entschuldigen wollen«, meinte Rabbi Kohler und nickte.

Halina lächelte, dann machte sie große Augen.

»Oh, meinen Sie mich?«

»Ja. Ich möchte gern mit Eugenia alleine sprechen.«

Halina hob ergeben die Hände und warf Genie einen mahnenden Blick zu, dann schloss sie die Tür hinter sich. Der Rabbi setzte sich bedächtig an den Tisch. Er stützte das Kinn in die Hand und betrachtete Genie.

Sie sah nicht vom Tisch auf, aber sie spürte seinen Blick. Minuten vergingen, und sie fragte sich, wann er mit seiner Rede beginnen würde. Wie lange wollte er noch warten, bis er seinen Monolog begann und ihr erzählte, wie glücklich sich Genie schätzen sollte, dass sie überlebt hatte? Dass sie Gott täglich dafür danken sollte?

Irgendwann fragte sie sich, wer das Schweigen wohl als Erster brechen würde, und löste sich von der Tischplatte. Ihre Blicke begegneten sich, und sie seufzte.

»Ich weiß, warum Sie hier sind. Und ich glaube nicht, dass mir das helfen wird«, flüsterte Genie.

»Wirklich? Warum bin ich denn hier?«, fragte Rabbi Kohler freundlich.

Er legte die gefalteten Hände auf den Tisch. Genie wollte schreien, ihre Trauer und Wut herauslassen, ihn aus der Wohnung werfen, aber sie konnte nicht. Seine Energie war so ... beruhigend. Sein Blick war anders, ganz frei von Mitleid und Scham. Der Rabbi sah in ihr einfach Genie, das Mädchen, das vor ihm saß. Sie zögerte, aber dann brach sie das Schweigen.

»Ich nehme an, Halina hat Ihnen alles erzählt. Dass ich allein bin und keine Kraft mehr habe, wo ich doch das *Positive* sehen und *dankbar* sein sollte für das Leben, das ich habe. Denn Millionen andere sind tot, ich aber lebe! Ich wurde nicht ermordet. Ich bin hier, und dafür sollte ich dankbar sein. Mein verdientes Leben leben stellvertretend für all die anderen, die das nicht können. Ist es das?«

»Ja, ich glaube, das ist gut zusammengefasst«, erwiderte er ruhig.

Genie lehnte sich auf ihrem Stuhl zurück, ängstlich wartete sie auf seine nächsten Worte, bis sie es nicht mehr aushielt: »Dann sagen Sie mir schon, was Sie den anderen auch sagen, legen Sie los mit Ihrem Rabbi-Zeug.«

Er schmunzelte, was Genies Laune nicht gerade verbesserte.

»So gerne ich das ›Rabbi-Zeug‹ mag – Sie haben es bereits selbst gesagt. Sie haben jeden Grund, dankbar zu sein und Ihr Leben voll auszuleben; trotzdem wollen Sie meine Erlaubnis dafür. Sie wollen, dass irgendjemand Ihnen sagt, Sie sollen aufhören, traurig zu sein – doch mein Kind, so funktioniert das nicht. Sie müssen sich für diesen Weg schon selbst entscheiden.«

Genie wusste keine Antwort. Mit leicht geöffnetem Mund sah sie den Rabbi ratlos an.

»Ich ... ich verstehe nicht. Was meinen Sie damit? Ich soll mich einfach dafür entscheiden, glücklich zu sein? Als ob das so einfach wäre.« Genies Stimme überschlug sich vor Sarkasmus.

Sie sprang vom Stuhl auf und lief durch den Raum.

»Natürlich ist das alles nicht so einfach. Unsere Gefühle kommen nicht immer von selbst. Manchmal müssen wir sie anstoßen. Zum Beispiel gehen wir ins Kino, um uns aufzumuntern, oder wir teilen eine Mahlzeit mit der Familie, um neues Vertrauen zu fassen. Die Entscheidung zum Glücklichsein ist an sich nicht schwer, aber es wird heikel, wenn es darum geht, das Glück zu bewahren. Hören Sie, Eugenia, Sie sind ein Opfer dieses Krieges, richtig?«

Genie nickte und setzte sich wieder, ohne den Rabbi aus den Augen zu lassen.

»Nein, falsch. Sie sind eine *Überlebende*. Ja, Sie haben gelitten. Ja, Sie haben schwere Verluste erfahren. Sie haben Dinge durchgemacht, die die meisten sich nicht einmal vorstellen können. Aber lassen Sie sich nicht von den anderen erzählen, wie Sie mit Ihrer Geschichte umgehen sollen. Sie müssen nicht so weitermachen. Versinken Sie nicht in Ihrer Trauer. Entscheiden Sie sich für die Hoffnung. Trennen Sie die Vergangenheit von Ihrem jetzigen Ich. Sie haben zwei voneinander unabhängige Seiten: Ihr vergangenes Ich, hungernd und erschöpft bis zur Selbstaufgabe in Auschwitz. Und das jetzige Ich, das hier in einer hübschen Wohnung sitzt und sich mit einem alten Rabbi unterhält, der Ihnen einfach nur helfen möchte. Weinen Sie, wenn Ihnen danach ist, Kind, aber tun Sie es nicht, weil Sie die Trauer als Ihr künftiges Ich akzeptiert haben. Sie sind nicht Ihre Gefühle, und Sie müssen lernen, sie als das zu erkennen, was sie wirklich sind: Gefühle und nicht *Sie*.«

Genie war verblüfft. Seine Worte trafen ihr erstarrtes Herz und hallten laut in ihr wider. Es ging um Heilung, um einen Neubeginn.

Aber war Genie bereit dafür? Ohne ein weiteres Wort fing sie an zu weinen und ging vor dem Rabbi in die Knie. Er legte ihr eine Hand auf die Schulter und ließ sie dort liegen, bis sie sich ausgeweint hatte.

Genie schöpfte Hoffnung daraus, dass das Rote Kreuz bisher keine Informationen zu Feliks hatte. Das hieß, es bestand immer noch eine Chance, dass er lebte. Und sie legte all ihre Kraft in diesen einen Gedanken. Feliks war alles, was sie noch hatte. Ihr Wunsch, ihn zu finden, war so groß, dass sie drauf und dran war, in den ehemaligen Lagern nach ihm zu suchen. Doch das Rote Kreuz riet ihr, vor Ort zu bleiben. Für ihn, überzeugten sie sie, wäre es einfacher, sie zu finden, wenn sie sich nicht von der Stelle rührte. Der Gedanke, dass Feliks vielleicht nach ihr suchte, war für sie wie eine kühle Hand auf ihrer heißen Stirn. Sie konnte auf ihn warten. Und so verbrachte sie ihre Zeit bei der jüdischen Gemeinschaft und fragte jeden, den sie traf, nach Feliks. Morgens nach dem Frühstück brach sie auf. Ihr Marmeladenbrot aß sie meistens alleine, weil Halina auf der Suche nach ihrer Mutter und Büttner viel unterwegs war. Wenn sie da war, bedrängte sie Genie, sie sollte sich eine Arbeit suchen. Dann wieder schneite sie nur kurz herein, und Genie begann sich Sorgen um sie zu machen.

Bisher hatte sie keinerlei Hinweise auf Feliks' Verbleib erhalten. Niemand war ihm in einem der Arbeitslager begegnet, und niemand wusste, wo er war. Aber Genie blieb hartnäckig. Sie ging von Tür zu Tür und staunte über sich selbst. Vor dem Krieg hätte sie das nie gekonnt, aber jetzt brachte sie den Mut dazu auf. Es gab so viel Schlimmeres, als an jemandes Tür zu klopfen.

Genie knüpfte Freundschaften. Mit Menschen, die ihr Kekse und Tee anboten und sich in ihrer Nähe nicht befangen verhielten. Nur bei alleinstehenden Männern wurde es Genie manchmal ungemütlich. Gab es zu viele anzügliche Blicke und Beteuerungen, dass sie jetzt unbedingt fest zueinanderhalten mussten, kam Genie nie wieder.

Vor allem die Frauen solidarisierten sich in dieser dunklen Zeit miteinander. Sie erzählten sich gegenseitig von ihren Suchfortschritten und griffen einander unter die Arme. Auch sie fragten alle, denen sie begegneten, nach Feliks, und Genie tat dasselbe für die, die sie suchten.

An einem Tag war es besonders schlimm. Müde und erschöpft kam sie zurück in die Wohnung. Die Bekannten, die sie getroffen hatte, redeten alle davon, nach Amerika auszuwandern, um sich vor der russischen Besatzung zu retten. Eine von Genies Freundinnen war bereits weg. Sie hatte schnell eine Möglichkeit gefunden, und sobald ihre Reise bezahlt war, war sie verschwunden.

Manche schienen es sogar so zu empfinden, dass die Russen die Juden genauso behandelten, wie die Deutschen es getan hatten. Manche Frauen waren ihnen schon zum Opfer gefallen, und sie wollten nie wieder mit Russen zu tun haben.

Nach einem weiteren ergebnislosen Tag kam Genie zurück in die Wohnung. Sie sank aufs Bett und barg das Gesicht in den Händen.

»Was soll ich nur tun?«, flüsterte sie.

Ihre Freundinnen brachen auf in ihr neues Leben, aber Genie fühlte sich wie gefangen in einer Sanduhr, die immer wieder umgedreht wurde, wenn der Sand durchgelaufen war, und alles ging von vorne los.

Plötzlich klopfte es. Genie richtete sich überrascht auf. Halina klopfte nie. Sie rannte zur Tür. War es möglich? Hatte Feliks sie endlich gefunden? Genies Atem stockte, als sie die Tür öffnete und erkannte, wer davorstand.

»Mich hast du wohl nicht erwartet? Komm, steh nicht da wie der Ochs vorm Berg. Ich bin am Ende.«

Halinas Mutter trat ein, und Genie schloss die Tür hinter ihr.

Sie schob ihr einen Stuhl hin und brachte Brot und Marmelade vom Roten Kreuz.

»Wie geht es dir? Wie bist du …? Wie ist es dir ergangen?« Genie verstummte und starrte ihre Schwiegermutter, die ihr in diesem Moment wie ein Phantom vorkam, atemlos an.

»Ach, lass die Floskeln. Furchtbar wie allen. Alle sind tot, da muss es wohl ein Schock sein, dass ich lebe.«

»Ich bin so froh, dass du hier bist. Was ist genau passiert? Bist du damals weggelaufen?« Genie erinnerte sich, wie sie sie nach der Nacht in der Scheune verloren hatten. Beim morgendlichen Abmarsch war sie nicht erschienen – aber offensichtlich hatte sie es geschafft.

»Nein.«

»Nein? Ich verstehe nicht. Du warst am Morgen nicht mehr da. Wir dachten …«

»Ich war auf der Suche nach einem warmen Plätzchen in den Keller gegangen, und da fand ich tatsächlich etwas Wein. Davon habe ich ein paar Schlucke getrunken, und ausgehungert, wie ich war, hat mich das sofort umgehauen. Ich bin eingeschlafen, und als ich am nächsten Tag zu mir kam, waren alle schon weg.«

»Du lieber Himmel!« Genie legte sich die Hand vor den Mund. Dann zuckte sie mit den Schultern und lächelte.

»Dann habe ich mich einer anderen Gruppe angeschlossen, ich hatte Angst, mich mit meinen fünfzig Jahren allein durchschlagen zu müssen. Bestimmt ist es euch beiden ähnlich ergangen.«

Jetzt konnte Genie nicht mehr an sich halten. Halinas Mutter hatte im Weinrausch den ganzen Vormittag in der Scheune verschlafen!

Wenn doch Halina hier wäre. Wo sie wohl steckte?

»Ich muss dich etwas fragen, Mutter. Glaubst du, dass Feliks lebt? Ich suche überall nach ihm und bin jeden Tag am Bahnhof, aber ...« Genie verstummte.

»Ach, Liebes. Mach dir keine Hoffnung. Ich glaube nicht, dass er noch lebt. Alle sind tot. Und die wenigen, die noch leben, sollten ein neues Leben anfangen. Du bist jung; du solltest mit den anderen nach Amerika gehen. Wenn du auf Feliks warten willst, dann kannst du auch warten, bis ich Königin von Polen werde.«

Genie senkte den Blick und spürte eine Träne auf ihre Hand fallen; Halinas Mutter nahm ihre Hände in ihre.

Doch egal, was die anderen sagten: Genie suchte weiter.

Fast jeden Abend erzählten sich die drei Frauen nun bei Tee und Brot, was es Neues gab. Halinas Mutter ermutigte sie immer wieder, Zukunftspläne zu schmieden. Sie schlug ihnen vor, ihre Ausbildung fortzusetzen oder beim Roten Kreuz zu arbeiten. Meistens saß sie dabei mit hochgelegten Füßen auf dem Bett. Sie war schroff wie immer, aber Genies Freundinnen brachten sie zum Lächeln.

Nach dem Tee bei den Nachbarn verbrachte Genie jeden Nachmittag am Bahnhof. Erst lief sie etwa eine Stunde lang herum, beschrieb Feliks den anderen Wartenden und Reisenden und fragte sie, ob sie ihn gesehen hatten. Sie fragte auch die Lokführer und Schalterbeamten. Jeden Tag schüttelten sie den Kopf, wenn sie Genie kommen sahen, schon bevor sie wieder fragen konnte. Wenn der Bahnhof sich leerte, saß Genie auf der Bank und wartete auf den nächsten Zug.

Eines Abends fragte Halina, ob es Genie nicht langweilig wurde, wenn sie den ganzen Tag am Bahnhof herumsaß. Genie zuckte mit den Schultern und schwieg. Schließlich gab es Schlimmeres. Auf einer Holzbank zu sitzen und den Wind in ihren nachwachsenden Haaren zu spüren, war kein schlechter Zeitvertreib für ihre Nachmittage.

Außerdem hatte sie so eine Ausrede, weshalb sie sich keine Arbeit suchte. Sie weigerte sich zu arbeiten, bevor sie Feliks nicht gefunden hatte. Ohne ihn gab es für sie keinen Grund, Geld zu verdienen. Wofür denn auch? Nur mit Feliks würde sie eine Familie haben und Arbeit brauchen. Bis dahin verbrachte sie ihre Tage am Bahnhof und lief den Leuten hinterher, die aus den Zügen aus- oder einstiegen. Und wenn der Bahnhof sich geleert hatte, wartete sie eben auf den nächsten Zug. Sie wusste ... sie wusste einfach, dass Feliks irgendwann aus einem aussteigen würde.

Halinas Mutter riet ihr immer wieder, sich zu überlegen, ob sie nicht nach Amerika gehen wollte. Das wäre eine Chance auf ein neues Leben. Genie war eine hübsche junge Frau und hatte noch ihre ganze Zukunft vor sich. Doch Genie blieb standhaft. Das Rote Kreuz hatte ihr geraten, auf Feliks zu warten, und das tat sie. Sie würde sich nicht vom Fleck bewegen, bis sie ihn gefunden hatte.

Genie ging zum Bahnhof und wartete – Tag für Tag. So vergingen sechs Monate.

★ ★ ★

Zwei weitere Freundinnen von Genie brachen auf, und sie begleitete sie zum Bahnhof. Wer wegwollte, brauchte einen langen Atem, aber sie hatten schließlich in Amerika Bürgen gefunden. Sie baten Genie, nachzukommen, aber sie verstanden auch, dass Genie ihre Suche nicht aufgeben würde.

Sie winkte ihnen zum Abschied, und die Freundinnen schwangen lachend ihre Taschentücher aus dem Abteilfenster. Nachdenklich sank Genie auf eine Bank und fragte sich, ob sie wohl je wieder so fröhlich sein würde.

Sie ließ die Beine baumeln. Allmählich verzagte sie; seufzend stand sie auf. Die Vorfreude ihrer Freundinnen zu erleben, hatte sie nicht gerade aufgemuntert. Die Gruppe ihrer Freunde wurde immer kleiner; und doch war es Genies eigene Entscheidung, zu bleiben.

Gerade als sie im Begriff war, den Bahnsteig zu verlassen, fiel ihr Blick auf eine Frau mit einem Jungen. Genie musterte sie genauer. Irgendwoher kannte sie diese Frau. Plötzlich machte ihr Herz einen Sprung.

»Frau Rosner? Manci Rosner?«, rief Genie. Sie war sich jetzt ganz sicher: Das war die Frau von Feliks' Freund Henry, die sie in Plaszow kennengelernt hatte. Es schien hundert Jahre her zu sein.

In der Unterführung holte sie sie ein.

»Oh, hallo! Sie sind doch die Frau von Feliks, oder?«

»Ja, ja, das bin ich. Wissen Sie etwas von ihm?«, fragte Genie voller Hoffnung.

Den Tränen nahe, umklammerte sie Manci Rosners Hand. Sie schien zu verstehen, und ihr Lächeln wurde weich.

»Leider nein. Aber mein Mann lebt. Henry ist in München. Wir haben unser Leben Oskar Schindler zu verdanken. Wir drei haben für ihn gearbeitet, in seiner Fabrik. Ich weiß, wie glücklich wir uns schätzen können.«

»Das freut mich sehr. Ihr Mann ist so ein großartiger Musiker. Frau Rosner, ich muss Sie um einen Gefallen bitten. Wären Sie so freundlich und würden Ihren Mann nach Feliks fragen? Bitte fragen Sie Henry, wo er ist«, bat Genie.

»Natürlich werde ich ihn fragen«, erwiderte sie freundlich.

Sie legte Genie die Hand auf den Arm und spürte, wie sie zitterte. Henry und Feliks kannten einander gut und waren noch zusammen gewesen, als Genie aus Plaszow abtransportiert wurde. Vielleicht wusste er, was aus Feliks geworden war. Genie winkte zum Abschied und drehte sich um. Doch bevor sie ging, rief Manci ihr etwas nach.

»Oh, Eugenia! Das Leben hält bestimmt noch Freude für Sie bereit«, sagte sie und deutete mit dem Kinn auf ihren Sohn.

Genie lächelte höflich und wandte sich zum Gehen. Sobald sie außer Sicht war, lief sie nach Hause. Sie konnte es nicht erwarten, Halina und ihrer Mutter von ihrer Begegnung zu erzählen.

★★★

»Das ist jetzt Wochen her, Eugenia. Ich denke, du solltest zum Konservatorium gehen und deine Ausbildung wieder aufnehmen.«

Genie ließ den Kopf auf den Tisch fallen und brummte. Ständig kam Halina mit denselben Mahnungen.

»Ich weiß, dass Manci Rosner dir Hoffnungen gemacht hat, aber nur weil ihr Mann überlebt hat, heißt das nicht ...«

»Heißt das nicht was? Dass Feliks auch überlebt hat?«, fuhr sie auf.

Ihre Blicke schossen feurige Pfeile ab. Halinas Mutter hob abwehrend die Hände, aber Halina stemmte wütend die Fäuste in die Hüften.

»Hör zu. Ich wünsche mir mehr als alles andere, dass mein Bruder am Leben ist. Aber das Leben ist nun mal ungerecht. Ich habe aufgehört zu suchen und eine Arbeit angenommen. Du solltest das auch tun. Das Rote Kreuz wird uns hier nicht ewig wohnen lassen.«

»Aber du hasst deine Arbeit.«

»Arbeit ist Arbeit, Eugenia. Feliks würde auch wollen, dass du etwas tust«, brummte Halina.

Genie sprang von ihrem Stuhl auf und baute sich vor Halina auf.

»Jetzt beruhigt euch mal beide«, versuchte Halinas Mutter zu beschwichtigen.

»Wag es nicht, mir zu sagen, was *mein* Mann wollen würde. Ich bin doch hier die Einzige, die nach ihm sucht.«

»Ja, du redest beim Tee mit den Nachbarn und sitzt am Bahnhof herum, das ist wirklich eine sehr intensive Suche.«

»Halina. Es reicht. Komm, wir gehen etwas zu essen besorgen. Und zwar auf der Stelle.«

Schnaubend vor Wut ließ Halina sich von ihrer Mutter nach draußen ziehen. Genie stieß ihren Stuhl weg und ließ sich aufs Bett fallen.

Kurz darauf klopfte es an der Tür, und sie stöhnte auf. Bestimmt hatte Halina ihre Mutter beim Roten Kreuz abgesetzt und kam zurück, um weiter zu streiten.

»Verzieh dich!«

Die Tür ging auf, und Genie sah schon Halinas vorwurfsvollen Gesichtsausdruck vor sich.

»Ich will dich nicht sehen! Du machst mich krank! Ich habe es satt, wie du über Feliks redest. Er lebt! Er lebt, und ihr täuscht euch, wenn ihr etwas anderes glaubt! Ich habe es satt, hier zu wohnen; ich will nicht ... Ich kann nicht mehr ... Ich ...«

»Meine geliebte ...«

Genies Herz setzte aus. Die leisen Worte kamen von der Tür, und es war weder Halinas Stimme noch die ihrer Mutter. Die Zeit blieb stehen, während sie sich aufrichtete und langsam umdrehte.

Feliks stand starr auf der Türschwelle und starrte sie ungläubig an. In seinen Augen standen Tränen. Mit zitternden Händen trat Genie einen Schritt auf ihn zu. Die Geräusche von der Straße verstummten, der Wind legte sich, und sogar die Staubkörner blieben in der Luft stehen. Kein Laut war zu hören.

Die Welt stand still, während sie einander mit Blicken abtasteten.

»Feliks?«

Er nickte, und während sich auf seinem Gesicht ein Lächeln ausbreitete, rannen ihm Tränen über die Wangen.

Mit einem Aufschrei warf Genie sich in seine Arme. Er taumelte unter ihrem Gewicht, aber er fiel nicht. Die Welt um sie verschwand in ihrer Umarmung. Nie wieder würde sie ihn loslassen.

★★★

»Erzähl es mir noch einmal.«
»Meinst du wirklich?«
»Ja, ich kann mich nicht an dir satthören«, erklärte Genie.
Lachend küsste Feliks ihr die Stirn.
»Ich liebe dich so sehr. Und wenn ich dir mit meiner Stimme eine Freude machen kann, möchte ich dich natürlich nicht enttäuschen«, erklärte Feliks jovial.
Nachdem sie es eine Zeit lang einfach nur genossen hatten, beieinander zu sein, fanden sie endlich die Worte, um sich ihre Geschichten zu erzählen. Er begann mit dem Moment, als sie in Plaszow getrennt wurden. Genie schmiegte sich an ihn und fuhr mit dem Finger über die Konturen seines Bauchs. Sie legte den Kopf an seine Schulter und lauschte.

Feliks machte sich keine Illusionen, als Genie an diesem Abend nicht wiederkam. Er hatte auf sie gewartet und sich auf das Lächeln gefreut, das er mit dem ertauschten Brot für sie hervorgezaubert hatte. Und das, obwohl sein eigener Bauch vor Hunger schmerzte und obwohl es den Ring seines Vaters gekostet hatte: Es tat ihm gut, etwas für Genie zu tun.

Sie hatte eine verwöhnte Kindheit gehabt, in der es nie einen Mangel an Essen oder Liebe gegeben hatte. Eindeutig war sie eines der hübschesten Mädchen im Ghetto. Mit ihren Rüschenkleidern sah sie in all dem Friedhofsgrau aus wie eine Porzellanpuppe. Manchmal sah Feliks flüchtig durch das Fenster des Kaffeehauses, wie sie mit ihren Freundinnen durchs Ghetto lief. Ihre gelben oder blauen Kleider hoben sich von den verdreckten Straßen ab.

Im Arbeitslager hatte er versucht, sie zu beschützen. Wäre es nach Feliks gegangen, hätte sie nicht einen Tag ihres Lebens arbeiten müssen. Doch dort musste sie anpacken. Nur so würde sie überleben – oder war jetzt der Moment gekommen, den Feliks am meisten fürchtete?

Er wusste, was passiert war, aber er wollte und konnte es nicht glauben. Außer sich vor Angst durchsuchte er alle ihre Verstecke, rief ihren Namen.

Feliks geriet nie in Panik, doch jetzt spürte er, wie sich etwas Schweres auf sein Herz legte und ihn zu ersticken drohte. Er legte sich eine Hand auf die Brust und lauschte mit geschlossenen Augen auf seinen Atem. Er musste sich dringend beruhigen.

»Gut, bringen wir es hinter uns. Wir müssen das Besteck vorbereiten. Feliks, Junge, alles in Ordnung?«

Als Feliks die Augen öffnete, stand vor ihm der Oberarzt und musterte ihn mit ehrlicher Sorge. Feliks schätzte ihn sehr. Er hatte im größten Krakauer Krankenhaus gearbeitet und war ein erfahrener Experte auf seinem Gebiet, der Feliks viel beigebracht hatte, besonders im Bereich der Leichenschau. Fast alle Gefangenen, die bei ihnen eingewiesen wurden, waren dem Tod geweiht, manche waren schon tot, wenn sie eintrafen. Doch die, die noch lebten, mussten auf Befehl der Nazis von ihnen getötet werden. Nach der tödlichen Injektion, so brachte ihm der Oberarzt bei, behielt man die Leiche noch eine Zeit lang vor Ort. Gegen Abend stellten sie dann die Todesursache fest.

Die meisten Patienten waren derart unterernährt, dass sie nur noch Haut und Knochen waren. In ihren hohlen Gesichtern wirkten die Gesichtszüge fast wie aufgemalt.

Offiziell arbeitete Feliks zwar als Arzt, aber er fühlte sich nicht so. Längst hatte er den Überblick verloren, wie oft er seinen Eid, keinem Menschen zu schaden, auf Befehl der Deutschen gebrochen hatte. Sein Oberarzt rief ihm oft ins Gedächtnis, dass sie die Patienten nicht töteten, sondern »ihr Leiden verkürzten«.

Ohnehin hatten sie keinerlei Spielraum, und er fand, ruhig einzuschlafen, war immer noch besser, als zu Tode geprügelt zu werden. Dennoch sollte Feliks seine Schuldgefühle sein Leben lang nicht ablegen, vor allem wenn er an die Kinder dachte.

Seine Arbeit bereitete ihm schlaflose Nächte. Und mit seinem Vorschlag, Genie sollte bei ihm übernachten, wollte er ihr ein Gefühl der Sicherheit geben, aber er dachte dabei noch mehr an sich selbst. Sie im Arm zu halten und ihr etwas vorzusingen, bis sie in den Schlaf sank, lenkte ihn von den Schrecken seines Alltags ab. Wenn er sich um Genie kümmern konnte, konnte er vergessen, sich um sich selbst zu kümmern. Und deswegen brauchte er sie, aber … Wo war sie jetzt? Feliks rieb sich das Gesicht und stöhnte.

»Es ist zum Heulen. Wir hätten die Blinddarmoperation ansetzen sollen, wie Sie es vorgeschlagen haben. Jetzt ist es zu spät«, stammelte Feliks.

Der Arzt legte ihm erschrocken eine Hand auf die Schulter.

»Was meinen Sie? Wo ist Genie?«

Feliks brachte kein Wort über die Lippen und schüttelte nur den Kopf. Schon jetzt erdrückte ihn der Gedanke an das, was sie wahrscheinlich durchstehen musste.

»Nein. Feliks, das kann nicht sein. Nein, nein, nein. Für heute war kein Transport angesetzt! Meine Frau … haben Sie sie gesehen?«

»Ich glaube, sie sind weg. Genie ist nicht zurückgekommen, und der Abendappell ist schon zu Ende. Ich habe es draußen gehört«, flüsterte Feliks.

Während er noch nach Worten des Trostes suchte, war sein Vorgesetzter bereits nach draußen gestürmt.

In dieser Nacht konnte Feliks kaum schlafen. Erst die größte Erschöpfung ließ ihn in einen unruhigen Schlaf sinken. Am nächsten Morgen hatte er einen Tuberkulose-Patienten vor sich. In der drangvollen Enge und dem Kontakt mit so vielen Infizierten waren Ansteckungen nicht selten. Wenn die Nazis sie nicht alle umbringen konnten, dann würden das die Umstände tun. So schlechte Hygienebedingungen wie hier hatte Feliks noch nie erlebt. Sie versuchten das Krankenrevier so sauber zu halten wie möglich, aber die Keime breiteten sich überall aus.

Der Mann auf dem Feldbett hielt sich einen Lappen vor den Mund, den Feliks inspizierte. Er war mit roten Blutflecken gesprenkelt. Kein gutes Zeichen.

Feliks bat den Patienten, ihm seine Symptome zu beschreiben, und versuchte, sich seine Bestürzung nicht anmerken zu lassen, als der Patient von seinen schmerzenden Knochen sprach. Das hieß, dass die Bakterien sich wohl bereits tief eingenistet hatten. Es gab keine Medikamente; pflegen konnten sie ihn nur mit Ruhe und Wasser. Ein weiterer aussichtsloser Fall; er fragte sich, wie er es dem Patienten beibringen sollte. Der junge Mann wirkte stark, seine dichten Augenbrauen verliehen ihm einen wachen Gesichtsausdruck. Feliks konnte nicht einschätzen, ob er die Nachricht von seinem bevorstehenden Tod verkraften würde.

Wenige Tage darauf lag im Bett dieses Mannes eine Frau Ende vierzig. Er fragte sich, ob ein Kollege dem Tuberkulose-Patienten Schlaftropfen ins Trinkwasser gegeben hatte, um ihn von seinem Leiden zu erlösen, oder ob die Nazis ihn umgebracht hatten. Sie liefen oft durchs Krankenrevier und töteten beliebige Patienten.

Manchmal sah Feliks ihnen zu und versuchte zu erkennen, ob sie aus bloßer Langeweile handelten, auf Befehl eines Vorgesetzten oder einfach aus Vergnügen. Meistens wirkte es wie eine Mischung von allem. Letzte Nacht hatte Feliks allerdings keine Schüsse gehört.

Die Frau, die jetzt in dem Feldbett lag, hatte von einer Prügelstrafe einen gebrochenen Arm davongetragen. Doch als Feliks an ihr Bett trat, lächelte sie. Er war erleichtert. Sie begriff, dass sie großes Glück gehabt hatte. Die meisten Menschen wurden sofort totgeprügelt, aber sie hatte offenbar wenigstens eine Chance bekommen. Er drückte ihr die gesunde Hand, dann nahm er sich den gebrochenen Arm vor. Es war ein offener Bruch, den er zuerst gerade richten musste, bevor er die Wunde versorgen konnte.

Feliks war bereit für den schmerzhaften Handgriff und begann, die Sekunden herunterzuzählen. Als er bei null angekommen war, schloss sie die Augen – aber da flog die Tür auf, und Feliks ließ erschrocken ihren Arm los. Als sie vor Schmerz aufschrie, warf er ihr einen entschuldigenden Blick zu. Was war nur in den Oberarzt gefahren, dass er so ungestüm hereinstürmte?

»Ist etwas nicht in Ordnung?«

»Auschwitz.«

»Wie bitte?«

»Da sind sie hingekommen. Nach Auschwitz. Meine Frau auch. Zusammen mit Ihrer Mutter und Ihrer Schwester. Feliks, warum sind wir nicht geflohen, als wir Gelegenheit hatten? Warum haben wir die Operationen nicht angesetzt? Was haben wir uns dabei gedacht?« Der Arzt fing an zu schluchzen.

Er sank auf ein Feldbett neben der Patientin und weinte in seine Hände. Feliks war besorgt. Nie zuvor hatte sein Vorgesetzter irgendwelche Emotionen gezeigt. Und jetzt bebten seine Schultern, so sehr schluchzte er. Langsam trat Feliks näher.

»Auschwitz ist ein Arbeitslager wie dieses. Wahrscheinlich arbeiten sie dort auch in einer Fabrik.«

»Nein. In Auschwitz verbrennen sie die Juden in Krematorien. Da stecken sie uns bei lebendigem Leib in die Öfen. Deine Frau ... meine Frau ... die Ärmsten.«

Niedergeschlagen ließ Feliks den Kopf hängen. Warum hatten sie nicht früher gehandelt?

Aus dem Augenwinkel nahm er wahr, wie die Patientin sich langsam von ihrem Feldbett erhob. Sie hinkte zu dem Arzt hinüber und legte ihm ihre gesunde Hand auf die Schulter.

Eine Woche später bekam Feliks neue Gewissheiten. Er schrubbte gerade auf Händen und Füßen den Boden, der vom Blut ihres jüngsten Verstorbenen besudelt war. Bis auf die Knochen war er ausgepeitscht worden. Sein Rücken war eine einzige Wunde, das Fleisch hing in Fetzen davon herunter. Er war bald verblutet, aber der Arzt wollte trotzdem die Leichenschau vornehmen und nach anderen Todesursachen suchen. Bei den meisten Toten diagnostizierten sie Unterernährung oder eine verborgene Infektion, die Feliks auch hier vermutete.

Während er den Boden schrubbte, dachte Feliks an Genie. Bisher war der schlimmste Tag im Krieg der gewesen, an dem Genie zusammengeschlagen worden war. Ihren zerbrechlichen Körper und ihre zarte Seele so zugerichtet zu sehen, hatte ihn wie ein Peitschenhieb ins Herz getroffen. Wie sie im Schlaf vor Schmerzen wimmerte, verfolgte ihn bis heute. Ihr Körper war so rein und unschuldig, dass er gebangt hatte, ob er ein solches Trauma durchstehen würde. Zum Glück überlebte sie, und er hoffte, dass sie sich mit derselben Durchhaltekraft allem stellen würde, was sie in Auschwitz erlebte.

Er hörte Schritte und rief dem Oberarzt zu:

»Ich bin fast fertig. Ich weiß, dass heute eine Inspektion ansteht.«

Da trat ein Paar schwarze Stiefel in sein Gesichtsfeld, und seine Hand mit der Bürste stockte jäh. Er blickte auf und erschrak. Über ihm stand Büttner, die Hände im Rücken, auf seinen Absätzen wippend. Feliks richtete sich auf.

»*Ich dachte, Sie lieben sie*«, begann er auf Deutsch.

»*Wie bitte?*«, erwiderte Büttner argwöhnisch.

Keinen anderen SS-Mann hätte Feliks je so angesprochen, aber das hier war Büttner. Wütend baute er sich dicht vor ihm auf.

»*Meine Schwester, Halina. Ich dachte, Sie beschützen sie. Und meine Frau, Halinas Schwägerin.*«

»*Das mache ich auch.*«

»*Sie wurden nach Auschwitz transportiert!*«

»*Ja. Ich habe dafür gesorgt, dass deine Mutter bei ihnen im Zug ist. Sie war zuerst in der anderen Schlange*«, erklärte Büttner leise.

Feliks runzelte die Stirn. Er wusste genau, wohin die andere Schlange führte, und war wie vor den Kopf gestoßen. Büttner hatte seiner Mutter das Leben gerettet.

»*Trotzdem haben Sie sie nach Auschwitz geschickt. In das schlimmste aller KZs.*«

»*Ich habe sie nicht geschickt. Ich stand nur daneben.*«

»*Das macht für mich keinen Unterschied*«, zischte Feliks.

Er rang mit den Händen und dachte an seine geliebte Genie. Er sollte sie beschützen. Halina hatte ihr dasselbe versprochen. Und jetzt war sie wahrscheinlich tot.

»*Ich wollte dir sagen, dass du verlegt wirst. Morgen früh kommst du mit einem Gefangenentransport nach Dachau. Da kommst du sicher gut durch*«, sagte Büttner.

Er nickte wie zu sich selbst und machte auf dem Absatz kehrt. Auf der Schwelle drehte er sich noch einmal um.

»*Und Halina wird es auch schaffen. Sie ist … hübsch und spricht so gut Deutsch wie du. Sie wird es schaffen.*«

Feliks kochte vor Wut, als Büttner seine Schwester hübsch nannte. Aus seinem Mund klangen die Worte widerlich, und er machte sich Sorgen wegen der SS-Männer, die genauso dachten wie er.

»*Und was ist mit meiner Genie?*«, rief Feliks noch.

Büttner zuckte seufzend die Schultern.

»*Es tut mir leid.*«

Er verschwand, und Feliks brach das Herz. Büttner klang wirklich, als täte es ihm auch leid um Genie. Er konnte an nichts anderes denken als an ihr seliges Lächeln, wenn sie ihm beim Klavierspielen zuhörte. Ihre vor Hingabe aufgerissenen Augen und ihr perlendes Lachen, wenn er sie zwischen den Akkorden liebkoste. Doch während er so an sie dachte, veränderte sich ihr Lächeln und verblasste.

Eine Träne rann über seine Wange, während ihr Bild sich in nichts auflöste.

Der Zug war die Hölle. Eingepfercht wie Vieh, bekamen sie auf der langen Fahrt kaum Luft. Feliks hatte nichts mehr, womit er handeln konnte, weil er seinen letzten irdischen Besitz gegen einen Laib Brot eingetauscht hatte. Zumindest hatte der Genies Hungerschmerz etwas gelindert. Er hoffte, dass sie den Geschmack des Brotes immer noch auf der Zunge hatte und am Ende an ihn denken konnte.

Er trauerte um sie, aber für Selbstmitleid gab ihm die quälende Zugfahrt nicht mehr viel Raum. Er fragte sich nur noch, auf welche Weise er zu Tode kommen würde. Würde ihn am

Ende der Hunger oder die Erschöpfung überwältigen? Oder die Hand eines SS-Mannes?

Schließlich mussten sie aus dem Zug springen und wurden von SS-Leuten vorwärtsgetrieben. Sie rannten los, und Feliks lernte schnell, nicht erst auf Anweisungen zu warten. Wenn ein Wachmann brüllte, mussten sie längst losgelaufen sein. In einer Kolonne passierte er ein großes Tor durch einen Elektrozaun mit Stacheldraht, dahinter einen Graben und eine Mauer mit sieben Wachtürmen.

Er hatte das Konzentrationslager Dachau betreten. Feliks versuchte sich zu orientieren, während sie weitergetrieben wurden. Offenbar war das Lager in zwei Bereiche unterteilt, einen mit etwa dreißig Baracken, und einen, der mit einer Mauer und einem Zaun von den Baracken abgetrennt war. Ob dort wohl die berüchtigten Krematorien standen?

Nach ihrer Registrierung erhielten sie Häftlingskleidung. Feliks gab an, dass er Arzt und ein begabter Musiker war. Auf dem Weg durch das Lager sah er Gefangene bei verschiedenen Bauarbeiten. Einige arbeiteten an den Baracken, während andere die Lagerstraßen ausbesserten. An den Ärmeln trugen sie dreieckige Aufnäher mit verschiedenen Farben, deren Bedeutung er nicht kannte. Sein eigener Aufnäher war gelb.

In dieser Nacht teilte er ein Bett mit drei anderen Männern, aber er schlief schnell ein. Er erfuhr, dass es für die Offiziere der Wachmannschaften ein Casino mit Klavier gab. Schon jetzt hoffte er, dass sie ihn dorthin schicken würden. Beim Einschlafen trommelte er auf seinem Bauch herum, stellte sich eines seiner Lieblingsstücke von Chopin vor und summte leise vor sich hin. Er würde für die Aufseher alle Register ziehen.

Am nächsten Tag erfuhr er genauer, wie das KZ funktionierte. Es ähnelte Plaszow insofern, als jeder Häftling zu irgendeiner Arbeit gezwungen wurde und wenig bis gar nichts zu essen bekam; organisiert war das Lager aber anders.

In der Tat gab es zwei Lagerbereiche. Das Häftlings-Gelände umfasste mehrere Baracken, darunter den sogenannten Pfarrerblock. Geistliche stellten für Hitlers Regime tatsächlich eine gewisse Bedrohung dar, aber Feliks wunderte sich trotzdem. Er hatte gedacht, Christen und vor allem ihren Pfarrern würden die Gräuel der KZs erspart bleiben.

In einer anderen Baracke wurden medizinische Experimente durchgeführt. Die neuen Gefangenen wurden gleich am ersten Tag von den älteren Mithäftlingen eingeweiht, ob sie es hören wollten oder nicht: Wer die Versuchsbaracke einmal betrat, kam nicht wieder heraus.

Es kursierten Gerüchte über die schlimmsten Formen von Folter. Feliks konnte sich kaum vorstellen, dass sie auf Wahrheit beruhten, aber darauf kam es ohnehin kaum an. Unter den Gefangenen verbreiteten sie sich jedenfalls so schnell wie eine Krankheit. Die sogenannten Ärzte dort wollten verschiedene Situationen testen, mit denen die Soldaten im Krieg konfrontiert waren. Sie wollten herausfinden, wie sie Soldaten behandeln konnten, die an der Ostfront starkem Frost ausgesetzt waren oder die als Flieger über der Nordsee abgeschossen wurden. Daher mussten Häftlinge fünf bis sechs Stunden lang nackt in eisgekühlten Wasserbecken oder im Winter gefesselt im Freien ausharren. Die Beobachtungen, wie die Kälte sich auf ihre Körper auswirkte, wurden in Protokollen festgehalten, die Erfrierungen ihrer Glieder und Herzstillstände beschrieben. Getestet wurden auch die Auswirkungen auf Flieger, die in großer Höhe aus ihren Flugzeugen geschleudert wurden: Dafür wurden in Unterdruckkammern die Druckbedingungen in über viertausend Metern Höhe simuliert. Die Häftlinge, die sich dort aufhalten mussten, litten unter agonaler Atmung und spastischen Krämpfen bis hin zum Tod. Anderen wurde bei lebendigem Leib das Gehirn geöffnet, um die Ursache für Höhenkrankheit zu ermitteln.

Weitere Experimente zielten darauf ab, Salzwasser trinkbar zu machen oder Malaria zu bekämpfen. Und das war nur, was den Mitgefangenen zu Ohren kam. Feliks wollte sich gar nicht vorstellen, was in diesem Versuchsblock sonst noch vor sich ging. Die Ausführenden waren jedenfalls Ärzte.

Feliks machte das wütend: Schließlich hatten auch diese Ärzte einmal gelobt, sich für das Wohlbefinden ihrer Patienten einzusetzen. In Plaszow hatte Feliks Schuldgefühle gehabt, weil er seinen Patienten zu einem friedlichen Tod im Schlaf verhalf; aber dass ein Arzt einen Menschen derart quälte, konnte er sich einfach nicht vorstellen. Es widerte ihn an, und er war froh, dass Genie aller Wahrscheinlichkeit nach wenigstens schnell gestorben war.

Neben den Wohnbaracken der Häftlinge gab es noch Bauten mit Waschküchen, Küchen, Duschen, Werkstätten und den »Bunker«, in dem Lagerstrafen vollzogen wurden. Auf dem Hof zwischen den Gefangenenblöcken und der Küche wurden Erschießungen vollzogen.

Abgetrennt vom Häftlingsgelände lag hinter einer hohen Mauer und weiteren Stacheldrahtzäunen ein zweiter Bereich, den die Gefangenen nur »Tod« nannten. Dort lagen das erste und das zweite Krematorium sowie ein Gaskammerraum. Feliks war froh, dass offenbar keine lebenden Lagerinsassen dorthin geschafft wurden, sondern nur Häftlinge, die erschossen oder erhängt worden waren, weil sie in irgendeiner Weise aktiven Widerstand geleistet hatten, oder Gefangene, die wegen der grauenhaften Lebensbedingungen im Lager gestorben waren.

Sämtliche Leichen wurden dort eingeäschert, und allein der Geruch davon war kaum zu ertragen.

Doch er war froh über die Arbeit, die ihm zugewiesen wurde. Am ersten Tag wurde er ins Offizierscasino gebracht, wo er für die Gäste Klavier spielte. Bereits nach seinem ersten Stück stand fest, dass er täglich wiederbestellt werden würde.

Andere Gefangene arbeiteten in Baukommandos im Lager oder im nahen Umfeld und bauten Straßen, entwässerten die umliegenden Moore und halfen in der Leichtindustrie aus.

Feliks spielte vor allem deutsche Musik, und während er an den Tasten saß, konnte er in aller Ruhe das Publikum beobachten. Ins Casino kamen nur hochrangige Offiziere, gelegentlich auch einfache Wachleute in Begleitung eines Vorgesetzten. Unter fröhlichem Gelächter aßen und tranken sie. Während er spielte, horchte Feliks häufig auf ihre Gespräche. So hielt er sich über die Kriegsereignisse auf dem Laufenden, von denen er vorher nichts mitbekommen hatte. Wenn er abends in seine Baracke zurückkehrte, erzählte er, was er aufgeschnappt hatte. In letzter Zeit hatte es nicht viele Neuigkeiten gegeben. Meist schimpften die Offiziere über alles, aber die militärischen Strategien kommentierten sie nur selten. Offenbar hielt die Front der Deutschen gegen die Alliierten. Noch, versicherte Feliks den anderen Häftlingen.

Seit seiner Ankunft verbrachte er jeden Tag im Casino und konnte die Offiziere inzwischen unterscheiden. Ein paar von ihnen kamen regelmäßig, und nachdem Feliks einige Tage gespielt hatte, setzten sie sich immer an den Tisch direkt vor dem Klavier.

Eines Tages bemerkte Feliks in der Mitte der Gruppe einen Mann mit scharfkantigem Gesicht und knallblauen Augen, die Feliks genau beobachteten. Die Offiziere rechts und links von ihm unterhielten sich. Ohne sich besonders anstrengen zu müssen, verstand Feliks jedes Wort.

»Schließlich sind wir nicht hier, um mit den Schweinen da in Kontakt zu treten. Als Menschen wie wir können sie sowieso nicht gelten, diese Untermenschen«, eiferte sich gerade einer der Männer, der Feliks am nächsten saß.

Er schlug mit der Faust auf den Tisch, sodass die Gläser klirrten. Einige der Umsitzenden grinsten. Solche Ausfälle schienen bei ihm nicht selten zu sein. Der Offizier, der ihm gegenübersaß, nickte und fuhr fort: »Über Jahre sind diese Verbrecher einfach unbehelligt geblieben. Aber jetzt haben wir das Sagen. Wären diese Schweine an die Macht gekommen, hätten sie uns alle einen Kopf kürzer gemacht.«

»Na, Hilmar, was meinst du dazu?« Die beiden sahen aufmunternd zu dem Offizier in der Mitte, der sich das Kinn rieb, ohne die Augen von Feliks zu lösen. Er schien nicht zu hören, bis er schließlich doch antwortete.

»Ja, ja, Konrad, schon gut«, erwiderte er träge.

Feliks versuchte, sich nicht anmerken zu lassen, was er auf Hilmars Gesicht zu sehen glaubte. War es Resignation, ein Zeichen des nahenden Endes?

Feliks beendete das Stück mit einem Glissando und ließ die Hand in der Luft schweben, während er langsam den Fuß vom Pedal nahm. Dann wandte er sich ans Publikum und fragte auf Deutsch:

»*Irgendwelche Wünsche?*«

Normalerweise meldete sich niemand, aber er fragte trotzdem gern. Für ihn war das eine Sache der Höflichkeit. Seine Augen schweiften über den Raum, aber die Gäste waren alle in ihre Gespräche vertieft. Feliks zuckte mit den Schultern und legte seine Hände wieder auf die Tasten, um eine weitere

Beethoven-Sonate anzustimmen. Doch dann hörte er eine Stimme.

»*Eine Nocturne von Chopin, bitte. Die, die Sie am liebsten mögen*«, sagte Hilmar.

Er sah beim Sprechen nur auf seine Hände, aber Feliks nickte ihm trotzdem knapp zu. Mit einem glücklichen Seufzer begann er eines seiner Lieblingsstücke.

Unwillkürlich musste Feliks an Büttner denken und fragte sich, ob er wohl aus demselben Holz geschnitzt war wie dieser Hilmar. Einer, der zwar die SS-Uniform trug, sich aber nicht von der Macht oder dem Einfluss anderer dazu bringen ließ, dieselben Gräuel zu begehen. Feliks prägte sich Hilmars Gesicht genau ein und nahm sich vor, in Zukunft immer, wenn er da war, eine Nocturne zu spielen.

Nachdem er einer Erschießung zusehen musste und eine Stunde lang beim Appell strammgestanden hatte, ging Feliks zurück zu seiner Baracke. Es dauerte eine Weile, bis er merkte, dass jemand neben ihm ging. Sein Blick fiel auf den Aufnäher am Ärmel des älteren Herrn.

»Du bist wohl einer aus dem Pfarrerblock. Soll ich dich Pater nennen? Mein eigener Vater ist wahrscheinlich tot, da wäre es schön, dieses Wort wenigstens noch einmal zu verwenden«, bemerkte Feliks und zwinkerte. Der Priester lachte und klopfte Feliks auf die Schulter. Dann legte er ihm freundlich eine Hand auf den Rücken, und Feliks lächelte.

»Nenn mich, wie du willst, mein Sohn. Aber du hast recht. Ich bin einer der vielen Geistlichen hier, die meisten von uns sind Katholiken. Wie ich sehe, bist du Jude.«

»Ja. Hast du keine Angst, dich zu beschmutzen, wenn du mich anfasst?«, fragte Feliks in halbem Ernst.

Der Priester runzelte die Stirn und nickte dann mitfühlend.

»Gott muss auf uns herabsehen, wenn er sieht, wie wir uns spalten und bekämpfen.«

Feliks nickte zustimmend, aber er fragte sich, welche Behandlung seiner Meinung nach dann wohl den Juden zukommen sollte. Die Häftlinge im Lager waren so unterschiedlich: Juden, Polen, Russen, Franzosen, Jugoslawen und Tschechen, die alle dasselbe durchmachten und sich die Zeit gegenseitig trotzdem noch unerträglicher machten. Sie schimpften über eine Baracke, weil dort so viele Emigranten wohnten, oder schlugen Mitgefangene zusammen, weil sie homosexuell waren. An den Aufnähern waren sie alle zu unterscheiden. Feliks war froh, dass er das alles im Alltag hinter sich lassen und stattdessen im Casino Musik machen konnte. Dabei hätte er nie gedacht, dass er eines Tages lieber mit Nazis zusammen wäre als mit seinen eigenen Leuten. Doch Verzweiflung und Elend trieben die Mitgefangenen zum Äußersten und kehrten ihre schlechteste Seite heraus.

»Hast du schon mal daran gedacht, dich taufen zu lassen?«

Feliks stutzte. Fast hatte er schon vergessen, dass der Priester noch neben ihm ging. Er lachte bitter auf – unglaublich, dass er sogar jetzt noch versuchte, Andersgläubige zu bekehren.

»Ich werde mich nie taufen lassen. Ich bin Jude. Meine Familie ist jüdisch. Und das wird sich nie ändern. Egal, was Hitler versucht. Wir werden das hier überleben«, erklärte Feliks mit Nachdruck.

Kampflustig blickte er den Priester an. Wie konnte er es wagen, ihn missionieren zu wollen?

Feliks spürte wieder die Hand auf seinem Rücken und hörte stirnrunzelnd zu, was der Priester zu sagen hatte.

»Ich verstehe, dass du deinem Glauben treu bleibst. Aber Gott weiß, wie es in deinem Herzen aussieht. Er wäre einverstanden, dass du deine Familie schützt. Wenn dein Überleben davon abhängt, dass du Christ wirst, wäre das kein Weltuntergang.«

»Was willst du mir damit sagen, Pater? Soll ich ans Tor gehen und Bescheid geben, dass du mich getauft hast, dass ich jetzt katholisch bin, dass ich nach Hause kann? Meinst du, das funktioniert?«

»Leider nicht, mein Sohn. Aber wenn du diesen Krieg überlebst, denk darüber nach. Um deiner Familie willen.«

»Und wenn ich keine Familie mehr habe?«

»Nun, das liegt in Gottes Hand«, erwiderte der Priester feierlich.

Wieder lachte Feliks auf. Dieser Priester, merkte er, meinte es ernst. Er wollte Feliks wirklich helfen.

Also nickte Feliks ihm dankend zu und verabschiedete sich, als ihre Wege sich trennten.

Feliks konnte nicht schlafen – nicht etwa wegen seines leeren Magens oder der eng gedrängten Körper neben ihm, sondern weil die Gedanken in seinem Kopf nur so rasten.

Würde er diesen Krieg überleben? Und wenn, wie könnte er dann je vom Weg seiner Vorfahren abweichen?

Hilmar hatte Phasen, in denen er häufig ins Casino kam. Manchmal blieb er jeden Tag für ein paar Minuten oder Stunden, trank etwas und redete mit seinen Begleitern. Jedes Mal kam er mit anderen Offizieren, aber immer folgte ihm mindestens einer.

Da er länger nicht da gewesen war, rechnete Feliks damit, ihn heute zu sehen, und als er ihn in seiner SS-Uniform auftauchen sah, lächelte er still in sich hinein. Zeit für Chopin. Gleich hinter Hilmar aber war ein weiterer Offizier eingetreten, den Feliks kannte.

»Sieht aus, als würdest du dich freuen, mich zu sehen.«

Feliks versuchte, sich seine Überraschung nicht anmerken zu lassen, und spielte unbeirrt weiter, während Büttner einen Stuhl heranzog und sich direkt neben das Klavier setzte. Feliks sah sich erschrocken um; würde Büttner keinen Ärger bekommen, wenn er mit ihm sprach? Tatsächlich freute er sich, wenn man davon an diesem Ort überhaupt sprechen konnte. Er hatte Büttner seit seiner Zeit in Plaszow nicht mehr gesehen. Unwillkürlich musste er an die Tage denken, als seine Mutter, seine Schwester und vor allem seine geliebte Genie noch bei ihm waren.

»Du spielst gut«, nickte Büttner.

Feliks vollführte einen besonders effektvollen Triller und antwortete seufzend: »Danke. Schön, dass es Ihnen gefällt.«

»Ist das nicht anstrengend? Den ganzen Tag für die Offiziere zu spielen?«, fragte Büttner.

Feliks musterte ihn ungläubig. Wie kam er nur darauf?

»Aber nein! Musik ist eine der größten Freuden im Leben. Ihr verdanke ich, dass ich hier bei klarem Verstand bleibe«, gestand Feliks ehrlich.

»Spielst du noch andere Instrumente?«

»Akkordeon, Mundharmonika und Orgel.«

»Ich könnte dir ein Akkordeon besorgen.«

»Das wäre wunderbar! Danke.«

Feliks beendete das Stück von Chopin und begann einen ebenso perlenden Walzer. Allerdings spielte er den Übergang so, dass niemand es bemerkte. Seiner Genie dagegen wäre es aufgefallen, und sie wäre über seine Virtuosität entzückt gewesen. Feliks lächelte.

An einem Tisch in der Nähe erhoben sich plötzlich laute Stimmen. Auch Büttner drehte sich um und sah zu dem Offizier hinüber, der einen kleinlauten Kameraden anherrschte, sodass er bei jedem Wort zusammenzuckte.

»Hier ist kein Platz für Sentimentalitäten! Wenn irgendwer das Blut von Kameraden nicht sehen kann, gehört er nicht hierher und sollte besser gehen. Je mehr von diesen Schweinehunden wir erledigen, desto weniger müssen wir durchfüttern.«

»Da ist was dran«, murmelte Feliks.

Er sah Büttner den Mundwinkel heben. Und während er ein bisschen lauter in die Tasten griff, um das hitzige Gespräch zu übertönen, entspannte er sich auf dem Klavierhocker mit Büttner neben sich.

Die Gefangenen fürchteten Bestrafungen mehr als den Tod. Fast allen war klar, dass sie das Ende des Krieges nicht mehr erleben würden. Was sie nicht wollten, war unnötiges Leiden. Die häufigsten Strafmethoden bestanden in Stock- oder Peitschenhieben. Schwerere Vergehen dagegen wurden mit schlimmeren Strafen belegt. Sie mussten die ganze Nacht in einer Stehzelle verbringen, wurden an einen Pfahl gebunden oder zu Experimenten benutzt.

Nach dem Appell kam der Priester nun öfter auf Feliks zu. Offenbar hatte er einen göttlichen Auftrag; jedenfalls nutzte er jede Gelegenheit, um auf ihn einzureden. Feliks ließ ihn gewähren, vor allem weil es ihm in all der Langeweile Stoff zum Nachdenken gab. Und manchmal fand er den Gedanken wirklich verlockend. Katholisch zu sein, schien keine so schlechte Idee. Und in den Kirchen, die er bisher besucht hatte, hatte er sich stets wohlgefühlt.

Feliks war müde und verkniff sich ein Gähnen, während er spielte. Büttner hatte sein Versprechen gehalten und Feliks tatsächlich ein Akkordeon mitgebracht. Es war ein großartiges

Instrument, aber er fragte lieber nicht, wo Büttner es aufgetrieben hatte.

Büttner kam häufig zu Besuch. Offiziell war er immer noch in Plaszow stationiert, aber er erklärte, seine Pflichten würden ihn jetzt in viele KZs führen. Feliks fragte sich, worin genau diese »Pflichten« wohl bestehen mochten, aber er behielt die Frage für sich. Er wusste, dass kein SS-Mann andere Pflichten haben konnte, als Juden Leid zuzufügen oder sie zu töten.

Trotzdem schätzte er seine Gesellschaft. Er rückte seinen Stuhl immer nahe ans Klavier und hörte aufmerksam zu. Tatsächlich war Büttner ein großer Musikliebhaber und machte Feliks häufig Komplimente für sein Spiel. Damit färbte er auch auf die anderen Offiziere ab, die nur kamen, um ihm zuzuhören, wie er Klavier oder Akkordeon spielte.

Auch heute saß Büttner gemütlich auf einem Stuhl, die Füße hatte er hochgelegt. In der Hand ließ er ein Kristallglas mit Whisky kreisen.

»Meinst du, betrunken würdest du besser spielen oder schlechter?«, fragte Büttner laut.

Um ihm eine Freude zu machen, sah Feliks ihn neugierig an.

»Keine Ahnung. Sollen wir es ausprobieren?«

Büttners Augen funkelten, und er schmunzelte, als würde er sich vorstellen, wie Feliks betrunken spielte und dann auf dem Klavier zu tanzen begann.

In gespielter Enttäuschung schüttelte Feliks den Kopf. Doch plötzlich veränderte sich Büttners Gesichtsausdruck, und er nahm einen langen Schluck Whisky.

»Halina lebt. Deine Mutter auch.«

Feliks stockte der Atem. Verblüfft sah er zu Büttner auf.

»Wie bitte? Woher wissen Sie das?«

»Ich war in Auschwitz. Sie sind beide noch dort. Deine Schwester arbeitet in der Registratur. Ich wusste nicht, wie ich es dir sagen soll.«

Feliks' Atem beschleunigte sich, während seine Augen sich verengten. Büttner wusste die ganze Zeit, dass sie lebten, und hatte es ihm nicht gesagt? Was wollte er Feliks damit ersparen? Er machte den Mund auf, um Büttner zur Rede zu stellen, als der kaum hörbar noch etwas sagte.

»Und deine Frau Genie lebt auch.«

Feliks' Finger blieben an den Tasten hängen, und er griff einen falschen Akkord. Überrascht riss er die Augen auf. Genie lebte! Seine Genie ... Plötzlich hatte Feliks das Gefühl, als wäre alle Luft aus dem Raum gesaugt worden. Seine Finger krampften. Er vergaß, welches Stück er gerade spielte.

»Ich soll dir ausrichten, dass sie dich liebt«, erklärte Büttner ohne einen Hauch von Ironie.

Mit Tränen in den Augen fing Feliks ein ganz neues Stück an. Seine Hoffnung lebte auf. Wenn Genie noch am Leben war, hatte er jemanden, für den es sich zu kämpfen lohnte. Er musste überleben, weil er ihr versprochen hatte, dass er ihr einen Garten anlegen würde, und so leichtfertig brach er kein Versprechen.

Als es dunkel wurde, eilte Feliks nach Hause. Er überholte den Priester, der ihn überrascht ansah und ihm etwas nachrief. Aber heute hatte Feliks keine Zeit für ihn. Er hatte etwas zu erledigen.

Er sprang auf seine Pritsche und ließ sich aufs Bett fallen. Dort riss er sich den Schuh herunter und löste die Diele, unter der sie verbotene Gegenstände aufbewahrten. Mit einem Küchenmesser zerschnitt er das Leder seines Schuhs. Das war nicht sehr schwierig, weil er schon so abgetragen war. Im Nu hatte er die beiden Teile, die er brauchte. Dann zog er einen Schnürsenkel heraus und schnitt ihn mit dem Messer zurecht. Die anderen Häftlinge, die schon zurück waren, saßen um ihn und schauten zu. Sie fragten nichts und wirkten auch nicht besonders neugierig. Sie sahen einfach zu, wie er fieberhaft seinen Schuh zerschnitt.

Feliks hob die Matratze an und steckte die Hand in das Loch, das er hineingeschnitten hatte. Niemand wusste davon, denn bei jeder Inspektion hatte er es am Leib getragen: sein Lieblingsbild von Genie, das gleich nach ihrer Verlobung im Ghetto gemacht worden war. Sie trug ihr preiswürdiges Lächeln zur Schau. Er hatte sie von hinten gekitzelt und einen Kuss auf diese unwiderstehliche Wange gedrückt, als der Fotograf abdrückte.

Er hing sehr daran, aber nun holte er es hervor und steckte es in eines der beiden Stücke Leder. Dann lehnte er sich zurück und besah seine Arbeit. Irgendetwas fehlte. Mit einem Ruck stand Feliks auf, die anderen zuckten bei der plötzlichen Bewegung zusammen. Er fragte die Umsitzenden nach Bleistift und Papier. Nicht dass er erwartet hätte, welches zu bekommen – aber da kam lächelnd der Blockführer auf ihn zu.

Er reichte Feliks einen kleinen Zettel und einen Stift und setzte sich neben ihn. Zuerst wusste er nicht, was er schreiben sollte. Bis vor wenigen Stunden hatte Feliks gemeint, Genie wäre tot. Trotzdem erinnerte er sich schnell, welche Gefühle sie bei ihm weckte, und er brachte einen innigen Liebesschwur zu Papier. Als er fertig war, trafen gerade die letzten Häftlinge in der Baracke ein. Er klappte die beiden Herzteile zu, betrachtete lächelnd sein Werk und stopfte es sich in die Tasche.

Er musste es länger bei sich tragen, als ihm lieb war. Jeder Besitz war verboten, und er wusste, dass es sofort zerstört werden würde, wenn es entdeckt wurde. Doch so einfach ließ er sich nicht entmutigen.

Tage später zog endlich Büttner wieder seinen Stuhl ans Klavier. Feliks spielte gerade einen langsamen Sonatensatz, und als die Gespräche zwischen den Offizieren anschwollen, beugte er sich zu ihm hinüber und flüsterte: »Ich habe etwas für Sie.«

Büttner lachte, und Feliks errötete.

»Was kannst du schon für mich haben?«

Feliks spielte etwas lauter, aber dann holte er tief Luft. Er musste sehr behutsam vorgehen.

»Ich habe ein Geschenk für Genie. Könnten Sie es ihr bitte mitbringen?«

»Was denn für ein Geschenk?«, fragte Büttner überrascht.

Feliks nahm eine Hand von den Tasten und fischte das Lederherz aus der Tasche. Kurz zeigte er es Büttner, dann spielte er mit beiden Händen weiter.

»Da ist ein Foto von unserer Verlobung drin. Können Sie es ihr geben, wenn Sie das nächste Mal nach Auschwitz kommen?«

»Bist du verrückt geworden? So einfach ist das nicht!«, erwiderte Büttner und lachte irritiert. Feliks schloss seufzend die Augen. Er hätte wissen müssen, dass es eine Schnapsidee war. Aber schließlich hatte Halina ihm immer erzählt, was für ein wichtiger Mann Büttner war. Er musste das für ihn tun. Für sie beide.

»Büttner, bitte.«

»Das geht nicht.«

»Ich flehe Sie an.«

»Nein!« Auf einmal klang Büttner sehr bestimmt. Er sah sich um, dann seufzte er.

»Hör zu. Ich würde ja gerne helfen, aber ich kann nicht. Das ist zu gefährlich. Wenn wir entdeckt werden ... Ich kann mich nicht mit einem Bild von zwei Juden in einem verdammten Herz erwischen lassen. Das würden wir alle mit dem Leben büßen.«

»Und wenn das Herz für Halina wäre? Würden Sie es dann tun?«

»Du verlangst zu viel von mir. In Plaszow ging es noch anders zu. Jetzt sind sie in Birkenau – es tut mir leid, aber das ist das schlimmste Lager.«

»Genau deswegen braucht meine Genie dieses Herz, mehr denn je. Bitte, Büttner.« Noch nie hatte Feliks so verzweifelt um etwas gebettelt. Doch Büttner schüttelte weiter den Kopf. Feliks seufzte und entschloss sich, einen Hebel zu nutzen, bei dem ihm selbst nicht wohl war.

»Wenn Sie es tun, wird Halina eine hohe Meinung von Ihnen haben. Bestimmt wird sie es Ihnen auf schönste Weise vergelten«, flüsterte Feliks widerstrebend, aber voller Überzeugung.

Büttner presste fest die Lippen aufeinander. Feliks interpretierte die fehlende Antwort als Ja. Diskret schob er das Herz unter dem Klavierhocker in Büttners Hand und seufzte erleichtert, als er sah, wie Büttner es sich in die Tasche steckte.

Ohne einen weiteren Kommentar stand Büttner auf und verließ das Casino. Feliks sah ihm nach: Da trug ein SS-Mann in seiner Tasche das kleine Lederherz davon und verschwand. Er hatte eine leise Hoffnung, dass es irgendwie zu Genie gelangen würde, denn er hatte jedes Gramm seiner Liebe für sie hineingelegt.

Die Tage wurden länger, aber die Wochen wurden zu einer Uhr ohne Zeiger. Die Zeit verging, ohne dass er es merkte.

Jeder Moment war eine Folter, aber mit jedem Sonnenuntergang drehte der endlose Zyklus sich ein kleines Stück weiter.

★ ★ ★

Seit er die Erinnerung zuließ, merkte er, wie weit die Vergangenheit zurücklag. Nur schwer konnte er sich vorstellen, was für ein Mensch er gewesen war, bevor all das Grauen ihn veränderte. Zwar übermittelte Büttner ihm Nachrichten von seiner Mutter, seiner Schwester und Genie, aber er begriff sie kaum noch als Teil seiner Wirklichkeit.

Es war alles so lange her. Er liebte sie noch, aber diese Liebe fühlte sich an wie ein Luftschloss – ein fernes Sehnen, an dem er sich nur im Traum festhalten konnte. Manchmal tat er, als wäre er Teil seiner Fantasien, als würde er mit seiner Familie zu Abend essen oder für Genie Klavier spielen, aber es fühlte sich unwirklich an, wie Träume, die ihn zwar zeitweise von seinem Schmerz befreiten, aber alles andere als heilsam waren.

Er musste sich darauf konzentrieren, am Leben zu bleiben, musste essen, was immer er bekommen konnte, und zusehen, dass er die Gunst der Nazis behielt. Bisher hatte er es geschafft, mit den Offizieren so gut zurechtzukommen, wie ein Jude irgend konnte.

Ein weiterer Tag in der ewigen Hölle: Feliks spielte auf dem Akkordeon, während Büttner und Hilmar am selben Tisch saßen. Das kam manchmal vor, sie wirkten wie gute Bekannte. Büttner saß näher bei Feliks und beobachtete die anderen SS-Leute, während er an seinem Getränk nippte.

»Sie werden langsam nervös«, murmelte er in sein Whiskyglas.

Feliks spielte ein paar Akkorde und ein Glissando und ging zur nächsten Strophe über. Er antwortete flüsternd:

»Das spüren die Gefangenen. Die Alliierten rücken vor, oder?«

»Ja. Wir verlieren an beiden Fronten.«

»Hitlers Regime wird das überleben«, warf Hilmar ein. »In Hunderten Städten steht der Volkssturm bereit. Pass auf, Büttner, mach dem Juden keine falschen Hoffnungen. Vielleicht müssen wir ein paar Gefangene verlegen, aber wir kommen durch.«

Feliks ließ sich nichts anmerken. Wenn sie in ein anderes Lager verlegt würden, wurde es interessant. Die Bedingungen hatten sich so verschlechtert, dass die Krematorien kaum noch mit den Leichen nachkamen. Die meisten Gefangenen befürchteten, dass die SS sie alle umbringen würde, damit sie nicht am Ende noch befreit wurden.

Selbst als Nachrichten über den Rückzug der Deutschen zu ihnen durchdrangen, reagierten sie nicht besonders enthusiastisch. Die meisten hatten vor allem Angst. Dass ihr Leidensweg unter den Alliierten plötzlich enden sollte, schien unvorstellbar.

Als die Monate verstrichen und das Jahr 1944 zu Ende ging, sah es so aus, als würde es ihr letzter Winter werden. Das KZ Dachau war inzwischen eine in sich geschlossene Welt von Tod und Verfall. In der hoffnungslosen Überbelegung wütete rasend das Fleckfieber. Feliks sah die Warnzeichen, und der Arzt in ihm wollte nichts als helfen. Doch alles, was er tun konnte, war, seine Barackengefährten zur Hygiene anzuhalten und selbst der Krankheit aus dem Weg zu gehen. Allein die Unterernährung brachte in diesem Winter vielen den Tod. Jeden Monat starben Hunderte, ab Dezember gar Hunderte pro Tag. Die Häftlinge fielen um wie die Fliegen, wo immer man hinsah.

Irgendwann kamen die Krematorien nicht mehr nach. Es gab praktisch keine Kohle mehr, und als Tag für Tag Hunderte starben, mussten die Häftlinge die Leichen anderswo beerdigen. Auf dem nahe gelegenen Leitenberg wurde ein Massengrab ausgehoben, weil die SS sich nicht mehr anders zu helfen wusste. Eigentlich durfte kein Beerdigungskommando das Lager verlassen, um nicht gesehen zu werden, aber die Leichenberge waren einfach zu groß – es gab keine andere Lösung.

Eines Tages bemerkte Feliks, dass die Stimmung im Casino anders war als sonst. Die Offiziere wirkten nervös. Feliks hatte sie schon öfter über die heranziehenden Amerikaner sprechen hören, aber bisher hatten sie sich nie besondere Besorgnis anmerken lassen. In der Regel hörte man nur laute Flüche und Fäuste, die auf die Tische schlugen. Heute schienen sie unruhiger als sonst und warfen einander verzagte Blicke zu. Büttner und Hilmar waren nicht gekommen, so konnte Feliks niemanden fragen, was los war. Doch es war ohnehin klar: Die ungewisse Zukunft hing geradezu greifbar in der Luft. Noch vor dem Ende seiner Schicht wurde er aus dem Casino gescheucht. Das war noch nie vorgekommen, und er sah sich mehrfach staunend um.

Der Appell war schnell vorüber, doch nach dem letzten Aufruf gab es trotzdem kein Signal zum Abtreten. Die Gefangenen fragten sich, was wohl los war.

Da tauchten von überallher Aufseher auf. Sie brüllten die Gefangenen an, sie sollten sich in Reihen aufstellen. Seufzend ließ Feliks sich in eine Schlange auf der rechten Seite schieben. War es jetzt also so weit?

Er wartete geduldig unter dem wolkenverhangenen Himmel, während die Schlange langsam vorwärtskroch. Ganz vorne standen mehrere Tische nebeneinander, an denen Wachleute saßen, die etwas aufschrieben und die Gefangenen nach rechts oder links winkten. Endlich war Feliks an der Reihe, und er trat vor.

»Name?«

»Feliks ...«

»He! Was tut denn ein Christ hier?«

Feliks drehte sich um und sah Hilmar auf ihn zulaufen. Er nickte ihm kurz zu.

»Sein Nachname ist Gwozdz.«*

»Hier steht Feliks Nelken«, las der Wachmann vor.

Feliks wollte das eben bestätigen, als er sah, wie Hilmar ihm einen scharfen Blick zuwarf und dann weitersprach. Diesmal klang seine Stimme geradezu bedrohlich.

»Er heißt Gwozdz. Sie wollen doch nicht einen Christen deportieren? Dieser Transport ist nur für Juden. Gibt es einen Grund, weshalb Sie sich nicht an die Anweisung halten?«

»Ich ... nein, Hauptscharführer, nur, er hat auch den gelben Aufnäher ...«

»Eindeutig ein Fehler. Ich habe diesen Gefangenen bei der Aufnahme persönlich überprüft und als polnischen Politischen identifiziert, aber die Idioten bei der Einkleidung nehmen ihre Pflichten wohl nicht besonders ernst.«

»Da haben Sie recht. Und richtig lesen können sie auch nicht. Also dann, nehmen Sie ihn zur Seite.« Der Wachmann winkte Feliks aus der Schlange, und Hilmar begleitete ihn zurück.

---

* gwóźdź, polnisch Nagel, also eine Übersetzung seines Namens: Feliks *Nelken*

Feliks sah den anderen in die Augen, die in der Schlange auf den Tod warteten. Es waren lange Schlangen, und bei jedem eingesunkenen Gesicht, an dem er vorbeikam, wurde ihm klar, was für ein Glück er hatte. Hilmar hatte ihm einen polnischen Namen gegeben, und das rettete ihm das Leben.

Merkwürdig, wie ein Leben in einem einzigen Augenblick einen anderen Lauf nehmen konnte. Eigentlich war er auf dem Weg in den Tod gewesen. Wie von Tausenden anderen hätte von ihm nichts bleiben sollen als ein Kadaver auf einem Hügel.

Als bald darauf die Amerikaner anrückten, fühlte es sich fast irreal an. Sie hörten das Artilleriefeuer, und obwohl die Lager-SS noch einmal zu den Waffen griff, konnte sie den US-Truppen, die vor den Lagertoren aufmarschierten, nichts entgegensetzen.

Es war ein Wunder.

Die zu Skeletten abgemagerten Häftlinge schafften es, sich bis an den Zaun zu schleppen. Die amerikanischen Soldaten schienen schockiert, als sei schon der Anblick der Gefangenen unfassbar. Sie setzten keinen Fuß in das Lager, sondern warfen Schokoladenriegel und Zigaretten über den Stacheldraht. Wahrscheinlich hatten sie Angst vor Krankheiten, und das durchaus zu Recht. Noch immer waren im Lager Tausende Gefangene, aber sie waren kaum noch mehr als modernde Gerippe.

Die Soldaten vor dem Tor tauschten leise Bemerkungen aus. Feliks verstand kein Wort. Doch bald machten ihre Worte die Runde.

Anscheinend rangen die Amerikaner immer noch um Fassung. Sie fanden einen Zug mit vierzig Waggons, alle bis oben hin voller Leichen.

Als die Soldaten realisierten, wie wenige Überlebende übrig waren, betraten sie schließlich doch das Lager und kümmerten sich um die Kranken und Verwundeten. Sie wurden mit Mahlzeiten versorgt, und Feliks warnte die anderen, langsam zu essen. Dennoch musste er mitansehen, dass viele von denen, die bis zur Befreiung durchgehalten hatten, jetzt starben, weil sie auf einmal zu viel aßen.

Feliks kam in ein deutsches Krankenhaus. Er wog 35 Kilogramm und brauchte sechs Bluttransfusionen. Nach der letzten Transfusion fragte er den Arzt, wie er am besten nach Polen käme. Der Arzt musterte ihn entgeistert und sagte, in Polen sei für Feliks nichts zu holen. Empört fuhr Feliks auf, seine Familie sei in Auschwitz gewesen und er müsse sie finden. Da veränderte sich der Gesichtsausdruck des Arztes; jetzt sprach nur noch Mitleid daraus.

»Dort haben sie alle getötet«, sagte er. Feliks war am Boden zerstört.

Die Zeit im Krankenhaus war eine Qual. Feliks war wütend auf Büttner, weil er Halina und die anderen am Ende doch hatte sterben lassen. Nach all seinen Bemühungen hatte er sie doch nicht gerettet. Er dachte an seine arme Genie und fragte sich, ob sie wohl mit seinem Lederherz in der Hand gestorben war. Und während Feliks' Leib sich erholte, ging es ihm seelisch immer schlechter. Bis eines Tages ein besonderer Besucher vor ihm stand.

»Donnerwetter.«

Feliks setzte sich auf und lächelte zum ersten Mal seit Langem. Henry, der Geiger aus dem Kaffeehaus, hatte sich seit damals im Ghetto nicht verändert.

»Du siehst furchtbar aus«, murmelte Henry und setzte sich auf Feliks' Bettkante.

»Offenbar sind wir im Krieg verschiedene Wege gegangen. Deinen hätte ich wohl bei Weitem vorgezogen.«

»Ja, vor allem weil dank Oskar Schindler auch meine Frau und mein Sohn überlebt haben. Und bei dir?«, fragte Henry zögerlich.

Feliks schloss die Augen und schüttelte den Kopf. Seufzend legte ihm Henry eine Hand auf das Bein.

»Das tut mir aufrichtig leid. Aber du musst weitermachen. Ihretwegen. Was hast du vor?«

»Nach Polen zurückzugehen, macht wohl keinen Sinn. Ich habe dort niemanden mehr.«

»Dann willst du also hier neu anfangen?«

Feliks nickte. Leicht würde es nicht werden, aber er hatte keine Wahl. Er konnte sich ein Leben in Deutschland aufbauen. Er würde Klavier spielen, um sich sein restliches Studium zu finanzieren. Dann bekäme er vielleicht eine Stelle in einem guten Krankenhaus, und ...

Feliks' Gedanken stockten. In seinem Plan stimmte etwas nicht: Genie fehlte. Sein Herz lag in Millionen Scherben.

Henry verabschiedete sich, aber er kam wieder. Bei jedem Besuch machte er Feliks neue Hoffnung. Er ermunterte ihn, wieder Klavier zu spielen und ein Krankenhaus zu suchen, das ihn anstellen würde. Und als die Pflegerinnen es ihm zutrauten, ging Feliks stundenweise nach draußen und musizierte für die Soldaten beim Roten Kreuz. Eine Dienststelle lag gleich um die Ecke, und er ging immer häufiger hin und spielte dort.

Eines Tages besuchte ihn Henry wieder; Feliks war gerade mit dem Mittagessen fertig, als er zur Tür hereinstürmte. Lächelnd erhob sich Feliks von seinem Feldbett. Er nahm ein Kartenspiel vom Nachttisch und winkte damit.

»Spielen wir eine Runde?«, fragte er.

Aber das Lachen verging ihm, als er Henrys Gesichtsausdruck sah. Er war knallrot und außer Atem. Offenbar war er im Dauerlauf hergekommen. Jetzt stand er stocksteif da, die Hand immer noch auf der Türklinke. Feliks fing an, sich Sorgen zu machen, als Henrys Mundwinkel zuckten.

Und dann lachte er. Nicht etwa leise glucksend, sondern aus vollem Hals, bis er atemlos keuchte:

»Sie lebt, Feliks. Genie lebt.«

Feliks hörte es und trat einen Schritt vorwärts, um eine Million Fragen zu stellen, als er jäh nach hinten kippte: Er war bewusstlos.

Von dem dumpfen Aufprall seines Körpers alarmiert, kamen die Schwestern gelaufen. Henry erzählte ihm später, sie seien alle ziemlich schockiert gewesen. Doch Feliks war alles egal. Obwohl der Arzt wegen dieses Ohnmachtsanfalls zögerte, ob er ihn entlassen konnte, tat er es einfach selbst. Er musste sofort nach Polen.

Feliks fand sich am Bahnhof wieder und verhandelte mit dem Schalterbeamten. Aber vergeblich: kein Geld, kein Fahrschein. Er bettelte alle Passanten an, die er finden konnte, aber niemand wollte die rührselige Geschichte eines weiteren Juden hören.

Er fühlte sich machtlos. Genie lebte, aber sie waren immer noch getrennt, ein ganzes Land lag zwischen ihnen.

Er sank auf eine Bank und stützte den Kopf in die Hände. Dann hörte er zwei laute Stimmen. Sie sprachen englisch, aber Feliks merkte auf. Er hob vorsichtig den Kopf und musterte die Gruppe amerikanischer Offiziere. Plötzlich fuhr er zusammen, als er das Wort Krakau hörte. Er sprang auf und lief zu ihnen.

»Ich komme aus Krakau. Wenn Sie mich mitnehmen, bekommen Sie eine private Stadtführung. Alle wichtigen Sehenswürdigkeiten. Krakau ist eine sehr schöne Stadt«, sprudelte es aus ihm heraus.

Er versuchte, sich seine Freude nicht zu sehr anmerken zu lassen, dass einer der Offiziere offenbar Polnisch sprach. Er blickte in die Runde und hob die Schultern.

»Bekommen wir die Führung gratis?«

Feliks nickte und rang hinter dem Rücken nervös die Hände.

»Na, dann kommen Sie mit.«

Feliks war überglücklich. Wie versprochen führte er die Offiziere zu sämtlichen Sehenswürdigkeiten. Er erklärte die Legende vom Wawel und die Bedeutung der Stadt für die polnische Geschichte. Doch eigentlich hatte er die ganze Zeit nur Gedanken für Genie. Er hoffte beinahe, ihr bei der Stadtführung zufällig auf der Straße zu begegnen.

Doch als dieser Glücksfall ausblieb, ging er zum Roten Kreuz und erkundigte sich nach ihr. Sie gaben ihm eine Adresse und sagten, sie wohne dort mit zwei anderen Personen. Mitfühlend stellte Feliks sich vor, wie Genie sich zusammen mit Fremden in einer gemeinsamen Wohnung fühlen musste. Dann aber erfuhr er die Namen der Mitbewohnerinnen. Auch seine Mutter und seine Schwester lebten!

Wenig später stand Feliks vor der Tür und klopfte, so sachte sein rasendes Herz es zuließ. Dann – die schönste aller Stimmen. Als er sie erkannte, traten ihm die Tränen in die Augen.

Offenbar war sie verärgert, und trotzdem klang sie wie ein Engel. Er klopfte erneut und hörte sie wieder. Er hielt es nicht mehr aus, drückte die Tür auf und – da war sie.

Tränen rannen ihm über die Wangen, als er in Genies hübsches Gesicht blickte. Da waren die unvergesslichen, unschuldigen Augen und das Lächeln, das ihr ganzes Gesicht aufblühen ließ. Ihre Haare kringelten sich bis knapp über die Ohren, und er wusste, dass sie wahrscheinlich Glück hatte. Andere waren immer noch kahl.

Aber sie war spindeldürr, ihr Kinn war spitz, und ihre Wangenknochen stachen unter der Haut hervor. Sie war mager, aber das waren sie schließlich alle. Er würde dafür sorgen, dass sie nie wieder hungern würde. Er würde Tag und Nacht arbeiten, damit sie immer genug zu essen hatten. Denn auch durch seinen Tränenschleier sah er, dass ihre Hände leise zitterten. Sie war verändert, aber sie war da.

Sie verbrachten die Nacht in der reinsten Glückseligkeit, und am nächsten Tag saß Genie auf Feliks' Schoß, die Arme um seinen Hals geschlungen. Sie hatte sich seine Geschichte wieder und wieder erzählen lassen, und als auch die anderen sie gehört hatten, wurde ihnen klar, welch unerhörtes Glück sie hatten. Irgendwie hatten sie überlebt. Genie hatte sich einst vorgenommen, Feliks, wenn sie ihn je wiedersah, nie wieder loszulassen. Und das hatte sie auch nicht vor. Sogar Halina lächelte unaufhörlich, während sie um den Küchentisch saßen und überlegten, wie es weitergehen könnte.

Feliks wollte zurück nach Deutschland gehen und im Krankenhaus arbeiten. Und so kam es. Auch Halina und die Mutter hielt nichts mehr in der Stadt, die ihnen ständig vor Augen führte, was sie verloren hatten, und so verließen sie Krakau schon nach wenigen Tagen. München wurde die Stadt ihrer Wahl, und nachdem sie sich einigermaßen eingerichtet hatten, ermunterte Feliks Genie, sich auch eine Beschäftigung zu suchen. Also half sie beim Roten Kreuz. Sie erledigte vor allem Papierkram, aber wenigstens war sie beschäftigt, und sie wusste jetzt, dass es noch sehr viel schlimmere Arbeiten gab.

Außerdem konnte sie auf diese Weise Englisch üben. Eine in München stationierte Amerikanerin namens Eloise nahm Genie unter ihre Fittiche. Eloise war unglaublich geduldig und behandelte Genie freundlich und zuvorkommend. Jeden Tag lernte sie neue Wörter aus ihrem Büroalltag. Dann lernte sie, Sätze zu bilden. Und mit der Zeit konnte Genie sich auf Englisch verständigen.

Auch Feliks übte im Krankenhaus mit einem der Ärzte. Immer wieder erinnerte er Genie daran, wie wichtig es war, Englisch zu lernen, weil sie irgendwann in die USA gehen wollten. Halina hielt ihnen ständig vor, das sei reine Zeitverschwendung. Doch während ihrer Arbeit beim Roten Kreuz prüfte Genie jeden Tag, wie es um ihren Auswanderungsantrag stand. Um in die USA einreisen zu dürfen, brauchten sie Amerikaner, die für sie bürgten, und bis sie welche fanden, mussten sie warten. Leider taten viele andere dasselbe.

Tausende Juden und andere Flüchtlinge hofften auf ein neues Leben in Amerika. Unterdessen fanden viele aus der Gemeinschaft langsam zurück in ihre alte Lebensweise und zu ihrer Religion. Außer den wenigen, die in ihren Baracken jeden Abend gebetet hatten, hatten sie ihre Religion jahrelang nicht offen praktizieren können. Genie begleitete Halina zu den Gebeten, wann immer sie konnte. Das war eine Gewohnheit aus ihrem früheren Leben und daher ein gewisser Trost für sie.

»Wenn du uns wieder aufhältst und wir zu spät kommen, Genie, dann ...«

Genie warf Halina einen ärgerlichen Blick zu. Sie war spät von der Arbeit bei Eloise zurückgekommen, und Halina versuchte, sie schon wieder zum Abendgebet zu scheuchen. Als sie sich gerade mit den Fingern durch die kurzen Locken fuhr, ging die Tür auf. Feliks drückte Genie einen Kuss auf die Wange und setzte sich zu ihr an den Tisch.

»Was habt ihr beiden vor?«, fragte er und fasste nach Genies Hand.

»Das geht dich gar nichts an«, erwiderte Halina.

Genie starrte Halina verdutzt an. Sie war zwar gewohnt, dass Halina kein Blatt vor den Mund nahm, aber sie staunte, dass es diesmal Feliks traf. Unsicher schielte Genie zu ihrem Mann hinüber und sah, wie seine Schultern steif wurden.

»Halina, ich habe dir doch klipp und klar gesagt, dass du Genie nicht immer zu deinen Zeremonien mitnehmen sollst.«

»Zeremonien?! Unsere Gebete sind keine Zeremonien; sie sind unsere Art zu leben. Wie kannst du es wagen?«, keifte Halina.

Feliks sprang vom Tisch auf.

»Ich will nur das Beste für meine Familie. So etwas machen wir nicht noch einmal mit. Ich habe dir schon vor Wochen gesagt, dass wir Katholiken werden.«

»Du bist verrückt.«

»Mag sein. Aber wenigstens ein lebender Verrückter. Genie, geh nicht mit Halina zum Beten.«

Seit wann wurden sie Katholiken? Genie verstand nicht recht, was hier gespielt wurde, aber sie nickte wie benommen. Zu Feliks hatte sie geradezu blindes Vertrauen.

»Wahrscheinlich ist es am besten, wenn sie nicht mitkommt, dort weiß eh keiner, wer sie ist. Im Ernst, Feliks, musstest du wirklich auch noch deinen Namen ändern? Deinen Familiennamen?!« Ganz offensichtlich war Halina noch nicht mit ihm fertig.

»Der Name Gwozdz hat mir das Leben gerettet. Nelken

wird immer mein jüdischer Name bleiben, aber meine katholische Familie wird den polnischen Namen Gwozdz tragen«, erklärte Feliks.

Genie staunte und musterte Feliks verstohlen. Sie wusste, dass der SS-Mann in Dachau den Namen zur Rettung Feliks' erfunden hatte, aber sie dachte, damit wäre dieses Thema erledigt. Sollten sie wirklich ihren Familiennamen ändern?

»Feliks, sollen wir in Zukunft wirklich Gwozdz heißen? Ich meine … Was würde mein Tat dazu sagen?«, fragte sie zögerlich.

Was hätte ihre Familie dazu gesagt? Plötzlich erinnerte sich Genie wieder an die langen Nachmittage im Ghetto und an eine nörgelnde Stimme, die sich beklagte, dass einer ihrer Onkel eine Katholikin geheiratet hatte. Genies Lippen zuckten. Wenn ihre Großmutter wüsste, dass auch sie jetzt so eine werden sollte.

Feliks zog Genie in seine Arme, denn er spürte, wie sie mit sich kämpfte.

»Dein Tat ist nicht mehr da, um es dir zu sagen. Und genau deshalb müssen wir es tun. Es ist nicht egal, wie die Welt uns wahrnimmt. Im Herzen bleiben wir Nelkens. Wir beide und Gott wissen das. Warum müssen die anderen es auch wissen?«

»So etwas Lächerliches habe ich noch nie gehört, Feliks. Natürlich ist es wichtig, dass *alle anderen* euch als Familie Nelken kennen. Das ist euer Erbe! Der Name eurer Familie und eurer Vorfahren. Ihr überlasst den Sieg über die Welt dem Bösen. Wir haben Millionen der Unseren verloren, und du willst uns noch mehr dezimieren.«

»Halina, du übertreibst. Ich will einfach nur einen anderen Nachnamen. Davon geht die Welt nicht unter«, erwiderte Feliks müde.

»Nein, nur Gottes Welt geht unter.«

Genie warf Halina einen verächtlichen Blick zu. Manchmal übertrieb sie wirklich. Sie wollte schon lachen, aber da bemerkte sie seinen traurigen Blick. Er sah aus, als breche dieser Streit ihm das Herz.

»Na dann viel Spaß in eurem leeren Leben, Herr und Frau Gwozdz. Wie schön, dass ihr für nichts überlebt habt«, zischte Halina.

Mit einem bitteren Lachen riss sie die Tür auf und ließ sie stehen.

»Siehst du, was du mir all diese Jahre aufgebürdet hast?«, platzte Genie heraus.

Mit ausgestrecktem Zeigefinger wies sie theatralisch auf die Tür. Feliks seufzte und wandte sich ihr zu.

»Komm, mein Liebling, ich will dir etwas zeigen.«

Er bot ihr den Arm, und Genie hakte sich lächelnd unter. Er führte sie aus ihrer Wohnung bis in ein anderes Stadtviertel. Genie kannte sich hier nicht aus und fragte ihn, wo sie hingingen, aber Feliks summte nur vor sich hin, ohne ihr eine Antwort zu geben.

Sie blieben vor einer Kirche stehen, und Genie lachte verlegen.

»Sollen wir etwa jetzt auf der Stelle konvertieren?«, fragte sie skeptisch.

Feliks legte ihr einen Arm um die Schulter und zog sie an sich.

»In dieser Kirche spiele ich Orgel. Ich habe dir ab und zu gesagt, dass ich einen kleinen Auftritt habe, aber ich habe nie gesagt, wo. Vor allem, weil ich wusste, dass Halina ausrasten würde, wenn sie es erfährt. Aber ich habe von ein paar katholischen Kirchen Geld dafür bekommen, dass ich in ihren

Gottesdiensten spiele. Zusammen mit dem Geld vom Krankenhaus haben wir bald genug für unser neues Leben«, erklärte Feliks stolz.

»Wunderbar. Aber wir bleiben doch Juden. Ich meine, wir können ja Juden mit einem polnischen Nachnamen sein ... oder?«

»Wir wollen nichts überstürzen. Aber schau dir diese Kirche an. Hübsch, oder?«

Genie betrachtete sie und zuckte mit den Schultern. Sie war noch nie in einer Kirche gewesen, aber die bunten Kirchenfenster waren wirklich schön. Das Gebäude war kleiner als die Synagogen, die sie kannte, aber sie wusste, dass es Kirchen gab, die so groß waren wie ganze Schlösser. In ihrer Kindheit hatte sie über andere Religionen nicht einmal nachgedacht. Ihre Familie war jüdisch, Punkt. Über Christen hatte sie vor dem Krieg kaum einen Gedanken verloren. Andererseits war ihre Familie nie sehr strenggläubig gewesen. Sie begingen die wichtigsten Feiertage und beteten, aber vom orthodoxen Judentum waren Tat und Mama weit entfernt. Ihr Glauben war so mit ihrem Leben verwoben, dass es ihr unmöglich schien, ihn wie etwas Äußerliches abzulegen und durch etwas anderes zu ersetzen. Er war einfach ein Teil ihrer Identität. Und vielleicht war genau das das Problem. Genie war Jüdin, weil ihre Eltern Juden gewesen waren. Sie hatten ihr beigebracht, woran sie glauben und welches Gotteshaus sie betreten sollte. Sie war in einer Lebensart aufgewachsen, die andere für sie ersonnen hatten. Eine wirkliche innere Treue zum Judentum empfand Genie nicht.

Sie erinnerte sich vage an eine Zeit, in der sie stolz gewesen war, Jüdin zu sein; doch selbst diese Erinnerung war fern und außer Reichweite. Diese Version von Genie war längst verschwunden, und sie erinnerte sich kaum noch, wie es sich angefühlt hatte.

In Zukunft würde Feliks für sie sorgen, und wenn er dachte, dass sie konvertieren sollten, würde sie ihm folgen.

Es vergingen mehrere Monate, und während Genie über ihrer Arbeit mit Eloise auflebte und stetig ihr Englisch verbesserte, nörgelte Halina immer mehr an ihnen herum. Sie würdigte Feliks kaum noch eines Blickes. Auch für Feliks war das schwer, denn er hatte seiner Schwester immer nahegestanden. Seine Mutter war auch nicht glücklich mit seiner Entscheidung, aber bei ihr änderte das nichts an ihrer Beziehung. Wahrscheinlich, dachte Genie, reichte ihr das Glück darüber, dass ihre beiden Kinder noch lebten.

Sie saßen beim Abendessen, und Genie ließ ihre Suppe vom Löffel auf den Teller tropfen.

»Die Portionen werden wieder kleiner«, bemerkte sie.

»Das Rote Kreuz tut, was es kann. Dieses Kriegsende war wirklich grausam. In den meisten Städten funktioniert kaum noch etwas«, kommentierte Feliks' Mutter, während sie ihre Suppe löffelte.

Feliks nahm Genies Hand und drückte sie. Sie sah zu ihm auf, und er zwinkerte, bevor er ihr etwas von seiner Suppe auf den Teller gab.

»Ich glaube, sie wollen uns unabhängig machen. Alle, die dazu in der Lage sind, haben jetzt zumindest irgendeine Arbeit. Und die anderen versuchen entweder, nicht zu sterben, oder sie haben Europa längst verlassen. Hoffentlich werden wir ...«

Feliks unterbrach sich und drehte sich zur Tür um. Die war plötzlich aufgesprungen, und auf der Schwelle stand Halina – und hinter ihr ein Rabbi.

Die ganze Familie erhob sich.

»Rabbi Joshua. Was verschafft uns das Vergnügen?«, fragte Feliks mit größtem Respekt.

Der Rabbi trat ein und setzte sich an den Tisch. Sie taten es ihm gleich, während Halina hinter Feliks stehen blieb und die Hände auf seinen Stuhl legte.

»Entschuldigen Sie die Störung, aber Halina hat mir ein paar sehr ernste Dinge berichtet«, erklärte Rabbi Joshua auf Hebräisch.

Genie verstand nicht, aber aus seinem rauen Tonfall schloss sie, dass er nicht gerade entzückt war. Der Rabbi wollte eben fortfahren, als Feliks die Hand hob und ihn unterbrach.

»Entschuldigen Sie, aber meine Frau spricht kein Hebräisch. Bitte sprechen wir Polnisch.«

»Ich meine das sehr ernst«, erklärte der Rabbi noch nachdrücklicher und ohne auf Feliks' Bitte einzugehen.

Genie schielte zu ihrem Mann hinüber, und er fuhr ihr unter dem Tisch mit der Hand über das Knie.

»Wie gesagt, Polnisch bitte. Sonst begleite ich Sie gerne nach draußen«, erklärte Feliks ungerührt.

Unwillkürlich sah Genie zu Halina auf, die Feliks' Stuhl jetzt noch fester umklammerte. Ihre Augen glühten.

Der Rabbi hatte Feliks nicht aus den Augen gelassen, doch jetzt glitt sein Blick kurz zu Genie herüber. Sie lächelte schüchtern, und er schürzte die Lippen.

»Meinetwegen. Ich bin hier, weil Halina mir sehr ernste Dinge anvertraut hat. Wie ich höre, überlegen Sie, vom Glauben abzulassen. Stimmt das?«

»Ja, Rabbi Joshua«, bestätigte Feliks ohne Umschweife.

Der Rabbi beugte sich vor und legte die Hände auf den Tisch. Aus zusammengekniffenen Augen musterte er Feliks.

»Sie sprechen so gelassen über ein so ernstes Thema. Wenn ich richtigliege, haben Sie Dachau überlebt und Ihre Frau Auschwitz?«

»Das ist richtig. Und im Augenblick überleben wir dieses Gespräch«, sagte Feliks.

Genie verkniff sich ein Lachen und prüfte Halinas Reaktion. Sie schüttelte den Kopf. Der Rabbi ignorierte Feliks und sprach weiter.

»Sie wurden nach jüdischem Ritus getraut. Im Ghetto, richtig? Dann haben Sie beide wie durch ein Wunder den Krieg überlebt. Dieses Schicksal wurde nicht vielen zuteil. Sollten Sie nicht Gott dafür danken? Und wie vergelten Sie es ihm? Indem Sie sich von ihm und Ihrer Gemeinschaft abwenden.«

Feliks nahm Genies Hand und fuhr darin ihre Lebenslinien nach. Es herrschte Totenstille, bis Feliks die Spannung endlich durchbrach. Er hob den Kopf und erklärte selbstsicher: »Rabbi, ich liebe meine Gemeinschaft. Aber noch mehr liebe ich meine Familie. Wir sind durch die Hölle gegangen. Jahrelang die reinste Hölle, aber ich habe mich nicht von Gott abgewandt. Dabei hatte ich allen Grund zur Verbitterung darüber, dass er zugelassen hat, wie die Nazis mit uns umgegangen sind. Ich könnte mich fragen, warum er jahrelang so viel Böses und so viel Tod über uns gebracht hat. Ich könnte sogar seine Existenz infrage stellen – dass er bei all diesen Gräueln nicht eingeschritten ist, trotz seiner grenzenlosen Liebe für uns, seine Kinder. Ich weiß, Sie waren während des Krieges in der Schweiz, aber dieses Glück hatte meine Familie nicht. Wir haben die dunkelsten Seiten der Menschheit gesehen, und ich gestehe, meinen Gottesglauben hat das nicht gerade gestärkt. Aber verloren habe ich ihn auch nicht. Juden, Katholiken … im Grunde ist das doch dasselbe. Aber wenn die eine Zugehörigkeit meine Familie dem Verderben ausliefert und die andere uns beschützt, dann ist es für mich keine Frage, für welche ich mich entscheide«, erklärte Feliks offen und ehrlich.

Genie war ganz seiner Meinung. Was sie verloren und erlitten hatten, wollte sie nicht noch einmal erleben.

Wieder fragte sie sich, was wohl ihre Eltern sagen würden. Würden sie sich, wenn sie noch lebten, genauso entscheiden? Sie dachte an ihren geliebten Tat und sah vor sich, wie er ihr die Skistiefel aufgedrängt hatte. In einer Entschlossenheit, die an Hysterie grenzte, hatte er ihr eingeschärft, sie immer zu tragen. Und sie hatten ihr das Leben gerettet. Tat wollte, dass sie lebte, und dafür musste sie weiterhin kluge Entscheidungen treffen.

»Ihr täuscht euch. Juden werden nicht mehr verfolgt. Ihr gefährdet uns mehr dadurch, dass ihr unsere Gemeinschaft verkleinert. Es ist die falsche Entscheidung«, rief Halina.

Sie verschränkte die Arme, aber Feliks drückte Genies Hand. Ihre Blicke kreuzten sich, und sie lächelten einander an.

Wie es schien, würden sie sich nie einigen. Genie hoffte nur, dass sie irgendwann wenigstens ihre Meinungsverschiedenheit hinnehmen könnten und alle den verdienten Frieden fanden, wo auch immer sie ihn suchten. Offenbar würde die Religion auch nach dem Ende des Krieges weiterhin für Spaltung sorgen.

Und würde Halina wohl jemals Büttner wiederfinden und das Leben führen können, das sie sich wünschte? Wo mochte der jetzt stecken? War er überhaupt noch am Leben? Sosehr Genie auch anfangs an seinem Charakter gezweifelt hatte, jetzt konnte sie zugeben, dass er wirklich anders war. Gelegentlich hatte er sie ehrlich angelächelt, während die anderen Nazis immer diese ausdruckslose Miene zur Schau trugen, als hätte das Entsetzen über das, was sie sahen und taten, ihre Seelen in einem Abgrund versenkt. Büttner schien in den Gefangenen Menschen zu sehen und behandelte sie auch so – und doch trug er die Uniform. Wie weit machte ihn das trotzdem zum Komplizen? Sie sah auf zu Feliks' kantigem Kinn und fuhr mit dem Finger darüber. Er hatte bei allem, was er erzählte, von Büttner nur das Beste gesagt. Sie hatten im KZ viel Zeit miteinander verbracht, und auch Feliks sah offensichtlich das Gute in ihm.

»Und was tun wir jetzt? Die Zukunft ist so ungewiss. Viele aus unserer Gemeinschaft sind nach Amerika ausgewandert«, bemerkte Genie.

Der Rabbi erhob sich, da seine Gegenwart ganz offensichtlich nicht mehr gebraucht wurde. Halina begleitete ihn nach draußen, nicht ohne ihnen noch einmal wütende Blicke zuzuwerfen.

Damit verschloss Halina die Tür zu einer Beziehung, die nie wieder zu ihrer ursprünglichen Tiefe zurückfinden sollte.

»Nach Amerika auszuwandern, ist nicht so einfach, wie man meinen möchte«, seufzte Feliks.

»Das weiß ich. Ich sage auch gar nicht, dass das unser Weg sein soll, aber ich bin so durcheinander. Nichts weiter. Was tun wir jetzt?«

»Mein Liebling, ich kümmere mich um uns. Aber ich kenne das oberste Ziel ...«

»Ja? Und das lautet?«

»Ich werde dick und fett werden und dir deinen Garten anlegen.«

★ ★ ★

Fünf Jahre später war es tatsächlich so weit. Für Genie und Feliks gab es zwei Neuanfänge: Sie bekamen ein Baby, und es erwartete sie ein neues Leben in Amerika. Ihr jahrelanges Warten auf Bürgen hatte sich schließlich ausgezahlt, so unwahrscheinlich es anfangs auch ausgesehen hatte. Doch Eloise und ihr Mann Frank fanden schließlich einen Weg, um ihnen nach Amerika zu verhelfen. Als sie für Feliks eine Krankenhausstelle in einer Gegend namens Texas gefunden hatten, war ihre Zukunft gesichert. Trotzdem gab es noch zahlreiche Rückschläge, und sie dachten immer wieder, sie würden es nie schaffen. 1951 ließ Amerika nicht mehr so viele Juden ins Land, selbst wenn sie eine Bürgschaft vorlegen konnten. Viel einfacher war die Einreise für Katholiken – und so kam es, dass sie schließlich doch noch konvertierten.

Die Taufe fand in einer der Kirchen statt, in denen Feliks Orgel spielte. Die Morgensonne fiel durch die bunten Kirchenfenster und färbte die Bänke. Es war nicht die größte katholische Kirche in München, aber sie war trotzdem beeindruckend. Obendrein trug Genie ihr Baby im Arm, und Feliks hielt sie beide umschlungen. Sie lächelte ihm zu, und er küsste sie auf die Nase.

Die Kirche war nicht sehr voll. Halina weigerte sich, an der Zeremonie teilzunehmen, was Feliks zutiefst betrübte. Aber in der ersten Reihe saß seine Mutter, und Genie seufzte erleichtert. Außerdem waren ein paar neue Münchner Freunde gekommen.

Aber eigentlich war es ihnen egal. Schließlich war es keines von Feliks' großen Konzerten. Hier ging es um einen Neuanfang für ihre kleine jüdische Familie. Und auch, als der Priester sie segnete und mit dem Taufwasser benetzte, bewahrte sich Genie ihren Glauben im Herzen. Dort lebte er weiter, gemeinsam mit Tat und Mama, Jurek und der kleinen Halinka.

»Es segne euch der allmächtige Gott, der Vater, der Sohn und der Heilige Geist«, sagte der Priester. Genie sah fragend hinüber zu Feliks. Er zwinkerte ihr zu, und gemeinsam sprachen sie: »Amen.«

Der Anfang

1951

Die Kleine gurrte und ballte ihre Fäustchen, als Genie sie aus dem Holzbettchen nahm. Sie drückte sie eng an sich, während sie sich zwischen anderen Passagieren hindurchschob. Die Überfahrt war alles andere als vergnüglich. Sie hatten wenig zu essen und zu trinken und mussten sich ziemlich gedulden; schwer zu glauben, dass sie irgendwann tatsächlich ankommen sollten.

Bald waren sie zwei Wochen auf dem Marineschiff, und es war, als wehrte sich auch der Ozean gegen ihre Reise. Die Wellen bäumten sich auf und überschlugen sich, und jedes Mal, wenn eine Woge an den Rumpf klatschte, beugten sich Passagiere über die Reling, um die Fische zu füttern.

Genie stand am Heck und blickte hinaus auf die offene See. Die Spiegelungen der Sonne auf den Wellen sahen aus wie funkelnde Sterne. Wenn ihre Familie das doch auch sehen könnte.

Sie zupfte an der Baumwolldecke, und seufzend legte sie sachte ihre Hand auf das blonde Haar und blickte in die blauen Augen, die schläfrig zu ihr emporblinzelten. Ihr Baby ... Hübsch war es, aber ...

»Na, Genie ... wie geht es meinen Mädels?«, flüsterte Feliks.

Er stellte sich hinter sie, küsste sie auf die Wange und beugte sich vor, um einen Kuss auf die Decke zu drücken.

»Sind wir bald da?«, fragte Genie zum wohl hundertsten Mal.

Schmunzelnd legte ihr Feliks die Arme um die Taille.

»Wir wussten, dass es nicht einfach werden würde, aber es wird sich lohnen. Wir fangen von vorne an. Ein neues Leben. Du weißt, wie alle davon reden. Amerika ist das, was unsere Familien für uns erträumt haben.«

»Das stimmt. Ich weiß, dass Großmutter vor Aufregung Luftsprünge machen würde. Sie hat immer davon geredet.«

»Sie sind alle stolz auf uns. Und ich weiß, was dich belastet, Genie. Wir lassen sie nicht im Stich. Polen wird immer unsere Heimat bleiben, in der wir aufgewachsen sind. Aber für unsere kleine Familie wird jetzt Amerika der Ort unseres Neuanfangs. Und sie werden uns bei jedem Schritt begleiten.«

»Für unsere *große* Familie, meinst du? Vergiss nicht, ich will zwölf Kinder. Wir können ... Ich hoffe, wir bekommen eine große Familie. Eine *ganze* Familie.«

»Mir kommt das immer noch ziemlich ehrgeizig vor. Aber wir werden sehen. Zunächst mal kümmern wir uns um diese Kleine hier, ja?«, neckte Feliks grinsend.

Sie sah ihn tadelnd an, aber als er ihr die Lippen auf den Mund legte, nickte sie. Wenn er sie küsste, war sie mit allem einverstanden.

Ihre Brust hob und senkte sich, als müsste sie aus eigener Kraft den Atlantik überqueren. Wieder betrachtete sie ihr Baby und holte tief Luft. Natürlich hatte Feliks recht, aber sie war trotzdem besorgt. Wie sollten sie nur zurechtkommen?

Plötzlich rissen aufgeregte Rufe Genie aus ihren Gedanken. Das ganze Deck schwirrte vor Erregung, und der Schreck fuhr ihr in die Glieder. Wurden sie angegriffen? Ging das Schiff unter? Aber nein, da oben lehnte sich ein Mann gestikulierend über die Reling des Oberdecks, und sie folgte mit dem Blick seinem ausgestreckten Zeigefinger.

»He! Ihr zwei verpasst gleich was! Schaut doch. Ist sie nicht großartig?«

Besorgt blickte Genie zu Feliks auf. Der nahm ihre Hand und zog sie zum Schiffsbug. Sie drängten sich zwischen hitzigen Körpern hindurch, und Genie hätte gewettet, dass das gesamte Schiff an Deck war. Die Leute reckten die Hände, schrien, fielen einander in die Arme. Genie hielt sich eine Hand über die Augen und blinzelte in die Sonne.

Und dann sah sie es. Es war schwer zu erkennen, aber tatsächlich ragte dort in der Ferne etwas auf. Von hier aus sah es klein aus, aber verglichen mit der Skyline der Stadt war es viel größer. Es konnte nur eines sein. Sie hatte so viel davon gehört, aber jetzt konnte sie es kaum glauben. Ein Freiheitsversprechen vor den Toren des Landes? Es war beinahe zu schön, um wahr zu sein. Doch da stand sie. Die Freiheitsstatue. Strahlend in ihrem leuchtenden Grün, dem Versprechen einer neuen Zukunft.

In Genies Augen brannten heiße Tränen, und sie presste sich ihr kleines Hoffnungsbündel fest an die Brust.

»Feliks ... kneif mich. Das hier muss ein Traum sein.«

Sie spürte Feliks an ihrer Seite, aber sie hörte keine Antwort. Sie blickte zu ihm auf: Auch seine Augen glänzten. Mit zusammengebissenen Zähnen schluckte er seine Tränen hinunter und legte den Arm fester um sie. Genie seufzte erleichtert und sprach ein stummes Gebet.

Den Blick nach vorne gerichtet, ließ sie eine einzelne Träne über ihre Wange rinnen, während ihre Lippen ein winziges Lächeln andeuteten. Ihre kleine jüdische Familie hatte überlebt – mit der Kraft der Liebe und der Musik, trotz Hass und Völkermord. Wo die Menschlichkeit gescheitert war, hatte die Liebe gesiegt. Und als Beweis dafür hatte Genie Feliks' ledernes Herz.

»Wir sollten einander nicht danach beurteilen, ob wir weiß oder schwarz, Katholiken oder Juden sind. Was wollen wir denn? Noch einen Hitler, der diese schöne Welt kaputt macht? Lasst uns nicht töten, sondern in Frieden leben. Nicht hassen, sondern lieben. Und bitte, sorgt dafür, dass so etwas nie wieder geschieht.«

Eugenia Gisela Wein Gwozdz (1924–2001)

Familienmitglieder:

Jurek – getötet, März 1943, in der Kanalisation erschossen
Halinka – getötet, März 1943, in der Kanalisation erschossen
Genie (Eugenia) – überlebte den Krieg
Tat (Henryk) – getötet, März 1943, in der Fabrik erschossen
Mama (Regina) – getötet, März 1943, in der Fabrik erschossen
Großmutter – getötet, 1942, unbekannt
Onkel Henri – getötet, 1943, unbekannt
Onkel David – überlebte den Krieg
Betty (Davids Frau) – getötet, 1942, unbekannt
Lilli – getötet, März 1943, in der Kanalisation erschossen
Helga – getötet, unbekannt, auf NS-Schiff in der Ostsee ertrunken
Feliks – überlebte den Krieg
Halina – überlebte den Krieg
Regina (Halinas und Feliks' Mutter) – überlebte den Krieg
Emanuel (Halinas und Feliks' Vater) – getötet, November 1944, vergast